TOEIC®テスト 英単語ターゲット 1500 新装版

新形式問題対応 松井こずえ 著

TOEIC is a registered trademark of Educational Testing Service (ETS). This publication is not endorsed or approved by ETS.

※本書は『新TOEIC テスト英単語ターゲット1500』の カバーデザインを変更したもので，内容は同じです。

著者 ● 松井こずえ（まつい こずえ）

英検1級，TOEIC990点。大手電子通信機器メーカーを経て，現在アルカディア・コミュニケーションズ専任講師として企業や大学のTOEIC，TOEFL，英検講座などで活躍。
著書に『新TOEIC® テスト 英単語ターゲット3000』（旺文社），『TOEFL® TEST 英単語スピードマスター』，『TOEIC® TEST リスニングベーシックマスター』，『ネイティブにきちんと伝わるビジネス英語 会話編』，『ネイティブにきちんと伝わるビジネス英語 eメール編』，『WORLD NEWS BEST30』，『TOEIC® TEST PART3・4 1日5分集中レッスン』（以上，Jリサーチ出版），『新TOEIC® TEST プレ受験600問』，『新TOEIC® TEST リーディング完全攻略』（以上，語研），『書ける!! Eメール・ライティング―1駅3分集中！』（マクミラン ランゲージハウス），『「エコノミスト」で学ぶビジネス英語』（IBCパブリッシング）などがある。

編集	堀 尚史，九内麻妃
編集協力	株式会社ターンストーンリサーチ，株式会社鷗来堂，金子典子
データ提供	有限会社イー・キャスト
英文作成	Philip Griffin
装丁デザイン	牧野剛士
本文デザイン	伊藤幸恵
本文イラスト	おおさわゆう，山口絵美（asterisk-agency）
組版	幸和印刷株式会社
ナレーション	Ann Slater, Greg Dale, Bonnie Waycott, Guy Perryman, Carolyn Miller, Bill Sullivan, 守屋政子, 沼田芙由美
録音	有限会社 スタジオ ユニバーサル

はじめに

急速に進むグローバル化の中，世界とつながる共通言語として，英語力がよりその重要性を増しています。

そのため，近年多くの企業や大学が高い英語力をつけるための研修・講習に力を入れています。そして，英語力を測るための目安として，日本で最も広く利用されているのがTOEICテストのスコアです。

本書は，刊行以来多くの学習者から大変好評を頂きました『新TOEIC®テスト 英単語ターゲット3000』から，特に重要な1500語を抽出したコンパクト版です。長年のTOEIC指導経験を持ち，学習者のつまずきやすいポイントを熟知した著者が今までの問題を徹底分析して執筆しました。

持ち運びに便利なサイズに，厳選された重要語や例文が収録されていますので，通勤や通学などの時間を利用して，効率よく繰り返し英単語を覚え，語彙力を増強するのに最適な本として生まれ変わりました。

本書が，一人でも多くの方の英語力向上に役立ちましたら，著者としてこれ以上の喜びはありません。最後になりましたが，全般にわたってお世話になりました旺文社の堀 尚史さまに深く感謝を申し上げます。

松井こずえ

もくじ

はじめに ……… 3
本書の特長 ……… 6
目標スコア別学習法 … 8
本書の利用法 ……… 14
本書の音声について … 16
さくいん ……… 428

ウォームアップ　写真で覚えるTOEIC語彙

買い物 ……… 18	道路 ……… 24	工事 ……… 30
散歩 ……… 19	渋滞 ……… 25	積載 ……… 31
憩い ……… 20	清掃 ……… 26	飛行場 ……… 32
カフェ ……… 21	ホテル ……… 27	病院 ……… 33
港 ……… 22	オフィス ……… 28	
繁華街 ……… 23	演説 ……… 29	

第1部　TOEIC基本語彙

動詞 ……… 36	形容詞 ……… 198	イディオム ……… 254
名詞 ……… 134	副詞・前置詞 …… 240	

第2部　TOEICビジネス基礎語彙

会議 ……… 282	職種 ……… 302	決算 ……… 322
部門 ……… 284	備品 ……… 304	収支 ……… 324
業務 ……… 286	電話 ……… 306	商品 ……… 326
演説 ……… 288	上下関係 ……… 308	宣伝 ……… 328
会社 ……… 290	給料 ……… 310	販促物 ……… 330
組織 ……… 292	昇進 ……… 312	注文 ……… 332
取締役会 ……… 294	辞職 ……… 314	請求書 ……… 334
株 ……… 296	利率 ……… 316	顧客 ……… 336
会社間の関係 … 298	利益 ……… 318	不況 ……… 338
業者 ……… 300	会計 ……… 320	公共料金 ……… 340

第3部　実戦TOEIC語彙

● 人事
1. 求人広告 ……………… 344
2. 推薦状 ………………… 346
3. 異動 …………………… 348
4. 送別会 ………………… 350

● 講演・パーティー
5. 招待状 ………………… 352
6. 創立記念 ……………… 354
7. 基調講演 ……………… 356
8. 講習会 ………………… 358

● 会議・電話・ネット
9. 会議の連絡 …………… 360
10. 留守電 ………………… 362
11. インターネット ……… 364

● 発注・取引
12. 問い合わせ …………… 366
13. 受注 …………………… 368
14. 催促状 ………………… 370
15. クレーム ……………… 372
16. 保証書 ………………… 374

● 財務・会計
17. 経費精算 ……………… 376
18. 企業の収益報告 ……… 378

● 移転・閉鎖
19. 移転通知 ……………… 380
20. 改修の連絡 …………… 382

21. 企業の合併 …………… 384
22. 工場の新設 …………… 386
23. ストライキ …………… 388
24. 工場の閉鎖 …………… 390

● 環境
25. 環境に優しい車 ……… 392
26. クリーンエネルギー … 394

● 放送・アナウンス
27. 着陸に向けたアナウンス … 396
28. ツアーガイドのあいさつ … 398
29. 天気予報 ……………… 400
30. 交通情報 ……………… 402
31. 停電 …………………… 404
32. 住宅ローン …………… 406

● 案内・アンケート
33. 口座開設の案内 ……… 408
34. 保養地の案内 ………… 410
35. パンフレット ………… 412
36. セール ………………… 414
37. アンケート …………… 416
38. フィットネスクラブの案内 … 418
39. ボランティアの案内 … 420
40. 雑誌の購読更新の案内 … 422

● 批評
41. レストランのレビュー … 424
42. 本の紹介 ……………… 426

本書の特長

　TOEICで出てくるシーンは，ほとんどがビジネスと日常生活です。そのため，TOEIC語彙と言えば，ビジネス用語と日常用語が中心になります。

　ビジネス用語は，知っている単語でも，ビジネスならではの別の意味になることがあるので，特に注意が必要です。例えば，printer「プリンター」はビジネスでは「印刷業者」の意味でもよく使われます。

　本書はこのような点にも十分注意を払い，重要な基本単語から，TOEICによく出るシーンでキーとなる単語，さらにビジネスならではの意味まで，しっかりと盛り込まれています。

　本書は『新TOEIC®テスト 英単語ターゲット3000』から1500語を厳選し，コンパクトに再編集したものですが，大きな特長は本書にも引き継がれています。

● **見出し語の複数回掲載**
単語を覚えるには「繰り返し単語に触れること」が大事です。単語に"出会う"チャンスを増やせるように，第1部「TOEIC基本語彙」では，イディオムを除く536の見出し語それぞれが，ほかの見出し語の例文中でも使われています。また，第2部「TOEICビジネス基礎語彙」で取り上げた用語の多くが，第3部「実戦TOEIC語彙」の長文中でも使われています。

● **ビジネス関連の背景知識がわかる**
TOEICで出てくる単語やシーンには，ビジネスの状況に馴染みがないとピンとこないものがあります。そこで，第2部「TOEICビジネス基

礎語彙」では，一般的なビジネスシーンを理解するのに必要かつ重要で，基本的な30のビジネス用語やその背景をわかりやすく解説し，関連用語をまとめています。さらに，第3部「実戦TOEIC語彙」では，ビジネスシーンを中心とした42の長文を通して，ビジネス関連の背景知識やビジネス独特の言い回しが身につきます。

　さらに本書では，『新TOEIC®テスト 英単語ターゲット3000』にはない新たな特長を加えました。

● コンパクトだから持ち運びに便利！
通勤・通学時に前日覚えた単語の意味をさっと復習するなど，どこにでも持っていってスキマ時間を有効に使った勉強ができます。

● Part 1（写真問題）にも対応！
ウォームアップ「写真で覚えるTOEIC語彙」では，Part 1に出やすい状況の写真から，視覚的に単語や描写表現を覚えることができます。

● 赤セルで例文の見出し語や訳を隠せる！
語義だけではなく，例文中の見出し語に当たる部分や，その訳も赤セルで隠すことができるので，暗記に例文を積極的に使うことができます。

● 例文のスロースピードバージョンを追加！
第1部「TOEIC基本語彙」と第3部「実戦TOEIC語彙」の例文をゆっくり読んだスロースピードバージョンもダウンロードできます。リスニングが苦手な方は，ここから少しずつ英語の音声に慣れていきましょう。

次ページから，
目標スコア別に本書を使ったさまざまな学習法を紹介しています。→

目標スコア別学習法

目標スコア別に，どのように本書を使って学習を進めればよいか，アドバイスをまとめました。

500点 突破！

目標
1. 基本語彙を身につける
2. Part 2, Part 5の長さの英文に慣れる

赤文字の語義に集中しよう　第1部

まずは，赤文字で示された語義に集中しましょう。1回目の学習では，派生語・類義語・反意語などはじっくり読まなくてもかまいません。赤セルで語義を隠しながら，596語の意味をしっかり覚えましょう。

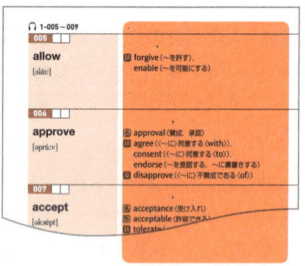

音と一緒に覚えよう　第1部

見出し語の音声（詳しくはp.16）を聞きながら意味を思い浮かべる，発音してみて意味を思い浮かべるなど，スペルを眺めるだけではなく，音と一緒に覚えると記憶に残りやすくなります。見出し語には発音記号が記載されていますので，ぜひ参考にしてください。

> ⚠ **ここに注目！**
> **① アクセントの位置**
> 正しいアクセントで発音することはとても重要です。多少発音が違ってもアクセントが正しければたいていは通じますが，アクセントを間違うと発音が正しくても通じません。リスニングをする上でも重要です。
>
> **② 母音**
> 発音記号に馴染みがない人も，母音を中心にある程度わかるようにしておきましょう。発音記号 a/i/u/e/o などは日本語から推測できますが，特に間違えやすい [ʌ] と [ə] は"共に「ア」に近い音"と覚えておくだけでも大いに役立ちます。

例文のシチュエーションを想像しよう　第1部

語義だけを丸覚えしようとしてもなかなか定着しません。右ページの例文を読んで，その単語が実際に使われるシチュエーションを想像しましょう。例文にわからない単語があってもあまり気にせず，まずは雰囲気をとらえることから始めましょう。この長さの英文に慣れてきたら，Part 2，Part 5の問題にもしっかり取り組めるようになります。

スロースピード音声を活用しよう　第1部　第3部

例文の音声を聞けば，リスニング対策にもなります。リスニングが苦手だったら，まずはスロースピードバージョンを聞き，慣れてきたら普通のスピードで聞きましょう。ただし，スロースピードばかりをずっと聞いていると，かえってテストのスピードに対応できなくなってしまうので，注意してください。

600点 突破!

目標
1. 語のまとまりを意識して単語を覚える
2. ビジネス語彙を身につける
3. Part 3-4, Part 6-7の長さの英文に慣れる

コロケーション・文型を意識しよう　第1部

右ページの例文を読むとき，意味だけではなく，コロケーションや，その語が使われる形（文型）まで意識して単語を覚えましょう。語のまとまりを意識すると，ばらばらの単語の羅列としてとらえるよりも，英文の意味を把握するスピードが格段に上がります。

> ⚠ ここに注目！
> ① **コロケーション**
> コロケーションとは，"ある単語と単語のよく使われる組み合わせ"のこと。例えばraiseは，ビジネスの文脈ではraise a tax「税金を上げる」の組み合わせがよく使われます。こういったコロケーションは例文にしっかり使われています（→p.37 raise）。
>
> ② **文型**
> 動詞は決まった形で使われる場合があります。例えばavoidは，動名詞を続けてavoid doingの形で「〜することを避ける」となります。このような文型は，例文の下に★で示しています（→p.37 avoid）。

ビジネスの背景知識を知ろう　第2部

第1部の基本語彙を覚えたら，次はビジネス語彙を身につけましょう。第2部では，TOEICに出てくるさまざまなビジネス用語を背景知識とともに解説しています。仕事の経験がない人でも，TOEICに出てくるような業務をしていない人でも，自分がそんな仕事に就いていたら…と，そのビジネス現場にいるような気分で覚えましょう。

長文に少しずつ慣れていこう　第3部

Part 3-4, Part 6-7に対応できるように，長文に少しずつ慣れながら語彙力をつけていきましょう。まず，ページ下の「重要語句を覚えよう！」の見出し語を覚えます。次に，英文を読みながら，その見出し語がどんな場面で使われているかを確認しましょう。英文を読むのが大変だったら，先に日本語訳を読んでから英文に挑戦してもかまいません。

日本語訳に赤セルをのせて覚えよう　第1部　第3部

英文の日本語訳に赤セルをのせて，見出し語に当たる部分を訳してみましょう。単語の意味は，必ずしも丸覚えした日本語の語義と一致するわけではなく，ほかの語との組み合わせで決まります。この方法は，文脈にぴったり合った意味を選び出すトレーニングになります。

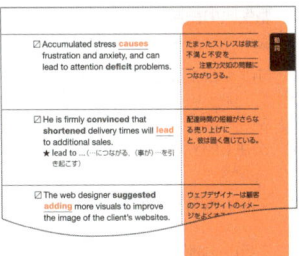

> 800点 突破！

> | 目標 | ❶ 覚える単語数を増やす
> | | ❷ 文脈の中でぱっと思い出せる語彙力をつける

派生語・類義語・反意語まで貪欲に覚えよう　第1部

ここまできたら，どれだけたくさんの単語を覚えているかが勝負になります。見出し語だけでなく，派生語・類義語・反意語もチェックしましょう。知らない語があったら，本にマーカーを引いたり，メモ帳やスマートフォンに単語帳を作ったりして，少しずつ知っている単語の数を増やしていきましょう。

> ⚠ ここに注目！
> **派生語の語尾**
> 派生語を覚えるときは語尾に注目しましょう。見出し語に特定の語尾を付けることで，派生語になることがあります。
>
> ・-ion (名詞)　動 admit (〜を認める) → 名 admission (入場許可)
> ・-al (形容詞)　名 structure (建造物，構造)
> 　　　　　　　　　　　　　　　→ 形 structural (構造の)
> ・-ly (副詞)　形 current (今の) → 副 currently (現在のところ)
>
> ただし，例外があることも覚えておきましょう。
>
> 動 withdraw ((預金) を引き出す) → 名 withdrawal (預金の引き出し)

意味がぱっと思い浮かぶまで例文を繰り返し読もう　第1部

せっかく覚えた単語でも，本番の試験で意味を思い出すのに時間がかかってはスコアアップに結びつきません。右ページの例文を読んだらぱっと単語の意味が思い浮かぶまで記憶を定着させましょう。そのためには繰り返し覚えることが大事。出かけるときもこの本を携帯して，電車の中や待ち合わせ時など，スキマ時間を活用して学習しましょう。

音声を活用して長文を読むスピードを上げよう　第3部

800点を突破するには，リーディングのスピードが鍵となります。本書の音声と同じ速さで読んで，しっかり意味をつかめることを目標にしましょう。第1部と同様，繰り返し読むのが基本ですが，本を見ずに音声だけを聞き，話されている状況を頭に思い浮かべながらストーリーを追う練習をすれば，すばやく意味を理解できるようになるだけでなく，リスニング力もアップします。シャドウイング（聞いた音をそのまま同じように，影のように追随して口に出す）をする練習も効果的です。

英文に赤セルをのせて覚えよう　第1部　第3部

第1部なら右ページの例文，第3部なら左ページの長文に赤セルをのせて見出し語に当たる部分を隠し，日本語訳をヒントにして英語を当てはめてみましょう。日本語から英語を思い出せるようになれば，語彙はさらに深く定着します。

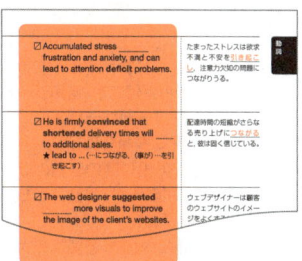

本書の利用法

ウォームアップ 写真で覚えるTOEIC語彙

写真の中の物や様子，動作などを確認しながら単熟語を覚える章です。Part 1の対策にもなりますが，語句が使用される場面を視覚的に思い描く習慣をつけ，第1部以降の学習に備えましょう。

第1部 TOEIC基本語彙

TOEICを受ける際，基本となる単熟語を，短い例文を用いて覚える章です。

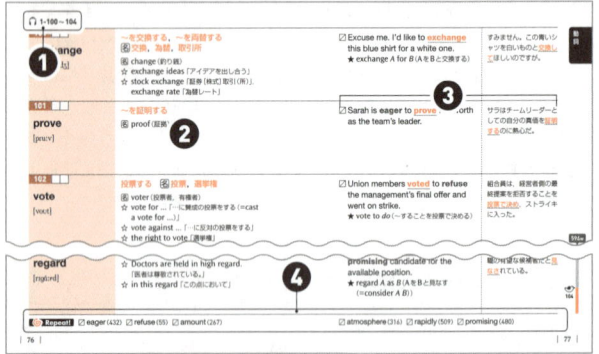

❶ **音声ダウンロードファイル**：音声ファイルの識別番号です。音声ファイルのダウンロードサービスについてはp.16をご参照ください。

❷ **語義その他**：見出し語の語義のほか，派生語・類義語・反意語なども掲載しています。

❸ **例文**：見出し語に対応する語は赤太字で，見出し語リピート（❹参照）は黒太字で示しました。★の付いた語句は，覚えておきたい文型や定型表現です。

❹ **見出し語リピート**：イディオムを除く536の見出し語は，ほかの例文で必ず1回は登場します（見出し語リピート）。ここでは，右ページの例文に登場した見出し語リピートのリストを掲載しています。（　）の中は見出し語番号です。

第2部　TOEICビジネス基礎語彙

ビジネス用語の背景知識を読んで理解する章です。左ページでビジネス文書を読む際にキーとなる語句を取り上げ，その背景知識を説明しています。右ページはその場面に関連した語句のリストです。

第3部　実戦TOEIC語彙

テーマ別の長文を読みながらTOEIC特有の語を覚える章です。

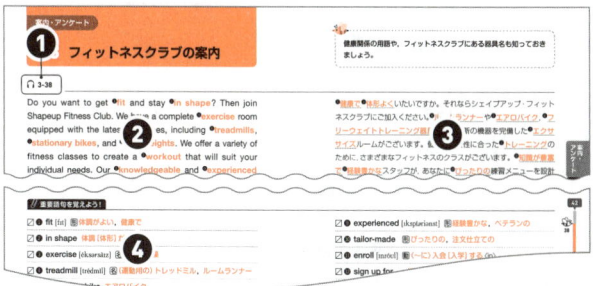

❶ **音声ダウンロードファイル**：音声ファイルの識別番号です。音声ファイルのダウンロードサービスについてはp.16をご参照ください。

❷ **英文**：TOEICに出題されるような英文です。

❸ **全訳**：英文の日本語訳です。

❹ **重要語句**：英文で赤太字になっている重要語句をまとめました。

表記について

動	動詞	名	名詞	形	形容詞	副	副詞	前	前置詞
接	接続詞	類	類義語	反	反意語	関	関連語		

＊ 発音記号は原則として『オーレックス英和辞典』（旺文社）に基づいています。
＊ 目的語が動詞と副詞の間にも，副詞の後ろにも入る句動詞は，turn ... on（…のスイッチを入れる）のように「...」を間に入れています。

> 付属の赤セルで，見出し語の語義に加え，例文内の見出し語やその訳を隠すことができます。英語から日本語だけでなく，日本語から英語を思い出す学習にもご利用ください。

本書の音声について

本書の音声をWebサイトからダウンロードできます。第1部,第3部には複数のバージョンをご用意しました。

ウォームアップ　写真で覚えるTOEIC語彙

見出し語 → 日本語訳

第1部　TOEIC基本語彙

❶ 見出し語 → 日本語訳 → 例文
❷ 見出し語 → 日本語訳 → 例文（スロースピード）
❸ 見出し語 → 例文

＊例文は,アメリカ・イギリス・カナダ・オーストラリア,いずれかのアクセントで収録されています。スロースピードはすべてアメリカアクセントです。

第2部　TOEICビジネス基礎語彙

見出し語 → 日本語訳 → 例文

＊「まとめて覚えよう!」収録語句の例文は含まれません。

第3部　実戦TOEIC語彙

❶ 英文　❷ 英文（スロースピード）　❸ 見出し語 → 日本語訳

下記サイトにアクセスし,パスワードを入力してください。
http://www.obunsha.co.jp/service/toeic_target/
パスワード　**tt1500**

〈注意〉・音声の再生にはMP3を再生できる機器が別途必要です。
・スマートフォンやタブレットのみでのご利用には対応しておりません。必ずパソコンからファイルをダウンロードしてください。
・本サービスは予告なく終了することがあります。

ウォームアップ 写真で覚えるTOEIC語彙

Part 1に出やすい状況の写真を見ながら単熟語を覚える章です。語句が使用される場面を視覚的に思い描く習慣をつけ，第1部以降の学習に備えましょう。

買い物

スーパーマーケットで買い物。店内や品物を見て歩く様子を描写します。

🎧 0-01

- ☐ ❶ **shopper** [ʃá(:)pər] 名 買い物客
- ☐ ❷ **shelf** [ʃelf] 名 棚
  ▶ store **shelves**（店の陳列棚）
- ☐ ❸ **aisle** [aɪl] 名 （店舗内の商品陳列棚間などの）通路
- ☐ ❹ **browse** [braʊz] 動 商品をあれこれ見て歩く
  ▶ **browse** in a store（店内を見て回る）
- ☐ ❺ **shopping cart** ショッピングカート
- ☐ ❻ **shopping basket** 買い物かご
- ☐ ❼ **reach for ...** …に手を伸ばす，…を取ろうとする
  ▶ The man is **reaching for** an item.
  （男性は商品に手を伸ばしている。）

散歩

緑豊かな公園道をベビーカーを押して散歩する様子。歩く位置関係にも注意しましょう。

🎧 0-02

- ☐ ❶ **take a walk** 散歩する
- ☐ ❷ **path** [pæθ] 名 小道, 散歩道 (=pathway, walkway)
- ☐ ❸ **stroller** [stróulər] 名 ベビーカー
  - ▶ push a **stroller**（ベビーカーを押して歩く）
- ☐ ❹ **abreast** [əbrést] 副 横に並んで (=side by side)
  - ▶ The women are walking **abreast**.

  （女性たちは横に並んで歩いている。）
- ☐ ❺ **sunglasses** [sʌ́nglæsɪz] 名 サングラス
  - ▶ a woman wearing **sunglasses**

  （サングラスをかけている女性）

憩い

女性がお茶を飲みながらおしゃべりを楽しんでいます。休憩時の何気ない様子の描写に注目。

 0-03

- ☐ ❶ **talk over tea** お茶を飲みながら話す[しゃべる]
  - 関 chat（おしゃべりをする），be in conversation（会話中である）
- ☐ ❷ **teapot** [tíːpɑ(ː)t] 名 ティーポット
- ☐ ❸ **lid** [lɪd] 名 ふた
- ☐ ❹ **cross one's arms** 腕組みをする
- ☐ ❺ **rest one's chin on one's hand** 頬づえを突く
- ☐ ❻ **lean on a table** テーブルに寄り掛かる
- ☐ ❼ **face each other** お互いに向き合う
  - ▶ They are **facing each other**.
  - （彼らは向き合っている。）

カフェ

たくさんの客がいる戸外のカフェの様子。客が座る位置関係の表現にも注意しましょう。

🎧 0-04

- ☑ ❶ **diner** [dáɪnər] 名 **食事客**
- ☑ ❷ **waiter** [wéɪtər] 名 **ウエーター** 関 waitress（ウエートレス）
  - ▶ The **waiter** is taking an order.
  - （ウエーターは注文を取っている。）
- ☑ ❸ **shade** [ʃeɪd] 動 **〜を陰にする** 名 **日よけ，陰**
  - ▶ The tables are **shaded** by an umbrella.
  - （テーブルは傘で陰になっている。）
- ☑ ❹ **be covered with ...** **…で覆われている**
  - ▶ The tables **are covered with** tablecloths.
  - （テーブルにテーブルクロスがかかっている。）
- ☑ ❺ **sit face to face** **向かい合って座る**
  - 関 sit side by side（並んで座る）

港

桟橋に多数のボートが係留されており、遠くに橋の下を通る船が見えます。

🎧 0-05

☐ ❶ **harbor** [hάːrbər] 名 港

　類 port ((客船・商船などの)寄港する)港, 商業港)

☐ ❷ **pier** [pɪər] 名 桟橋

☐ ❸ **dock** [dɑ(ː)k] 動 (船)を係留する (=moor) 名 波止場

　▶ Fishing boats are **docked** at the harbor.

　(漁船が港に係留されている。)

☐ ❹ **pass** [pæs] 動 (場所を)通過する

　▶ A boat is **passing** under the bridge.

　(ボートは橋の下を通過している。)

☐ ❺ **go out to sea** 出航する, 港を離れる

繁華街

繁華街で目にするものを確認。写真をよく見て，かばんの持ち方の違いにも注意しましょう。

🎧 0-06

- ☐ ❶ **pedestrian** [pədéstriən] 名 歩行者
- ☐ ❷ **billboard** [bílbɔ̀ːrd] 名 (屋外の大規模な) 広告板
- ☐ ❸ **store sign** 店の看板 関 storefront (店先)
- ☐ ❹ **trash can** ごみ箱 (=trash bin)
- ☐ ❺ **double-decker (bus)** 2階建てバス
- ☐ ❻ **busy street** にぎやかな通り，繁華街 (=crowded street)
- ☐ ❼ **cross a street** 通りを渡る
    ▶ A woman is **crossing the street**.
    (女性が通りを渡っている。)
- ☐ ❽ **carry a bag on one's back** かばんを背負っている
- ☐ ❾ **carry a bag on one's shoulder** かばんを肩に掛けている

道路

信号でダンプカーが止まっています。標識など交通関連の名称を確認しましょう。

🎧 0-07

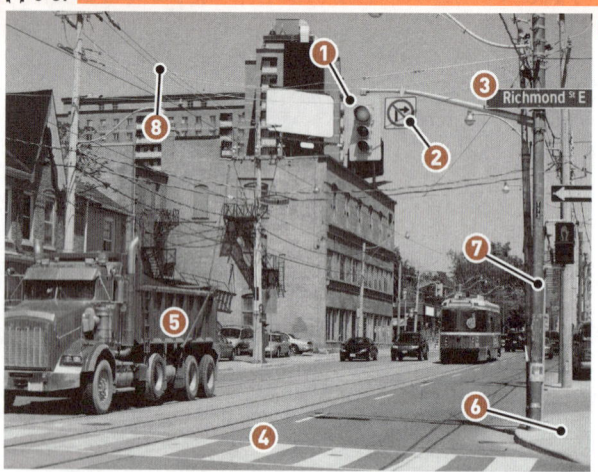

- ☑ ❶ **traffic light** (交通)信号 (=traffic signal)
- ☑ ❷ **traffic sign** 交通標識
- ☑ ❸ **street sign** 道路標識
- ☑ ❹ **crosswalk** [krɔ́(:)swɔ̀:k] 名 横断歩道 (=pedestrian crossing)
  関 intersection (交差点), junction (交差点, (高速道路の)合流点)
- ☑ ❺ **dump truck** ダンプカー (=dumper)
  * dump carとは言わない。
  ▶ A **dump truck** is waiting at a junction.
  (ダンプカーが交差点で止まっている。)
- ☑ ❻ **sidewalk** [sáɪdwɔ̀:k] 名 歩道 (=pavement)
- ☑ ❼ **utility pole** 電柱
- ☑ ❽ **wire** [wáɪər] 名 電線

渋滞

都心に向かう道路は車で混雑しています。「渋滞」する様子の言い表し方を覚えましょう。

🎧 0-08

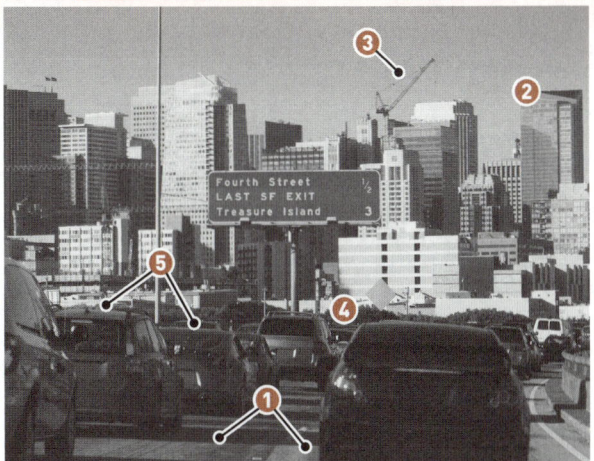

- ☐ ❶ **(traffic) lane** 車線
- ☐ ❷ **skyscraper** [skáɪskrèɪpər] 图 超高層ビル
- ☐ ❸ **crane** [kreɪn] 图 クレーン，起重機
- ☐ ❹ **traffic jam** 交通渋滞 (=traffic congestion)

  関 traffic ((人・車などの)往来，交通量)

  ▶ The traffic is heavy [light].

  (交通量が多い[少ない]。)

  ▶ The traffic is backed up for miles.

  (何マイルにもわたって渋滞している。)

- ☐ ❺ **bumper to bumper** (車が渋滞で)数珠つなぎになって

  ▶ Cars are lined up **bumper to bumper**.

  (車が数珠つなぎになっている。)

清掃

台所で業者が掃除をしています。様々な作業の言い方に注意しましょう。

🎧 0-09

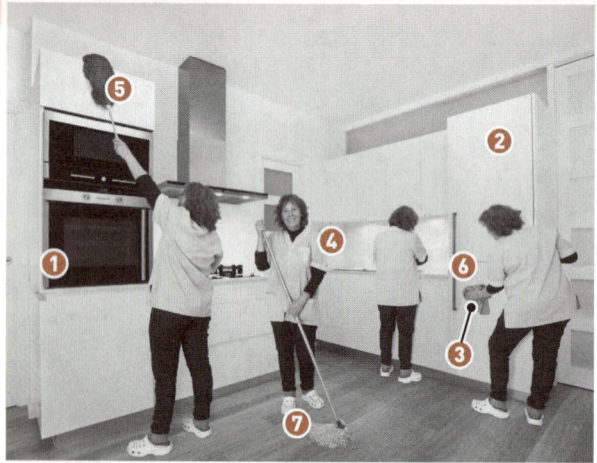

- ☐ ❶ **microwave oven** 電子レンジ
- ☐ ❷ **refrigerator** [rɪfrídʒərèɪṭər] 名 冷蔵庫 (=fridge)
- ☐ ❸ **cloth** [klɔ(ː)θ] 名 布切れ
- ☐ ❹ **clean** [kliːn] 動 (〜を)掃除する
  - ▶ Women are **cleaning** in the kitchen.
  - (女性たちが台所を掃除している。)
  - 関 sweep ((ほうき・ブラシなどで) 〜を掃く), scrub (〜をごしごしこする [洗う]), polish (〜を磨く)
- ☐ ❺ **dust off ...** …のほこりを払う
- ☐ ❻ **wipe** [waɪp] 動 (布などで)〜を拭く
- ☐ ❼ **mop** [mɑ(ː)p] 動 (モップで)〜を拭く 名 モップ
  - ▶ **mop** a floor (床をモップで拭く)

ホテル

きれいに整頓されたホテルの部屋です。よく見られる物の名称を確認しましょう。

🎧 0-10

- ☐ ❶ **lamp** [læmp] 名 電気スタンド，明かり
- ☐ ❷ **drawer** [drɔ́ːər] 名 引き出し
  - 類 chest ((寝室・化粧室の) たんす，収納箱)
- ☐ ❸ **stool** [stuːl] 名 (ひじ掛け・背のない) 腰掛け
- ☐ ❹ **painting** [péɪntɪŋ] 名 絵画
  - ▶ **Paintings** are hanging [hung] on the wall.
  - (絵が壁にかかっている。)
- ☐ ❺ **arrange** [əréɪndʒ] 動 〜を配置する，〜をきちんと並べる
  - ▶ The paintings are **arranged** side by side.
  - (絵は横並びに配置されている。)
- ☐ ❻ **pillow** [pílou] 名 枕

| 27 |

オフィス

オフィスに置かれる数々の家具類の名称などを覚えましょう。

🎧 0-11

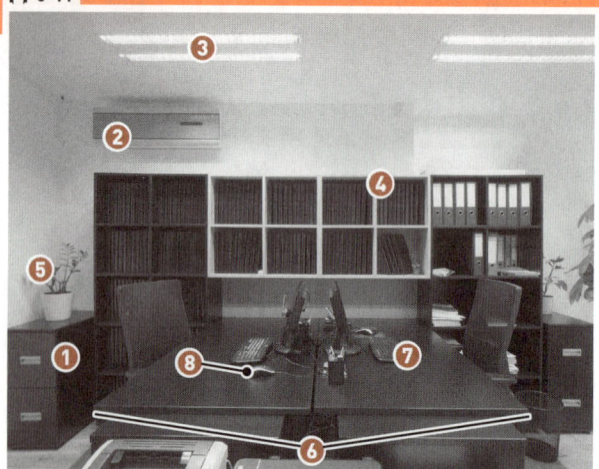

- ☑ ❶ **file cabinet** 書類整理棚 (=filing cabinet)
  - 関 office furniture (オフィス用家具)
- ☑ ❷ **air conditioner** エアコン
- ☑ ❸ **light fixture** (備え付けの)照明器具
- ☑ ❹ **bookcase** [búkkèɪs] 名 本箱, 書棚
- ☑ ❺ **potted plant** 鉢植えの草木, 鉢物
- ☑ ❻ **symmetrically** [sɪmétrɪkəli] 副 左右対称に
  - ▶ The furniture is arranged **symmetrically**.
  - (家具は左右対称に置かれている。)
- ☑ ❼ **keyboard** [kíːbɔ̀ːrd] 名 キーボード
  - 関 computer screen [monitor] (コンピューター画面)
- ☑ ❽ **mouse** [maʊs] 名 マウス

演説

男性が聴衆に向かってスピーチをしています。「演説をする」の言い方は複数あります。

🎧 0-12

- ☑ ❶ **screen** [skriːn] 名 スクリーン，映写幕
- ☑ ❷ **speaker** [spíːkər] 名 演説者，講演者 (=lecturer)
  - 関 speech (演説，講演), lecture (講義，講演)
- ☑ ❸ **lectern** [léktərn] 名 書見台，演台
  - 関 podium ((講演者・演説者などの立つ) 台，演壇)
- ☑ ❹ **audience** [ɔ́ːdiəns] 名 聴衆 類 listener (聞き手)
- ☑ ❺ **deliver a speech** 演説をする
  - 類 address [talk to] an audience (聴衆に演説する)
- ☑ ❻ **clap one's hands** 拍手をする
- ☑ ❼ **seating area** 座席区域 [エリア]
  - 関 seat in the front row (最前列の座席)

工事

工事現場での作業の様子。用具や服装、動作を見ましょう。

🎧 0-13

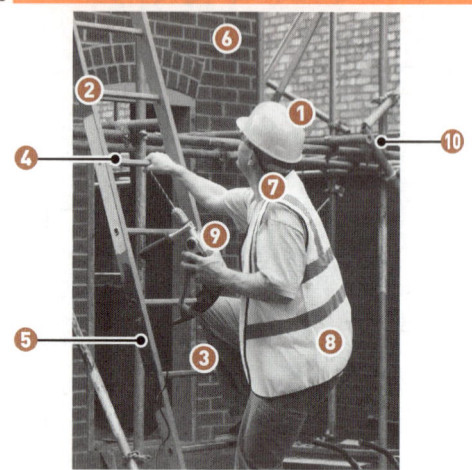

- ☐ ❶ **hard hat** （安全）ヘルメット ＊工事現場などで用いるもの。
- ☐ ❷ **ladder** [lǽdər] 图 はしご
- ☐ ❸ **climb (up) ...** …を上る 反 climb down ...（…を降りる）
- ☐ ❹ **rung** [rʌŋ] 图 (足をかける)横木, 段
  - ▶ grab a rung（横木を握る）
- ☐ ❺ **(side) rail** 横棒, 柵, 手すり（=railing）
- ☐ ❻ **brick wall** れんが壁
- ☐ ❼ **construction worker** 建設作業員
  - 関 construction site（工事現場）, workshop（作業場）
- ☐ ❽ **safety vest** 安全ベスト
- ☐ ❾ **tool** [tuːl] 图 用具, 道具
- ☐ ❿ **scaffold** [skǽfəld] 图 (建築現場の)足場（=scaffolding）

積載

倉庫から運搬した荷物をトラックに積み込んでいます。作業の描写に注意しましょう。

0-14

- ☐ ❶ **warehouse** [wéərhàus] 名 倉庫
- ☐ ❷ **truck** [trʌk] 名 トラック（=lorry）
- ☐ ❸ **cardboard box** 段ボール箱　類 carton（ボール箱）
- ☐ ❹ **stack** [stæk] 動 ～を（きちんと）積み重ねる
  - ▶ Some boxes are **stacked**.
  - （いくつかの箱が積み重なっている。）
- ☐ ❺ **load** [loud] 動 （積荷など）を載せる　反 unload（～を降ろす）
  - ▶ The man is **loading** cardboard boxes into a truck.
  - （男性は段ボール箱をトラックに積み込んでいる。）
- ☐ ❻ **forklift** [fɔ́ːrklìft] 名 フォークリフト（=forklift truck）
- ☐ ❼ **operate** [ά(ː)pərèit] 動 ～を操作する
  - ▶ **operate** a forklift（フォークリフトを操作する）

| 31

飛行場

飛行場でスタッフがパイロットに誘導の合図をしています。航空機各部の名称も確認しましょう。

🎧 0-15

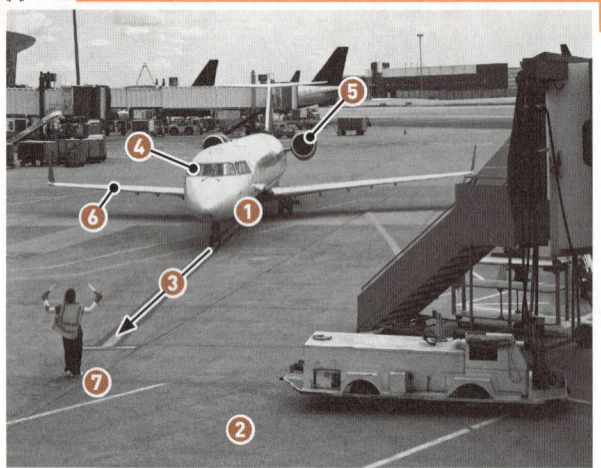

- ☐ ❶ **aircraft** [éərkræft] 名 航空機 ＊airplane（飛行機），(heli)copter（ヘリコプター），airship（飛行船）などの総称。
- ☐ ❷ **apron** [éɪprən] 名 (空港の)エプロン，駐機場
  関 runway（滑走路）
- ☐ ❸ **taxi** [tæksi] 動 (飛行機が)地上をゆっくり進む
  ▶ The plane is **taxiing** to the runway.
  （飛行機が滑走路へ移動している。）
- ☐ ❹ **cockpit** [kɑ́(ː)kpɪt] 名 操縦室，コックピット
- ☐ ❺ **engine** [éndʒɪn] 名 エンジン
- ☐ ❻ **wing** [wɪŋ] 名 翼　関 tail（尾翼部）
- ☐ ❼ **give a signal (to ...)** （…に）合図する

病院

患者のそばで医者がレントゲン写真を見ています。一般的な医療用具の名称も覚えましょう。

🎧 0-16

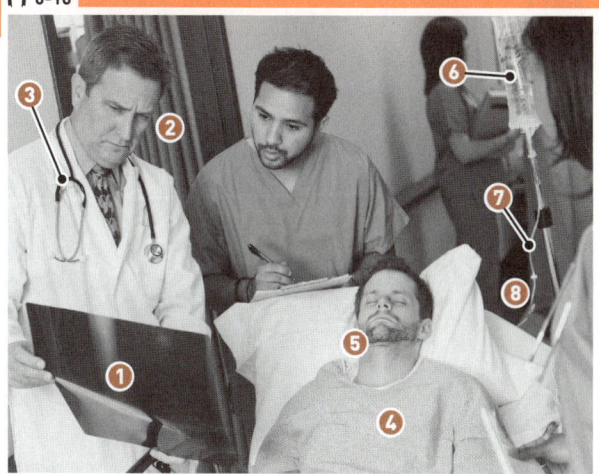

- ☐ ❶ **X-ray** 名 エックス線, レントゲン写真
- ☐ ❷ **examine** [ɪgzǽmɪn] 動 〜を検討する, 〜を念入りに調べる
  - ▶ The doctor is **examining** an X-ray.
  (医者がレントゲン写真を調べている。)
- ☐ ❸ **stethoscope** [stéθəskòup] 名 聴診器
- ☐ ❹ **patient** [péɪʃənt] 名 患者
- ☐ ❺ **lie on one's back** 仰向けに横たわる
- ☐ ❻ **IV** 点滴 (=intravenous drip)
- ☐ ❼ **tube** [tjuːb] 名 チューブ, 管
- ☐ ❽ **hook up** *A* **to** *B* AをBにつなぐ
  - ▶ The patient is **hooked up to** an IV.
  (患者は点滴につながれている。)

写真提供 ©iStock.com/Squaredpixels (p.18)
©iStock.com/choja (p.19)
©iStock.com/IS_ImageSource (p.20)
©iStock.com/ivanmateev (p.21)
©iStock.com/Aloya3 (p.22)
©iStock.com/JayLazarin (p.23)
©iStock.com/urbancow (p.24)
©lunamarina - Fotolia.com (p.25)
©iStock.com/Brosa (p.26)
©iStock.com/Brian Raisbeck (p.27)
©iStock.com/dejankrsmanovic (p.28)
©iStock.com/AlexanderNovikov (p.29)
©iStock.com/elgol (p.30)
©iStock.com/kadmy (p.31)
©iStock.com/Joe_Potato (p.32)
©iStock.com/Steve Debenport (p.33)

第1部 TOEIC基本語彙

　本章では，TOEICに出てくる基本的な語彙を学習します。

　見出し語が繰り返し例文に出てくるよう工夫しています。イディオムを除く536の見出し語は「見出し語リピート」としてほかの見出し語の例文に1回掲載されています。

動詞

🎧 1-001〜243

🎧 1-001〜004

001 increase
[ɪnkríːs]

増える，〜を増やす 名 増加

- 類 boost（〜を押し上げる），surge（急に上昇する；急上昇）
- 反 decrease（減少する）

002 raise
[reɪz]

〜を上げる 名 上げること

- 類 rise（上がる；増加，上昇）
- ☆ 他動詞 raise は，目的語になるものを「上げる」。一方，自動詞 rise は主語が「上がる」。
- ☆ 「賃上げ」は pay raise, pay rise どちらも可。

003 avoid
[əvɔ́ɪd]

〜を避ける

- 類 avert（〜を避ける），evade（〜を逃れる，〜を避ける）

004 admit
[ədmít]

〜を認める

- 名 admission（入場許可，入場料（=admission fee））
- 類 grant（〜を与える，〜を認める）
- 反 deny（〜を否定する）

Repeat! ☐ related (485) ☐ acknowledge (227) ☐ favor (287)

> 自動詞なのか他動詞 (意味に「〜を」などが付いており，すぐ後ろに目的語が続く動詞) なのか，どんな目的語を取っているか，を意識して覚えると応用が利きます。

☐ Despite the weak economy, sales of cosmetics and **related** goods **increased** slightly from the previous year.	低迷する経済にもかかわらず，化粧品と関連商品の売り上げは前年からやや増加した。
☐ The politician **acknowledges** that he is in **favor** of **raising** the income tax.	その政治家は，所得税の引き上げに賛成だと認めている。
☐ For security reasons, **avoid** leaving any **luggage** unattended in the airport. ★ avoid *do*ing (〜することを避ける，〜しないようにする)	保安上の理由から，空港では手荷物を放置しないようにしなさい。
☐ The official was **reluctant** to **admit** accepting any bribes from the local construction company.	その役人は，地元の建築会社からわいろを受け取ったと認めるのを渋った。

☐ luggage (245)　☐ reluctant (409)　☐ accept (7)

005 allow
[əláu]

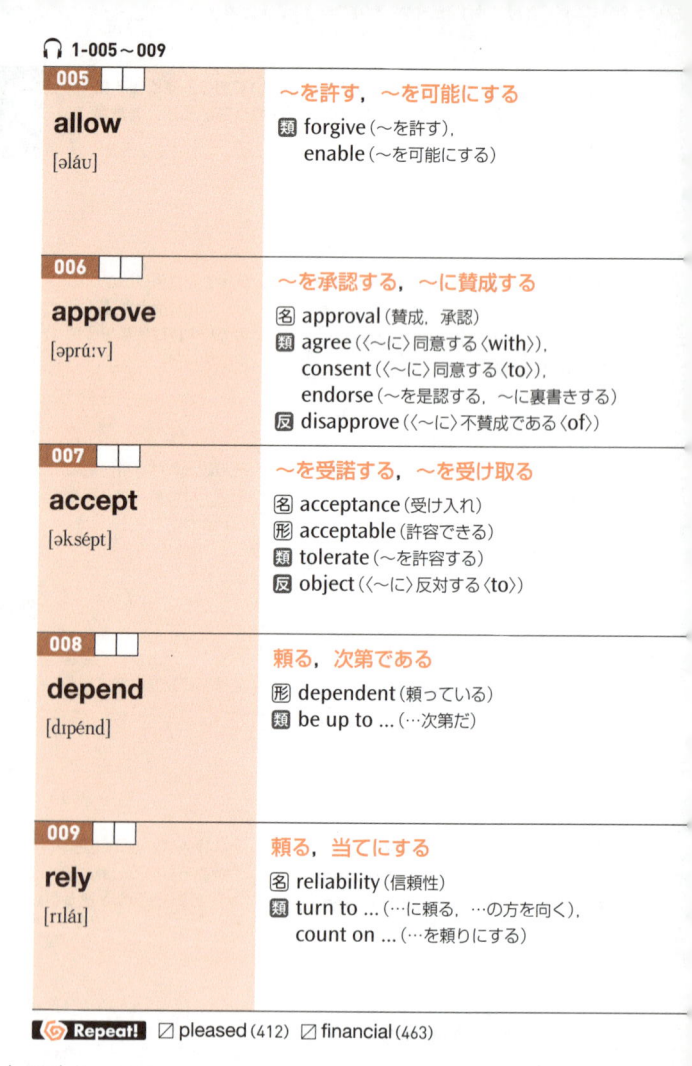

〜を許す，〜を可能にする

- 類 forgive（〜を許す），enable（〜を可能にする）

006 approve
[əprúːv]

〜を承認する，〜に賛成する

- 名 approval（賛成，承認）
- 類 agree（〈〜に〉同意する〈with〉），consent（〈〜に〉同意する〈to〉），endorse（〜を是認する，〜に裏書きする）
- 反 disapprove（〈〜に〉不賛成である〈of〉）

007 accept
[əksépt]

〜を受諾する，〜を受け取る

- 名 acceptance（受け入れ）
- 形 acceptable（許容できる）
- 類 tolerate（〜を許容する）
- 反 object（〈〜に〉反対する〈to〉）

008 depend
[dɪpénd]

頼る，次第である

- 形 dependent（頼っている）
- 類 be up to ...（…次第だ）

009 rely
[rɪláɪ]

頼る，当てにする

- 名 reliability（信頼性）
- 類 turn to ...（…に頼る，…の方を向く），count on ...（…を頼りにする）

Repeat! ☑ pleased (412) ☑ financial (463)

☐ The website **allows** you to compare the prices of various products. ★ allow ... to *do*（…に～させておく）	このウェブサイトで，いろいろな製品の価格を比較できる。
☐ This budget has been **approved** by a majority vote of the board members.	この予算は理事会メンバーの多数決で承認された。
☐ I am **pleased** to **accept** your offer of employment for the position of assistant manager.	アシスタント・マネジャー職での採用のお申し出を喜んでお受けします。
☐ We offer a competitive salary **depending** on experience and qualifications. ★ depend on ...（…次第である，…に頼る）	経験と資格により，給与を優遇いたします。
☐ We **rely** on Cathy for her knowledge of world **financial** markets. ★ rely on ...（…に頼る）	われわれは，世界の金融市場に関するキャシーの知識に頼っている。

010

hold

[hoʊld]

(手や腕に)〜を持っている，(会・式など)を催す，(場所が)〜を収容できる

- 類 grab (〜をひっつかむ)，
  grasp (〜をしっかりとつかむ，〜を握る)，
  seize (〜をつかみ取る)
- ☆ hold a meeting「会議を開く」

011

carry

[kǽri]

(商品)を置いている，〜を運ぶ

- 類 deal in ... ((商品など)を扱う，…を取引する)，
  deliver (〜を配達する)
- ☆ carry には「運ぶ」以外にも，「店が〜を在庫や商品として置いている」という意味がある。

012

save

[seɪv]

(労力・時間・金)を節約する，〜を貯める，〜を救う

- 類 rescue (〜を救う)，
  defend (〜を守る)
- 反 endanger (〜を危険にさらす)，harm (〜を害する)，waste (〜を浪費する)

013

regret

[rɪgrét]

〜を後悔する

- ☆ regret to *do*「残念ながら〜する」と，regret *doing*「〜したことを後悔する」の意味の違いに注意。

014

realize

[ríːəlàɪz]

〜だとわかる，〜を実現する

- 名 realization (認識，実現)

Repeat! ☐ stair (244) ☐ manufacture (182) ☐ book (62)

☐ The woman going up the **stairs** is <u>holding</u> the documents in her hand.	階段を上っている女性は，手に書類を<u>持っている</u>。
☐ This shop <u>carries</u> a full range of audio equipment **manufactured** by a leading maker.	この店は，ある大手メーカーが製造するオーディオ機器を全種類<u>置いている</u>。
☐ **Book** your flight with us online, and you can <u>save</u> up to $500 on airfare.	当社にて搭乗便をオンライン予約されますと，航空運賃を最大500ドル<u>節約</u>できます。
☐ We <u>regret</u> to inform you that the position you applied for has already been filled. ★ regret to *do* (残念ながら～する)	<u>残念ながら</u>，貴殿が応募された職にはもうほかの方を採用したことをお知らせ<u>します</u>。
☐ I'm sorry. I didn't <u>realize</u> how serious the **situation** was.	すみません。どんなに深刻な状況か<u>わかって</u>いませんでした。

☐ situation (303)

015 introduce
[ìntrədjúːs]

〜を導入する，〜を紹介する

名 introduction（導入，紹介）
☆「AをBに紹介する」は，introduce A to B。

016 leave
[liːv]

(〜を)去る，〜を後に残す

類 depart（出発する）

017 track
[træk]

〜の跡を追う，〜をたどる
名 跡，小道，鉄道線路

☆ on the right track「(考え・行動が)正しく」
☆ (proven) track record「(折り紙付きの)実績，業績」

018 borrow
[bɔ́(ː)rou]

〜を借りる

類 lend（〜を貸す），rent（〜を賃借り［賃貸し］する，賃貸しされる）
☆ borrowは「借りて移動させて使用する」，useは「借りてその場で使用する」。傘を借りる場合はborrow，トイレならuseとなる。

019 forget
[fərgét]

〜を忘れる

☆ forget to do は「(しなければならないことを)するのを忘れる」だが，forget doing は「〜したことを忘れる」のように意味が違う。

Repeat! ☑ evaluate (204) ☑ individual (354) ☑ sweep (33)

☐ A new system to **evaluate** the **individual** performances of all staff members will be **introduced** next year.	すべてのスタッフの個人業績を評価する新システムが来年導入される。
☐ Adam usually **sweeps** and **tidies** up his room before **leaving** for work. ★ leave for ... (…に向かって出発する)	アダムは仕事に行く前に、いつも部屋を掃いて片付ける。
☐ With the purchase number, you can **track** the delivery status of your online purchase.	購入番号があれば、オンラインでご購入いただいた品の配達状況を追跡できます。
☐ Can I **borrow** your stapler for a minute? — Yes, here you are.	ちょっとホチキスを借りてもいいですか。―はい、どうぞ。
☐ Please do not **forget** to take your personal **belongings** when you leave the bus. ★ forget to *do* (〜するのを忘れる)	バスを降りる際は所持品を忘れないようご注意ください。

☐ tidy (36) ☐ belonging (246)

020
cause
[kɔːz]

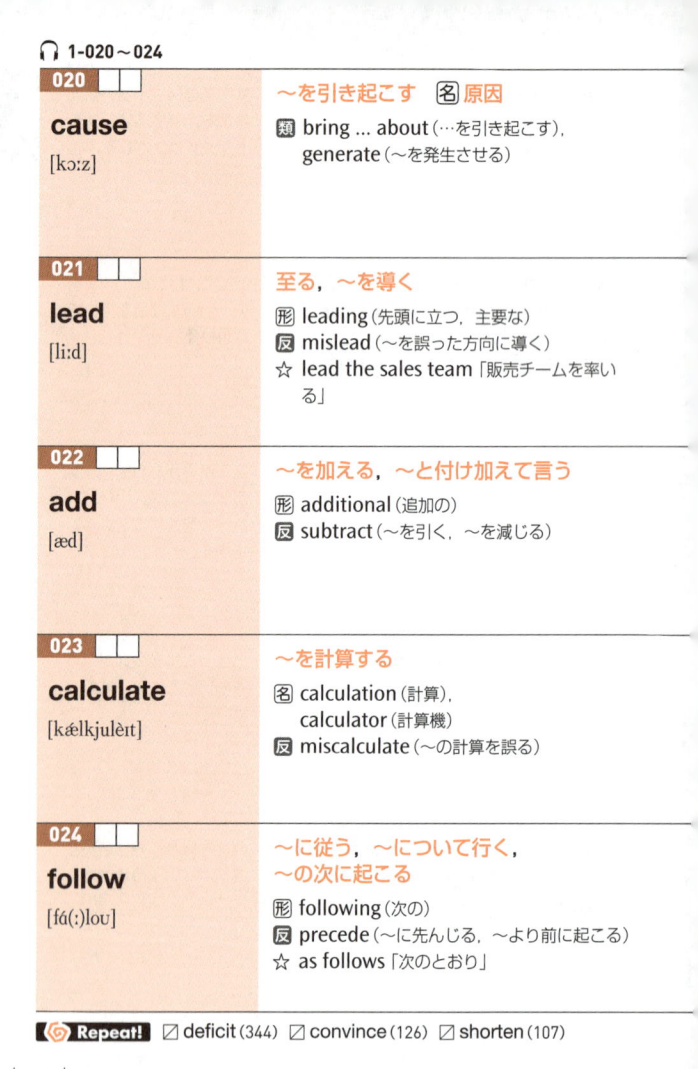

〜を引き起こす 名原因
- 類 bring ... about (…を引き起こす), generate (〜を発生させる)

021
lead
[liːd]

至る，〜を導く
- 形 leading (先頭に立つ, 主要な)
- 反 mislead (〜を誤った方向に導く)
- ☆ lead the sales team「販売チームを率いる」

022
add
[æd]

〜を加える，〜と付け加えて言う
- 形 additional (追加の)
- 反 subtract (〜を引く，〜を減じる)

023
calculate
[kǽlkjulèit]

〜を計算する
- 名 calculation (計算), calculator (計算機)
- 反 miscalculate (〜の計算を誤る)

024
follow
[fá(ː)lou]

〜に従う，〜について行く，〜の次に起こる
- 形 following (次の)
- 反 precede (〜に先んじる，〜より前に起こる)
- ☆ as follows「次のとおり」

Repeat! ☐ deficit (344) ☐ convince (126) ☐ shorten (107)

☐ Accumulated stress **causes** frustration and anxiety, and can lead to attention **deficit** problems.	たまったストレスは欲求不満と不安を引き起こし、注意力欠如の問題につながりうる。
☐ He is firmly **convinced** that **shortened** delivery times will **lead** to additional sales. ★ lead to ... (…につながる、(事が)…を引き起こす)	配達時間の短縮がさらなる売り上げにつながると、彼は固く信じている。
☐ The web designer **suggested** **adding** more visuals to improve the image of the client's websites.	ウェブデザイナーは顧客のウェブサイトのイメージをよくするためにもっと映像を加えるよう提案した。
☐ In general, wages for most part-time jobs are **calculated** on an hourly basis.	一般に、ほとんどのパートタイムの賃金は時給で計算される。
☐ We **urge** you to **follow** the instructions, **otherwise** the machine may be damaged.	説明書の指示に従うよう強く求めます。さもなくば、機械が損傷するかもしれません。

☐ suggest (64) ☐ urge (238) ☐ otherwise (516)

025 recommend
[rèkəménd]

〜を勧める

- 名 recommendation（推薦(状)）
- 動 commend（〜をほめる，〜を推薦する）
- 類 advise（〜に勧める，助言する），advocate（〜を擁護する），support（〜を支える，〜を支持する），uphold（〜を支持する，〜を守る）

026 cross
[krɔ(:)s]

〜を横切る，交差する，(手・脚)を組む

- ☆ cross [fold] one's arms「腕を組む」，cross one's legs「足を組む」。

027 hang
[hæŋ]

掛かる，〜を掛ける，〜をつるす

- 類 hook（(かぎなどで)〜を引っ掛ける）
- ☆ hang up the phone「電話を切る」

028 lay
[leɪ]

〜を置く，〜を横たえる

- ☆ 他動詞で活用はlay-laid-laid。なお，自動詞lie「(主語が)横たわる」の活用はlie-lay-lain。

029 point
[pɔɪnt]

指差す

- ☆ point ... out「…を指摘する」
- ☆ 〈point the finger at＋人〉「(人)を非難する」

Repeat! ☐ valuable (431)

☐ I highly **recommend** this investment seminar to anyone who wishes to succeed in investing in financial markets. ★ recommend ＋物＋ to ＋人（（物）を（人）に勧める）	金融市場への投資で成功したい人なら誰であれ，この投資セミナーを強く勧めます。
☐ The man holding an umbrella is waiting at the traffic light to **cross** the street.	傘を持った男性が通りを渡ろうと信号機のところで待っている。
☐ Many **valuable** paintings **hang** on the walls of the art gallery.	画廊の壁には，たくさんの高価な絵が掛かっている。
☐ Two workmen are **laying** bricks on the sidewalk.	2人の作業員が歩道にれんがを敷いている。
☐ The man sitting on the right is **pointing** at the screen. ★ point at ...（…を指差す）	右側に座っている男性がスクリーンを指差している。

1-030〜034

030 bend
[bend]

体を曲げる，〜を曲げる

031 lean
[li:n]

寄りかかる

032 overlook
[òuvərlúk]

〜を見渡せる（ところにある），
〜を見落とす

☆ overlook the mistake「誤りを見落とす」

033 sweep
[swi:p]

〜を掃く，〜を一掃する

名 形 sweeping（掃除；広範囲にわたる，全面的な）

034 pile
[paɪl]

〜を積み上げる，積み重なる
名 積み重ね

類 stack（〜をきちんと積み重ねる；積み重ね）
☆ a pile of books「積み上げられた本のひと山」

Repeat! ☐ garbage (282) ☐ enter (77) ☐ plate (280) ☐ sink (98)

☐ A man is **bending** over to pick up **garbage** on the floor. ★ bend over(かがむ，腰を曲げる)	男性が床のごみを拾おうと腰を曲げている。
☐ The ladder is **leaning** against the wall of the barn. ★ lean against ...(…に寄りかかる，…に立てかけてある(=prop up against ...))	はしごが納屋の壁に立てかけてある。
☐ Bay Resort is a luxurious hotel **overlooking** the ocean.	ベイ・リゾートは，海を見渡す豪華なホテルです。
☐ A janitor is **sweeping** the floor with a broom.	用務員が床をほうきで掃いている。
☐ When I **entered** the kitchen, I saw many dirty **plates** that were **piled** up high in the **sink**. ★ pile (...) up((…を)積み重ねる，積み重なる)	台所に入ると，流しに汚れた皿が高く積まれていた。

035

dig
[dɪg]

～を掘る

- 類 excavate（～を掘る，発掘する）
- ☆ 活用はdig-dug-dug。
- ☆ フレーズdig a ditch「(排水)溝を掘る」も覚えておこう。

036

tidy
[táɪdi]

～をきちんと片付ける
形 (整理して)きちんとした

- 類 clean (...) up ((…を)片付ける)
- 反 clutter（～を散らかす）
- ☆ neat and tidy「きちんと整って」は，同義の形容詞neatを使った強調表現。

037

confuse
[kənfjúːz]

～を混乱させる，～を困惑させる

- 名 confusion（混乱）
- 形 confused（混乱した，困惑した）
- 類 puzzle（～を当惑させる）
- 反 clarify（～を明確にする）
- ☆ confuse A with B「AをBと間違える」

038

wear
[weər]

～を身につけている

- 類 put ... on ((服など)を身につける)
- ☆ wearは「着ている状態」を表し，put ... onは「着る動作」を示す。

039

explain
[ɪkspléɪn]

～を説明する

Repeat! ☐ operate (158) ☐ instruction (370)

☐ The man wearing a hard hat is **operating** the machine that <u>digs</u> holes.	ヘルメットをかぶった男性が穴を<u>掘る</u>機械を操作している。
☐ The secretary was **tidying** up the desk when I entered the room.	私が部屋に入ったとき，秘書は机を<u>片付けて</u>いた。
☐ The **instructions** from my **predecessor** on this project just <u>confused</u> me more.	このプロジェクトに関する前任者からの指示は，私をもっと<u>混乱させた</u>だけだった。
☐ The woman **wearing** glasses is checking the date on her calendar. ★ wear glasses（メガネをかけている）	メガネを<u>かけた</u>女性がカレンダーで日付を確認している。
☐ Could you **explain** to me the **directions** to the train station in more detail?	駅への行き方をもっと詳しく<u>説明して</u>くれますか。

☐ predecessor (397)　☐ direction (369)

040

insist
[ɪnsíst]

〜であることを主張する

類 persist(〈〜を〉主張する,〈〜に〉固執する〈in〉)
☆ insist on ... 「…を主張する」の形も覚えておこう。

041

mention
[ménʃən]

〜に言及する　名 言及

☆ not to mention ... 「…は言うまでもなく」

042

detail
[díːteɪl]

〜を詳しく述べる　名 詳細

形 detailed(詳細な)
☆ in detail 「詳細に」

043

express
[ɪksprés]

(考え・感情)を表現する　形 急行の

類 articulate (〜をはっきり述べる)
☆ by express mail 「速達で」.
by express train [bus / elevator] 「急行電車[バス／エレベーター]で」。

044

offer
[ɔ́(ː)fər]

〜を申し出る, 〜を提供する　名 申し出

Repeat! ☑ moreover (515) ☑ track (17) ☑ compliment (226)

動詞

☐ **Moreover**, the sales manager <u>insisted</u> that additional staff be hired as soon as possible.

その上，営業部長はできるだけ早くスタッフを追加で雇うよう<u>主張した</u>。

☐ In your brochure, it was <u>mentioned</u> that I can **track** my package on the website.

貴社のパンフレットに，ウェブサイトで荷物を追跡できると<u>述べ</u>られていました。

☐ Jack submitted a comprehensive report <u>detailing</u> the complaints and **compliments** from our customers.

ジャックは，顧客からのクレームと賛辞を<u>詳述している</u>包括的な報告書を提出した。

☐ Mr. Wells <u>expressed</u> his appreciation for the cordial **hospitality** that had been extended to him during his visit.

ウェルズ氏は，訪問中に受けた心からの歓待に感謝を<u>表した</u>。

☐ We <u>offer</u> a full refund or **exchange** for any defective items purchased from our store.

当店で購入された品に欠陥があれば，全額返金または交換<u>いたします</u>。

☐ hospitality (382)　☐ exchange (100)

045

wonder

[wʌ́ndər]

～だろうかとあれこれ思いを巡らす，不思議に思う　名 驚き

046

suspect

[səspékt]

～ではないかと思う，～を疑う

名 容疑者

形 suspicious (怪しい，疑い深い)

☆ suspect that ... 「(たぶん)…ではないかと思う」と doubt that ... 「…ではないと思う」の違いに注意。

047

consider

[kənsídər]

～をよく考える

名 consideration (よく考えること)
形 considerable (かなりの)，considerate (思いやりがある)
類 deliberate ((～を)熟考する)

☆ consider doing「～することをよく考える」

048

repair

[rɪpéər]

～を修理する　名 修理

☆ 「～を修理する」という意味で repair と fix の言い換えが頻出。

049

fix

[fɪks]

～を修理する，(物)をしっかり固定する，(日時)を定める

名 fixture (据え付け品)
形 fixed (固定した，不変の)

☆ fix A to B「A を B に取り付ける」
☆ fix a date「日時を決める」

Repeat!　☑ explain (39)　☑ involved (484)　☑ classified (450)

☐ I was **wondering** if you could **explain** it with a simple example. ★ I was wondering if you could ... (…していただけませんでしょうか)	簡単な例を挙げて説明していただけません<u>でしょうか</u>。
☐ There are good reasons to **suspect** that the official was **involved** in the theft of **classified** materials.	その役人が機密情報の盗難にかかわっていた<u>のではないかと思う</u>のに十分な理由がある。
☐ We are **considering** the purchase of your baggage products, especially the travel suitcases with **wheels**.	貴社の手荷物製品、特にキャスター付き旅行用スーツケースの購入を<u>検討して</u>います。
☐ I took my old camera to a local camera shop to see if it could be **repaired**.	<u>修理</u>できるかどうか確かめるため、古いカメラを地元のカメラ店に持って行った。
☐ On my way home, I stopped by Camel Garage to get my car window **fixed**.	自宅への帰りに、車の窓を<u>直して</u>もらうためキャメル自動車修理工場に立ち寄った。

☐ wheel (258)

050 maintain
[meɪntéɪn]

～を維持する，～と主張する，～のメンテナンスをする

- 名 maintenance（維持，整備）
- 類 sustain（～を支える，～を維持する）

051 prepare
[prɪpéər]

～を準備する，～を用意する

- 名 preparation（準備）
- ☆ prepare [fix] a meal「食事の用意をする」

052 afford
[əfɔ́ːrd]

～を持つ余裕がある，～を与える

- 形 affordable（購入しやすい）
- 名 affordability（値ごろ感）

053 reduce
[rɪdjúːs]

～を減少させる

- 名 reduction（減少，削減）
- 類 diminish（～を減らす，減少する），lower（～を下げる），curtail（～を減じる，～を抑える），alleviate（（苦痛など）を軽減する），cut down on ...（…を減らす）

054 decline
[dɪkláɪn]

減少する，(丁寧に)～を断る 名 **低下**

- 類 shrink（縮む，小さくなる），turn ... down（…を断る）
- ☆ decline the invitation「招待を断る」

Repeat! ☐ domestic (465) ☐ several (404) ☐ grocery (281)

☐ The **domestic** airline has <u>maintained</u> a high level of customer service for **several** years.	その国内航空会社は，何年間も高いレベルの顧客サービスを<u>維持してい</u>る。
☐ UMart, a major **grocery** store chain, is <u>preparing</u> to open a new store right downtown.	Uマートは大手の食料品店チェーンだが，中心街に新店舗をオープンする<u>準備</u>を進めている。
☐ For those who can <u>afford</u> to **invest** in the stock market, now is the best time to do so. ★ can afford to *do*（～する（金銭的・時間的）余裕がある）	株式市場に投資する<u>余裕のある</u>人には，今が絶好の時機だ。
☐ Due to the **current** difficult economic situation, many companies are making every effort to <u>reduce</u> costs.	現在の厳しい経済状況のため，多くの会社は経費<u>削減</u>のためあらゆる努力をしている。
☐ Domestic sales of passenger cars have <u>declined</u> for five **consecutive** months.	国内の乗用車販売は5か月連続で<u>減少している</u>。

☐ invest (180)　☐ current (426)　☐ consecutive (497)

055
refuse
[rɪfjúːz]

〜を拒否する，〜を断る

056
reject
[rɪdʒékt]

〜を拒絶する
名 rejection（拒絶）

057
occur
[əkə́ːr]

起こる，心にふと浮かぶ
名 occurrence（発生，出来事）
類 arise（起きる，出現する）

058
contain
[kəntéɪn]

〜を含む
名 container（容器，（貨物用）コンテナ）
☆「〜を抑える，〜を封じ込める」の意味も。
　contain my anger「怒りを抑える」，
　contain the fire「火事を食い止める」。

059
complete
[kəmplíːt]

〜を完成させる，〜に記入する
形 完全な
副 completely（完全に）
名 completion（完成）

Repeat! ☑ apply (202) ☑ eventually (522) ☑ region (264)

☐ The young man **applied** for a housing loan, which was <u>refused</u> by the bank because he was unemployed.	その若い男性は住宅ローンを申し込んだが、無職なので銀行に<u>拒否され</u>た。
☐ The proposal to build a stadium was **eventually** <u>rejected</u> by a large majority.	スタジアムの建設案は結局、反対大多数で<u>却下さ</u>れた。
☐ When a wildfire <u>occurred</u> and spread quickly in the **region**, many **residents** had to be evacuated.	その地域で山火事が<u>発生し</u>、すぐに広がったとき、多くの住民が避難しなければならなかった。
☐ The file **attached** to the e-mail <u>contained</u> a computer virus.	そのメールに添付されたファイルは、コンピューターウイルスを<u>含んでいた</u>。
☐ Please <u>complete</u> this **questionnaire** and return it to me at the end of the seminar.	このアンケートを<u>完成させ</u>、セミナーの終わりに私に返却してください。

☐ resident (292)　☐ attach (83)　☐ questionnaire (317)

060 remain
[rıméın]

〜のままである，とどまる，残る

- 名 remainder（残り）
- 類 stay（〜のままでいる，滞在する）
- ☆ It remains to be seen.「それは，まだ[後になってみないと]わからない。」

061 remind
[rımáınd]

〜に思い出させる

- 名 reminder（思い出させるもの，催促状）
- 類 recall（〜を思い出す），remember（〜を覚えている，〜を思い出す）
- ☆ 〈remind＋人＋of ...〉「(人)に…を思い出させる」

062 book
[bʊk]

(座席・部屋など)を予約する

- 動 overbook（定員以上の予約をとる）
- 類 make a reservation（予約する），reserve（〜を予約する，〜を取っておく）
- ☆ be booked up「全席[室]予約されている」

063 compare
[kəmpéər]

〜を比較する，〜をたとえる

- 名 comparison（比較）

064 suggest
[səgdʒést]

〜を示唆する，〜を提案する

- 名 suggestion（提案，示唆）

Repeat! ☐ former (421) ☐ reschedule (197) ☐ register (105)

☐ This position has **remained** vacant since the **former** director resigned.	前任のディレクターが辞めてから、この職は空きのままだ。
☐ I'd like to **remind** you that our monthly meeting has been **rescheduled** to next Monday.	月例会議は来週月曜日に変更されたことを思い出してください。
☐ After **registering** for the TEC Conference in London, I **booked** a hotel room in the city.	ロンドンで開かれるTEC会議に参加登録した後、市内のホテルを予約した。
☐ Kate **compared** the old prices with the revised ones to check the accuracy of the new price list. ★ compare A with [to] B (AをBと比較する)	ケイトは新しい価格表が正確か調べるため、旧価格を改定価格と比べた。
☐ The market research **suggested** that most consumers **prefer** environmentally-friendly products.	市場調査は、ほとんどの消費者が環境に優しい製品を好むことを示唆していた。

☐ prefer (113)

065 imply
[ɪmpláɪ]

〜をほのめかす，〜を暗に意味する

- 名 implication（含意，ほのめかし）
- 類 hint（〜をほのめかす），infer（〜を暗示する，〜を推論する）

066 indicate
[índɪkèɪt]

〜を示す

- 名 indication（指示，徴候）

067 attempt
[ətémpt]

〜を試みる　名 試み，企て，努力

- 動 tempt（（人）をそそのかして…する気にさせる〈to *do*〉）
- 類 strive（〈〜しようと〉努力する，励む〈to *do*〉）
- ☆ in an attempt to *do*「〜しようとして」

068 serve
[sə:rv]

(食べ物)を出す，〜に仕える，〜を務める

- 類 wait on ...（（客）に応対する）
- ☆ He served 3 terms as mayor.「彼は市長として3期務めた。」

069 surround
[səráʊnd]

〜を囲む

- 名 surrounding（環境(-s)，周囲（の状況））
- ☆ be surrounded by ...「…に囲まれている」の形で Part 1 でよく出題される。

Repeat! ☐ virtually (525) ☐ reject (56) ☐ refreshment (380)

☐ At the press conference, the chief executive officer **implied** that there could be a merger.	CEOは記者会見で,合併の可能性があることをほのめかした。
☐ The latest sales figures **indicate** that there is **virtually** no demand for this product.	最新の販売数量は,この製品に対する需要が実質的には無いことを示している。
☐ I **attempted** to book a flight online, but my credit card was **rejected** for some reason.	オンラインで飛行機の予約を試みたが,何らかの理由でクレジットカードが拒否された。
☐ Light **refreshments** and snacks will be **served** after the seminar.	セミナーの後,軽食が出されます。
☐ **Fortunately**, I was able to find an apartment in a peaceful neighborhood **surrounded** by parks.	幸運にも,公園に囲まれたのどかな場所にアパートを見つけることができた。

☐ fortunately (519)

070

consist
[kənsíst]

成り立つ

- 形 consistent（一貫した）
- 類 comprise（〜から成る）
- ☆ consist in ... 「…にある」

071

describe
[dɪskráɪb]

〜を記述する，〜を描写する

- 名 description（記述，描写）
- 類 depict（〜を描く，〜を描写する），illustrate（〜を説明する，〜を例証する）

072

improve
[ɪmprúːv]

〜を改善する，よくなる

- 類 revamp（〜を改良する，〜を改訂する）
- 反 worsen（悪化する，〜を悪化させる），deteriorate（悪化する，〜を悪化させる）

073

owe
[oʊ]

〜に（恩義）を負っている，〜に（金）を借りている

- ☆ How much do I owe you? は「（私は）あなたにいくら借りているでしょうか」のほか，「お勘定はいくらですか」と普通に代金を尋ねるときにも使われる。

074

recognize
[rékəgnàɪz]

〜に覚えがある，〜を認める，〜を表彰する

- 名 recognition（承認，表彰，見覚え）
- 形 recognized（世に認められた）

Repeat! ☐ devoted (434) ☐ competent (477)

☐ Our IT team **consists** of 12 staff members who are **devoted** and **competent** professionals. ★ consist of ... (…から成り立つ (=be comprised of, be made up of))	当社の情報技術チームは，熱心で有能な専門家である12人のスタッフから成る。
☐ Details of the **responsibilities** for this position are **described** in this document.	この職責の詳細については，この文書に記述されています。
☐ Many employers are always **seeking** ways to reduce costs and **improve** productivity.	多くの雇用者は，経費を削減し，生産性を改善する方法を常に求めている。
☐ Thanks for helping me finish writing the report. I really **owe** you one! ★ I owe you one. (一つ借りができました。)	報告書を仕上げるのを手伝ってくれてありがとう。一つ借りができたね。
☐ I **wonder** if I will **recognize** James when I see him again after all these years.	こんなにも年月がたって，再びジェームズに会ったときに，私は彼のことがわかるだろうか。

☐ responsibility (305)　☐ seek (110)　☐ wonder (45)

075
suffer
[sʌ́fər]

苦しむ，悩む
- 類 afflict（〜を悩ます，〜を苦しめる）

076
subscribe
[səbskráɪb]

(予約)購読する
- 名 subscriber（(予約)購読者），subscription（(予約)購読(料)）

077
enter
[éntər]

〜に入る，〜に加わる
- 名 entry（入場，入会，入り口），entrance（入り口）
- ☆ enter a contest「コンテストに参加する」

078
board
[bɔːrd]

(船・飛行機・バス・電車)に乗り込む
名 板，幹部会議
- 副 aboard（乗って(＝on board)），overboard（船外に）
- ☆「掲示板」は，notice board や bulletin board。

079
face
[feɪs]

〜に直面する，〜に面する
- 類 confront（〜と向かい合う，〜に立ち向かう），encounter（〜に出くわす）
- ☆「問題に直面する」と言う場合には，I face a problem. と I am faced with a problem. の二つの言い方ができる。

Repeat! ☐ frequently (523) ☐ possess (185) ☐ valid (454)

☐ He **frequently suffers** from severe headaches and lower back pain. ★ suffer from ... ((病気)にかかる，…に苦しむ)	彼は，たびたび激しい頭痛と腰痛に苦しむ。
☐ You can **subscribe** to the magazine for $20 a year, a savings of 30% off of the regular price. ★ subscribe to ... (…を予約購読する)	この雑誌は20ドルで年間購読できます。定価より30%安くなります。
☐ All travelers are required to **possess** a **valid** passport to **enter** the country.	その国に入国するには，すべての旅行者は有効なパスポートを所持しなければならない。
☐ The passengers are waiting in line to **board** the bus. ★ board a bus [train / plane] (バス[電車／飛行機]に乗る)	バスに乗るため，乗客は列に並んで待っている。
☐ The police are **facing** severe **criticism** for losing evidence necessary to indict the prime **suspect**.	警察は第一容疑者を起訴するのに必要な証拠を紛失したため，激しい非難に直面している。

☐ criticism (385) ☐ suspect (46)

080

occupy

[á(:)kjupài]

~を占有する

- 名 occupancy（占有）
- ☆ Is this seat occupied [taken]?「この座席は空いていますか。」

081

locate

[lóukeɪt]

(建物など)を置く，(場所)を突き止める

- 類 situate（~を〈ある場所に〉置く〈on [in / at]〉）

082

postpone

[poʊstpóun]

~を延期する

- 類 put ... off（…を延期する），suspend（~を一時停止[中断]する，~をつるす）

083

attach

[ətætʃ]

~を張り付ける，~を添付する

- 名 attachment（取り付け，添付ファイル（=attached file））
- 類 adhere（〈~に〉くっつく〈to〉），label（~にラベルを張る，~にレッテルを張る）
- 反 detach（~を引き離す）

084

hesitate

[hézɪtèɪt]

ためらう

- 名 hesitation（ためらい，ちゅうちょ）
- 形 hesitant（ちゅうちょして，ためらいがちの）
- ☆「遠慮なく~してください」は Please don't hesitate to *do* と Please feel free to *do* の二つが頻出。

Repeat! ☐ settle (140) ☐ owe (73) ☐ conflict (219)

☐ The front-row seats were **occupied** by journalists covering the event.	イベントを取材するジャーナリストで，最前列の座席は<u>占められ</u>ていた。
☐ Mr. White sold a property **located** on Pine Avenue in order to **settle** the debt he **owed** me. ★ be located on [in / at] ...(…に位置する)	ホワイト氏は，私への借金を清算するため，パイン通りに<u>ある</u>不動産を売った。
☐ The sales meeting that was supposed to take place tomorrow was **postponed** due to scheduling **conflicts**.	明日行われることになっていた販売会議は，スケジュールが重なったため<u>延期され</u>た。
☐ Do not **remove** the label **attached** to the product because it **contains** the model's serial number. ★ attach A to B (AをBに張り付ける)	モデルのシリアル番号が書いてありますので，製品に<u>付けら</u>れたラベルをはがさないでください。
☐ Please don't **hesitate** to **contribute** any opinions you may have during the meeting. ★ hesitate to *do* (〜するのをためらう)	会議では，皆さんの意見を<u>遠慮</u>なく出してください。

☐ remove (172)　☐ contain (58)　☐ contribute (117)

085

intend
[ınténd]

~を意図する

- 名 intent (意思, 故意), intention (意図, 意志)
- 形 intentional (意図的な, 故意の)
- ☆ be intended for ... は「…向きである, …を対象としている」の意味。

086

succeed
[səksíːd]

成功する, ~の跡を継ぐ

- 形 successful (成功した), succeeding (続いて起こる)
- 類 inherit (~を引き継ぐ, ~を相続する)
- 反 fail (失敗する)
- ☆ 「跡を継ぐ」の意味も重要。

087

prevent
[prıvént]

~を防ぐ, ~を妨げる

- 名 prevention (妨害, 予防)
- 形 preventive (予防の)
- 類 hinder (~を妨げる), obstruct (~を妨害する)
- ☆ prevent A (from) doing 「Aが~するのを妨げる」でkeep A from doingと同義。

088

reflect
[rıflékt]

~を反映する, ~を反射する

- 名 reflection (反射, 反映)

089

blame
[bleım]

~を非難する, ~のせいにする　名 非難

- 類 accuse (~を訴える, ~を責める), condemn (~を責める), attribute (〈結果を~に〉帰する〈to〉)
- ☆ be to blame 「責任がある」という形もある。

Repeat! ☐ premise (361) ☐ regulation (298)

動詞

□ The owner of the hotel **intends** to install more security cameras on its **premises**.
★ intend to *do*（〜するつもりである）

ホテルのオーナーは，敷地内にもっと監視カメラを設置する<u>つもりだ</u>。

□ We have **succeeded** in increasing profits by improving productivity.
★ succeed in ...（…に成功する）

生産性を高めることで，増益に<u>成功した</u>。

□ The safety **regulations** are designed to **prevent** accidents in the workplace.

安全規則は，職場での事故を<u>防ぐ</u>ためのものです。

□ The falling stock prices **reflect** investors' concerns about the economy.

株価の下落は，経済に対する投資家の不安を<u>反映している</u>。

□ Thomas **blamed** himself for the failure of the business deal.

トーマスは，その商取引の失敗で自分を<u>責めた</u>。

090

upset
[ʌ́psét]

～をろうばいさせる，(計画)をだめにする，～をひっくり返す

類 distress (～を悩ませる)，
　dismay (～をうろたえさせる)
☆ be upset「うろたえる」

091

concern
[kənsə́ːrn]

～を心配させる，～に関係する
名 心配，関心，懸念

前 concerning (～に関して(=about))
類 worry (〈～のことで〉心配する〈about〉)
☆ be concerned with ...「…に関係している」

092

meet
[miːt]

(要求・期待など)を満たす，～に会う

類 fulfill ((要求・目的・希望など)を満たす)，
　measure up to ... ((基準・期待など)にかなう)，
　live up to ... ((期待など)にかなう)
☆ meet a deadline「期限に間に合わせる」

093

conclude
[kənklúːd]

～を終える，～と結論を下す，決着する

名 conclusion (結論)
☆ conclude a contract「契約を結ぶ」
☆ It can be concluded that ...「…ということが結論づけられる」

094

last
[læst]

(ある時間)続く

Repeat! ☑ regret (13) ☑ participant (353) ☑ actually (514)

☐ I **regret** the fact that I have **upset** you with my inappropriate comment.	私の不適切な発言で、あなたを動転させたことを後悔しています。
☐ People are becoming more **concerned** about what is in the food they eat. ★ be concerned about ... (…を心配する)	人々は、自分が口にする食べ物に何が入っているかを、より気にするようになっている。
☐ Our goal is to always **meet** our customers' needs and expectations.	当社の目標は、常に顧客のニーズと期待に応えることです。
☐ The chairman **concluded** the meeting by thanking all the **participants**.	議長は参加者全員に対し感謝を述べて会議を締めくくった。
☐ Although scheduled for one hour, the meeting **actually lasted** three hours.	会議は1時間の予定だったが、実際は3時間続いた。

095

store
[stɔːr]

(物)をしまっておく，〜を保管する

- 名 storage (貯蔵，保管), storeroom (貯蔵室，物置)
- ☆ store は「店」だけでなく，動詞で「〜をしまう，〜を保管する」もよく使われる。

096

consult
[kənsʌ́lt]

〜に相談する，〜に助言を求める

- ☆ 自動詞・他動詞両方あるので，〈consult +人〉，〈consult with +人〉のどちらも使うことができる。
- ☆ consult a dictionary「辞書を引く」のようにも使える。

097

appear
[əpíər]

〜のように見える，現れる

- 名 appearance (出現，外見)
- 類 seem (〜のように見える), emerge (現れる), surface ((問題などが) 表面化する)
- 反 disappear (見えなくなる，消える)

098

sink
[sɪŋk]

沈む，落ち込む
名 (台所の) 流し，シンク

- 類 fall (落ちる), submerge (〜を沈める), immerse (〜を浸す，〜を沈める), subside ((風雨・暴動などが) 収まる)
- ☆ 活用は，sink-sank-sunk。

099

gather
[gǽðər]

(人・物)を集める，集まる，〜と思う

- 名 gathering (集まり，集会)
- 類 get together ((人が) 集まる), collect (〜を集める), garner (〜を集める), integrate (〜をまとめる，〜を統合する)

Repeat! ☑ medicine (291) ☑ exhausted (416) ☑ alert (437)

☐ **Store** this **medicine** at room temperature, away from any sunlight or damp areas.	この薬は直射日光や湿気のある場所を避けて, 常温で保管してください。
☐ We recommend that you **consult** a professional before investing in real estate.	不動産に投資する前に, 専門家に相談することをお勧めします。
☐ Although Ted **appeared** to be **exhausted**, he was in fact quite **alert**. ★ appear (to be) ... (…のように見える)	テッドは疲れ切っているように見えたが, 実際には注意を怠っていなかった。
☐ Before the ship **sank** completely, all the passengers and crew were rescued.	船が完全に沈む前に, 乗客と乗組員全員が救助された。
☐ The **purpose** of this survey is to **gather** information on customer needs and preferences.	この調査の目的は, 顧客のニーズと好みに関する情報を集めることです。

☐ purpose (326)

100 exchange
[ɪkstʃéɪndʒ]

〜を交換する，〜を両替する
名 交換，為替，取引所

- 名 change（釣り銭）
- ☆ exchange ideas「アイデアを出し合う」
- ☆ stock exchange「証券[株式]取引(所)」，exchange rate「為替レート」

101 prove
[pruːv]

〜を証明する

- 名 proof（証拠）

102 vote
[voʊt]

投票する　名 投票，選挙権

- 名 voter（投票者，有権者）
- ☆ vote for ...「…に賛成の投票をする(=cast a vote for ...)」
- ☆ vote against ...「…に反対の投票をする」
- ☆ the right to vote「選挙権」

103 warn
[wɔːrn]

〜に警告する，〜に注意する

- 名 warning（警告，注意）
- 類 caution（〜に警告を与える），alarm（〜に警報を発する），alert（〜に警報を出す，〜に注意を喚起する）
- ☆ 発音注意。

104 regard
[rɪɡɑ́ːrd]

〜を見なす，〜を考える　名 尊敬，観点

- ☆ Doctors are held in high regard.「医者は尊敬されている。」
- ☆ in this regard「この点において」

Repeat! ☐ eager (432) ☐ refuse (55) ☐ amount (267)

動詞

☐ Excuse me. I'd like to **exchange** this blue shirt for a white one.
★ exchange *A* for *B* (AをBと交換する)

すみません。この青いシャツを白いものと交換してほしいのですが。

☐ Sarah is **eager** to **prove** her worth as the team's leader.

サラはチームリーダーとしての自分の真価を証明するのに熱心だ。

☐ Union members **voted** to **refuse** the management's final offer and went on strike.
★ vote to *do* (〜することを投票で決める)

組合員は，経営者側の最終提案を拒否することを投票で決め，ストライキに入った。

☐ The expert **warned** that the **amount** of greenhouse gas in the Earth's **atmosphere** was rising more **rapidly** than predicted.

大気中の温室効果ガスの量は予想より急速に増えていると，専門家は警告した。

☐ Mr. Lu is **regarded** as a **promising** candidate for the available position.
★ regard *A* as *B* (AをBと見なす (=consider *A B*))

ルー氏は，その募集中の職の有望な候補だと見なされている。

☐ atmosphere (316)　☐ rapidly (509)　☐ promising (480)

105

register

[rédʒɪstər]

(〜を)登録する

- 名 registration(登録), registry(記録簿, 登録簿)
- ☆ by registered mail「書留郵便で」

106

explore

[ɪksplɔ́ːr]

〜を探究する, 〜を探検する

- 名 exploration(探検, 探査), explorer(探検者)
- ☆ explore the possibility of ...「…の可能性を探る」のようにも使える。

107

shorten

[ʃɔ́ːrtən]

〜を短くする

- 反 lengthen(〜を長くする)

108

strengthen

[stréŋkθən]

〜を強くする, 強くなる

- 名 strength(力, 強さ)
- 反 weaken(〜を弱める, 弱る)

109

issue

[íʃuː]

(法令・命令・本など)を出す, 〜を発行する

名 発行, 問題

- ☆ 名詞で「(雑誌などの)号」という意味がある。
- ☆ address an issue「問題に取り組む」

Repeat! ☐ describe (71) ☐ priority (313) ☐ period (288)

☐ To **register** for this seminar, please follow the procedures **described** in Section B.	このセミナーに登録するには、セクションBに示された手続きに従ってください。
☐ Our company is looking to **explore** new business opportunities in the field of textiles.	弊社は布地の分野で、新しいビジネスのチャンスを模索しています。
☐ Rick **shortened** his business trip in order to attend an urgent meeting at the head office.	リックは本社での緊急会議に出席するため、出張を短縮した。
☐ The new director's first **priority** is to **strengthen** the sales team.	新しいディレクターの最優先事項は、セールスチームの強化だ。
☐ The membership card **issued** by KCS Inc. is valid for the **period** specified on the card.	KCS社が発行したこの会員カードは、カードに記された期間中、有効だ。

動詞

596w

110
seek
[siːk]

〜を探し求める
- 图 seeker（探究者）
- 類 pursue（〜を追い求める），look for ...（…を探す）

111
withdraw
[wɪðdrɔ́ː]

(預金)を引き出す，(発言・約束・申し出)を取り消す，〜を撤退させる

112
kneel
[niːl]

ひざをつく
- 图 knee（ひざ）

113
prefer
[prɪfə́ːr]

〜の方を好む
- 形 preferable（〈〜より〉好ましい〈to〉）
- ☆ prefer A to B「BよりAの方が好きだ」

114
prohibit
[prouhíbət]

〜を禁止する
- 類 forbid（〜を禁じる），outlaw（〜を非合法化する，〜を禁止する）

Repeat! ☐ capable (476) ☐ account (201) ☐ dig (35)

☐ A leading manufacturer based in Chicago is **seeking** a highly **capable** accountant to join their team.	シカゴを拠点とする大手製造会社が、チームに加わる優秀な会計士を求めています。
☐ I'd like to **withdraw** $700 from my savings **account**.	700ドルを預金口座から引き出したい。
☐ The gardener is **kneeling** down to **dig** up some soil to **plant** the flowers. ★ kneel down（ひざをつく、ひざまずく）	庭師は花を植えるのに土を掘り出すため、ひざをついている。
☐ I **prefer** working late at the office rather than bringing work home.	仕事を家に持ち帰るより会社で遅くまで働く方がいい。
☐ Smoking is strictly **prohibited** throughout the **entire** building.	ビル全体で喫煙は固く禁じられている。

☐ plant (283)　☐ entire (424)

115 concentrate
[ká(:)nsəntrèɪt]

注意[努力]を集中する，(人・物が)集まる

- 名 concentration (集中)
- 類 focus (〜の焦点を〈…に〉合わせる〈on〉)

116 prescribe
[prɪskráɪb]

(薬など)を処方する

- 名 prescription (処方(せん))

117 contribute
[kəntríbjuːt, -bjət]

貢献する，〜を寄付する，(意見・考え)を述べる

- 名 contribution (貢献，寄付)
- ☆「(意見・考え)を述べる[提案する]」の意味も覚えておこう。Please contribute your opinion.「意見を出してください。」

118 glance
[glæns]

ざっと目を通す，ちらっと見る

- 類 scan (〜をざっと見る，〜を注意深く調べる)，glimpse (〜をちらりと見る)，browse (〈本などを〉拾い読みする〈through〉)
- ☆ glance at ... 「…をちらっと見る」

119 accompany
[əkámpəni]

(人)に同行する，(物事)に付随して起こる

- 名 company (同行，仲間)

Repeat! ☐ prevent (87) ☐ symptom (290) ☐ award (222)

☐ The constant noise coming from next door **prevented** me from <u>concentrating</u> on my work. ★ concentrate on ... ((注意・努力を)…に集中する)	隣室からの断続的な騒音で仕事に集中できなかった。
☐ The allergic **symptoms** disappeared after he took the <u>prescribed</u> medicine.	彼が処方薬を服用すると，そのアレルギー症状は消えた。
☐ These **awards** are to **recognize** and honor employees who have <u>contributed</u> the most to our company. ★ contribute to ... (…に貢献[寄与]する)	これらの賞は，会社に最も貢献した従業員を表彰し，栄誉を授けるものです。
☐ The woman **carrying** a bag over her shoulder is <u>glancing</u> through a magazine. ★ glance through ... (…にざっと目を通す)	肩にかばんをかけた女性が雑誌に目を通している。
☐ Children under age 12 are **admitted** free of charge to this event when <u>accompanied</u> by an adult with a ticket. ★ be accompanied by ... (…が同伴する，…に付随して起こる)	12歳未満のお子さんは，チケットを持った大人が同伴していれば，このイベントに無料で入場できます。

☐ recognize (74)　☐ carry (11)　☐ admit (4)

1-120〜124

120 withstand
[wɪðstǽnd]

〜に耐える

類 resist(〜に耐える，抵抗する)，
endure(〜に耐える)，
put up with ...((苦痛・困難)に耐える)

121 expose
[ɪkspóʊz]

〜をさらす，〜を暴露する

名 exposure(さらすこと，暴露)

122 determine
[dɪtə́:rmɪn]

〜を決定する

名 determination(決心，決意)
形 determined(固く決心して)
類 decide(〜を決定する)，
make up one's mind(決心する)

123 attract
[ətrǽkt]

(観光客など)を誘致する，〜を引きつける

名 attraction(魅力，呼び物)
形 attractive(魅力的な)
反 distract((注意など)をそらす)

124 affect
[əfékt]

〜に影響を及ぼす

名 effect(影響)
類 influence(〜に影響を及ぼす)

Repeat! ☐ design (139) ☐ material (334) ☐ examine (205)

☐ This building is **designed** to **withstand** a major earthquake.	このビルは，大地震に耐えるよう設計されている。
☐ The factory workers were **exposed** to toxic **materials** without being aware of it.	その工場の労働者たちは，知らないうちに有毒物質にさらされていた。
☐ The doctor has **examined** the X-ray to **determine** the cause of the patient's pain.	医者は，患者の痛みの原因を特定するためレントゲン写真を調べた。
☐ This art museum **attracts** tens of thousands of visitors every year.	この美術館には年間何万人も来場する。
☐ It is not clear how sales will be **affected** by the scandal involving the president of the company.	その会社の社長がかかわるスキャンダルが売上高にどの程度の影響を及ぼすかはわからない。

125	~を打ち負かす　名 敗北
defeat [dɪfíːt]	類 beat (~を打ち負かす), rout (~を完敗させる；大敗北)

126	~を納得させる
convince [kənvíns]	類 persuade (~を説得する), induce ((人)に説いて~する気にさせる〈to *do*〉) ☆ be convinced of [that] ... 「…を確信している」

127	~を励ます，~を促進する
encourage [ɪnkə́ːrɪdʒ]	名 encouragement (激励，奨励), courage (勇気) 類 inspire (~を奮い立たせる) 反 discourage ((行動などを人)に思いとどまらせる)

128	~を特定する
identify [aɪdéntəfàɪ]	形 identical (まったく同じような) ☆ 「(自分と)同一視する」の意味もあり，identify with ... は「…に共感する」。

129	~を混乱させる，~を中断させる
disrupt [dɪsrʌ́pt]	名 disruption (崩壊，混乱)

Repeat! ☑ appropriate (483) ☑ adopt (229) ☑ thorough (452)

☐ In the final, the baseball team was **defeated** by a score of 7 to 2. ★ be defeated (敗れる)	決勝戦で，その野球チームは7対2で打ち負かされた。
☐ Elena **convinced** the manager of the need for **appropriate** on-site training. ★ convince A of B (AにBを納得させる)	エレーナは，適切な現場訓練の必要性をマネジャーに納得させた。
☐ We have several programs to **encourage** our employees to **adopt** a healthier lifestyle through proper diet and regular exercise. ★ encourage＋人＋to do ((人)が～するよう励ます)	当社には，適切な食事と定期的な運動をとおして従業員がより健康的なライフスタイルを身につけることを奨励するプログラムがいくつかある。
☐ Despite a **thorough investigation**, the cause of the accident has not yet been clearly **identified**.	徹底的な調査にもかかわらず，事故の原因はまだはっきりとはわかっていない。
☐ Train service was severely **disrupted** by flooding **caused** by overnight thunderstorms.	列車の運行は，夜どおしの激しい雷雨によって引き起こされた洪水で，ひどく混乱した。

☐ investigation (331)　☐ cause (20)

130

disturb
[dɪstə́ːrb]

〜の邪魔をする，〜をかき乱す

- 名 disturbance（乱すこと，妨害，邪魔）
- 類 interrupt（〜の（仕事の）邪魔をする，〜を中断する），
  bother（〜を困らせる，〜に面倒をかける）

131

overcome
[òuvərkʌ́m]

〜に打ち勝つ，〜を乗り越える

- 類 weather（（困難など）を切り抜ける）

132

overwhelm
[òuvərhwélm]

〜を圧倒する，〜を打ちのめす

- 形 overwhelming（圧倒的な）

133

undergo
[ʌ̀ndərgóu]

〜を経験する，（治療・変化・苦痛など）を受ける

- 類 experience（〜を経験する），go through ...（（苦しみ・治療など）を受ける），
  undertake（〜を引き受ける）
- ☆ undergo surgery「手術を受ける」

134

preserve
[prɪzə́ːrv]

〜を保存する 名 **自然保護区，ジャム**

- 類 protect（〜を保護する），
  conserve（〜を保存する，〜を保護する）

Repeat! ☑ urgent (441) ☑ numerous (406) ☑ intensive (491)

☐ Sorry to **disturb** you, but you have an **urgent** phone call from your wife.	お邪魔してすみませんが、奥さまから緊急の電話が入っています。
☐ The baseball player has **overcome numerous** injuries throughout his career.	その野球選手はその経歴の中で数多くのけがを克服してきた。
☐ Applicants applying for a work visa are always **overwhelmed** by the number of forms to be completed.	ワーキング・ビザを申し込む人は、完成させなければならない数々の書類にいつも圧倒されている。
☐ All new recruits will **undergo** two weeks of **intensive** training before actually meeting any clients.	すべての新入社員は、実際に顧客に会う前に2週間の集中訓練を受ける。
☐ Local citizens rallied together to get the city to **restore** and **preserve** the historic structure of the library.	地元住民は、歴史的建造物である図書館を市に修復、保存させるために結集した。

☐ restore (232)

135

ignore

[ɪgnɔ́:r]

〜を無視する，〜を怠る

- 名 ignorance（無知）
- 形 ignorant（無知の，知らない）

136

neglect

[nɪglékt]

〜を怠る，〜を無視する　名 軽視，怠慢

- 名 negligence（怠慢）
- 形 negligible（無視できるほどの，取るに足らない）

137

purchase

[pə́:rtʃəs]

〜を購入する　名 購入（品）

- ☆ buyより堅い言い方でビジネスでは必須単語。
- ☆ a purchase order「購入注文（書）」

138

apologize

[əpá(:)lədʒàɪz]

わびる，謝る

- 名 apology（謝罪）
- ☆ 〈apologize to＋人（＋for ...)〉「（人）に（…のことで）謝る」

139

design

[dɪzáɪn]

〜を設計する，〜の図案を作る
名 設計（図），デザイン

- 名 designer（設計者，デザイナー）
- ☆ be designed for [as] ...「…のために[として]設計されている」

Repeat! ☐ complaint (294)　☐ lucrative (499)　☐ commercial (489)

☐ We can't **ignore** the fact that the number of **complaints** from customers is increasing.	顧客からのクレームの数が増えているという事実は<u>無視</u>できない。
☐ Three security guards were dismissed for <u>neglecting</u> their duties.	三人の警備員たちが，職務を<u>怠った</u>ため解雇された。
☐ It must be very **lucrative** to <u>purchase</u> **commercial** real estate in this area.	この地域で商業用不動産を<u>購入する</u>のは，とてももうかるに違いない。
☐ I <u>apologize</u> for not being able to attend the party to **celebrate** the **launch** of your new product.	御社の新製品の発売を祝うパーティーに参加できず，<u>申し訳ありません</u>。
☐ The car is <u>designed</u> to run on ethanol, a **feasible alternative** to gasoline.	その車は，ガソリンの代替として利用可能なエタノールで走るよう<u>設計</u>されている。

☐ celebrate (223)　☐ launch (214)　☐ feasible (493)　☐ alternative (304)

140

settle
[sétl]

(問題・争議など)を解決する，〜を支払う，(新居などに)落ち着く

- 名 settlement((問題・紛争などの)解決，移住)
- ☆ settle a bill「勘定を支払う」
- ☆ He settled in Boston.「彼はボストンに居を定めた。」

141

attend
[əténd]

〜に出席する，(病人)を世話する

- 名 attendance(出席)，attendee(出席者)
- 類 participate(〈〜に〉参加する〈in〉)，take part in ...(…に参加する)

142

provide
[prəváɪd]

〜を与える，〜を提供する

- 名 provision(供給，食糧(-s))，provider(供給業者，インターネットの接続業者)
- ☆ 「(人)に(物)を提供する」は，〈provide＋人＋with＋物〉，〈provide＋物＋for＋人〉の形。

143

revise
[rɪváɪz]

〜を変える，〜を改訂する

- 名 revision(改訂，修正)
- 類 amend(〜を修正する)

144

adjust
[ədʒʌ́st]

〜を調整[調節]する，〜を適合させる，適合する

- 類 coordinate(〜を〈…と〉調整する〈with〉，〜を調和させる)，rectify(〜を調整する，〜を訂正する)

Repeat! ☑ dispute (390) ☑ mark (224) ☑ competitive (461)

☐ The firm **settled** a legal **dispute** over its employment contract with a former employee. ★ settle a dispute (論争を解決する)	その会社は，元従業員との雇用契約をめぐる法的な争いを解決した。
☐ I'll be glad to **attend** the party to **mark** the completion of the library restoration.	図書館修復の完成を記念するパーティーに喜んで参加いたします。
☐ We **provide** our customers with the highest-quality products and services at **competitive** prices.	当社は，最高品質の商品とサービスを他社に負けない価格で顧客に提供します。
☐ The auto company **revised** its **production** plans due to the economic downturn.	景気後退のため，その自動車会社は生産計画を修正した。
☐ The manufacturer was forced to shut down three factories in order to **adjust** production to the **reduced** demand. ★ adjust A to B (AをBに適合させる)	その製造会社は，需要低下に生産を合わせるため，3工場の閉鎖を余儀なくされた。

☐ production (363)　☐ reduce (53)

145
modify
[má(:)dɪfàɪ]

〜を(一部)修正する，〜を緩和する

名 modification (修正, 変更)

146
suppose
[səpóuz]

〜だと思う，〜と推測する

147
assume
[əsjú:m]

〜と信じる，〜を想定する，(任務・責任)を引き受ける

名 assumption (想定, 前提)
類 expect (〜を予期する),
  guess (〜を推測する),
  presume (〜を推定する, 仮定する)

148
develop
[dɪvéləp]

〜を開発する，〜を発達させる

名 development (開発, 発達),
  developer (開発業者, 開発者)
☆ developed country「先進国」,
  developing country「発展途上国」。

149
analyze
[ǽnəlàɪz]

〜を分析する

名 analysis (分析, 解析),
  analyst (分析者, アナリスト)

Repeat! ☐ ban (268) ☐ reply (153) ☐ improve (72)

☐ The city council will consider **modifying** the **ban** on the parking of oversized vehicles on residential streets.	市議会は，住宅地における大型車の路上駐車禁止に多少の修正を検討するだろう。
☐ A repair technician is **supposed** to come today to fix the photocopier. ★ be supposed to *do*（〜することになっている）	今日，コピー機を修理するために修理技師が来ることになっている。
☐ I **assume** Jack will not attend the party since he hasn't **replied** to our invitation.	招待状の返事がないので，ジャックはパーティーに出席しないだろうと思います。
☐ The team **developed** new equipment to **improve** production efficiency at the plant.	そのチームは，工場での生産効率を向上させる新しい機器を開発した。
☐ Our experienced consultants will **analyze** your needs and suggest a solution that is appropriate for your company.	当社の経験豊かなコンサルタントが，貴社のニーズを分析し，適切な解決策を提案いたします。

150
manage [mǽnɪdʒ]

~をうまくやり遂げる,~を経営する

151
inform [ɪnfɔ́ːrm]

(人)に知らせる

☆ 「(人)に…を知らせる」は,同じ形をとる〈inform＋人＋of …〉,〈notify＋人＋of …〉,〈advise＋人＋of …〉をセットで覚えておこう。

152
notify [nóʊṭəfàɪ]

(人)に通知する

名 動 notice (通知,掲示;~に気付く)
☆ informより堅い語。

153
reply [rɪpláɪ]

返事をする,応じる

154
respond [rɪspá(ː)nd]

返答する,応答する

名 response (返答,応答)
☆ The patient responded well to the treatment.「その患者に治療はよく効いた。」のように,「治療などに効果を現す」という意味でも使われる。

Repeat! ☑ update (309) ☑ accompany (119)

☐ She **managed** to complete the report by the deadline, and submitted it to her boss. ★ manage to *do*(〜を何とかやり遂げる)	彼女は、何とか期日までに報告書を完成させ、上司に提出した。
☐ Please **inform** us of your arrival time, and we will pick you up at the airport. ★ inform＋人＋of [about] ... ((人)に…を知らせる)	到着時刻を知らせてください。空港へ迎えに行きます。
☐ Please **notify** us of any changes to your contact information so that we can keep our records **updated**. ★ notify＋人＋of [about] ... ((人)に…を知らせる)	当方の記録を最新のものにしておきますので、連絡先に変更がございましたらお知らせください。
☐ Please **reply** to this invitation to inform us of the number of guests who will **accompany** you.	この招待状へのお返事をいただき、ご一緒される方の人数をお知らせください。
☐ The service manager is well aware of the importance of **responding** to complaints in a timely manner.	サービスマネジャーは、時機を逃さずクレームに応対することが重要だと十分承知している。

155 outline
[áʊtlàɪn]

～の概略を述べる 名 輪郭，概略

類 brief（～を要約する，～に概要を伝える）

156 refer
[rɪfə́ːr]

参照する，言及する

名 reference（参照，照会先）

157 eliminate
[ɪlímɪnèɪt]

～を排除する，～をなくす

名 elimination（除去，削除，敗退）
類 omit（～を除外する），eradicate（～を根絶する），extinguish（（火など）を消す（=put ... out）），dispose of ...（…を処分する），rule ... out（…を除外する）

158 operate
[á(ː)pərèɪt]

～を操作する，（店など）を経営する

名 operation（業務，事業），operator（操作者，オペレーター）

159 organize
[ɔ́ːrɡənàɪz]

～を計画する，～を組織化する

名 organization（組織，組織化），organizer（組織者，主催者，システム手帳）
動 reorganize（（～を）再編成［再組織］する）
類 lay ... out（…を計画［設計］する），arrange（～をきちんと並べる，～を取り決める）

Repeat! ☐ prospect (395) ☐ table (336) ☐ regarding (536)

☐ This report has **outlined** the current status and future **prospects** of the auto industry.	この報告書では、自動車産業の現状と今後の見通しに関する概略を述べてきた。
☐ Please **refer** to the following **table regarding** which of our products are available for overseas delivery. ★ refer to ... (…を参照する、…に言及する)	海外配送が可能な商品については、次の表を参照してください。
☐ Maple Bank said that it would have to **eliminate** 200 jobs over the next year due to the economic slump.	メープル銀行は、景気低迷の影響で、今後1年間に200の職を削減しなければならないだろうと述べた。
☐ The technician demonstrated how to **operate** the **equipment** safely.	技術者は、その機器を安全に操作する方法を実演してみせた。
☐ The insurance firm **organizes** various seminars, to encourage the staff to enhance their skills and **knowledge**.	その保険会社は、スタッフが技術と知識を高めるのを促すため、さまざまなセミナーを企画する。

☐ equipment (346) ☐ knowledge (302)

160 handle
[hǽndl]

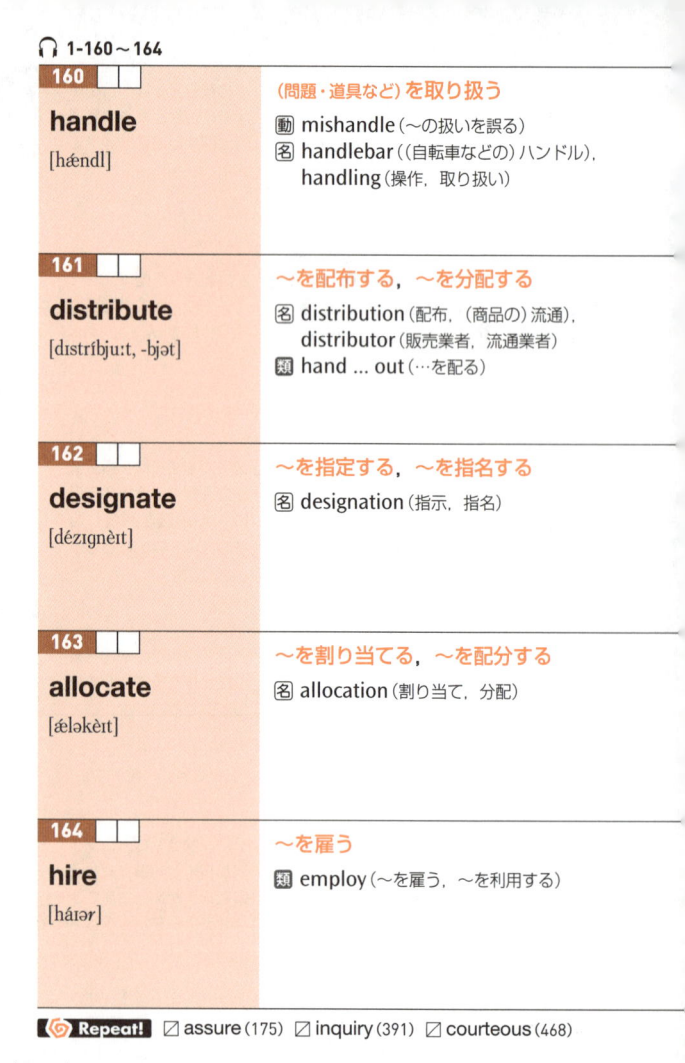

(問題・道具など)を取り扱う

- 動 mishandle (〜の扱いを誤る)
- 名 handlebar ((自転車などの)ハンドル), handling (操作, 取り扱い)

161 distribute
[dɪstríbjuːt, -bjət]

〜を配布する, 〜を分配する

- 名 distribution (配布, (商品の)流通), distributor (販売業者, 流通業者)
- 類 hand ... out (…を配る)

162 designate
[dézɪgnèɪt]

〜を指定する, 〜を指名する

- 名 designation (指示, 指名)

163 allocate
[ǽləkèɪt]

〜を割り当てる, 〜を配分する

- 名 allocation (割り当て, 分配)

164 hire
[háɪər]

〜を雇う

- 類 employ (〜を雇う, 〜を利用する)

Repeat! ☐ assure (175) ☐ inquiry (391) ☐ courteous (468)

☐ You can rest **assured** that your **inquiry** will be <u>handled</u> professionally by our **courteous** and competent staff.	お問い合わせには当社の礼儀正しく有能なスタッフが専門的に<u>対処します</u>ので、どうぞご安心ください。
☐ Training materials will be <u>distributed</u> to the participants during the course.	訓練資料は講習中に参加者に<u>配布</u>されます。
☐ Parking on the premises is **prohibited** to visitors **except** in the <u>designated</u> spaces.	ご訪問された方々の当施設内での駐車は、<u>指定された</u>場所を除き、禁止されています。
☐ **Approximately** $60,000 was <u>allocated</u> for the repair and renovation of the company's fitness center.	会社のフィットネスセンターの修理と改築におよそ6万ドルが<u>割り当て</u>られた。
☐ As we are understaffed and overworked, it makes sense to <u>hire</u> another full-time accountant.	われわれは人員不足で過労の状態にあるので、常勤の会計士をもう一人<u>雇う</u>のはもっともなことだ。

☐ prohibit (114)   ☐ except (535)   ☐ approximately (527)

165 establish
[ɪstǽblɪʃ]

〜を確立する，〜を設立する

名 establishment（設立，設立されたもの）

166 found
[faʊnd]

〜を設立する，〜を創立する

名 foundation（創立，土台，財団），founder（創立者）
類 set ... up（…を設立する）

167 guarantee
[gæ̀rəntíː]

〜を保証する　名 保証

類 promise（〜を約束する；約束），pledge（〜を堅く約束する）

168 load
[loʊd]

(車などに)〜を積む　名 積荷

動 overload（〜に荷を積みすぎる，〜に負担をかけすぎる）
名 truckload（トラック1台分の荷物）
類 ship（〜を船積みする）
反 unload（〜の荷を降ろす）

169 enclose
[ɪnklóʊz]

〜を同封する，(壁などで)〜を囲む

名 enclosure（同封，囲われた土地，構内）
類 insert（〜を〈…に〉差し込む〈in [into]〉）

Repeat!　☐ relationship (285)　☐ satisfied (410)　☐ inspect (196)

☐ Each staff member recognizes the importance of **establishing** a good **relationship** with customers.	スタッフそれぞれが，顧客とよい関係を築くことの重要性を認識している。
☐ After running the company she **founded** 25 years ago, Susie Walker decided to resign as CEO last year.	25年前に自ら設立した会社を運営してきたが，昨年，スージー・ウォーカーはCEOを辞任することを決めた。
☐ We **guarantee** a full refund if you are not **satisfied** with your purchase.	ご購入品に満足していただけない場合は，全額返金することを保証します。
☐ After being carefully **inspected**, the **cargo** was **loaded** onto the vessel. ★ load *A* onto [into] *B* (A(荷など)をBに積む[載せる])	注意深く検査された後，荷は船に積まれた。
☐ **Enclosed** in this envelope is the **itinerary** for my business trip next week.	この封筒に同封されているのは，来週の私の出張旅程表です。

☐ cargo (374)　☐ itinerary (371)

170

note
[noʊt]

〜に注意する，〜に気付く
名 メモ，注釈

171

assemble
[əsémbl]

(機械など)を組み立てる，(人・物)を集める
名 assembly (集まり，組み立て)
類 put ... together (…を組み立てる，…を寄せ集める)
反 disassemble (〜を分解する)

172

remove
[rɪmúːv]

〜を取り去る，〜を取り除く
名 removal (除去，移動，転居)
類 get rid of ... (…を取り除く)，
delete (〜を削除する)，
erase (〜を(消しゴムなどで)消す)，
skip (〜を抜かす)

173

replace
[rɪpléɪs]

〜を取り換える，(人・物)に取って代わる
名 replacement (代わりの品[人])
動 place (〜を置く)，
misplace (〜を置き間違える，〜を置き忘れる)
☆ replace A with B「AをBと取り換える」

174

confirm
[kənfə́ːrm]

〜を確かめる
名 confirmation (確認，確証)
類 affirm (〜を(正しいと)断言する)，
authenticate (〜が本物であると認める)，
corroborate ((陳述など)を補強する，〜を確証する)

Repeat! ☐ obligation (401) ☐ expire (195) ☐ manage (150)

☐ Please **note** that you are under no **obligation** to subscribe to the magazine after your free trial has **expired**.	無料お試し期間の終了後、雑誌を購読する義務は無いことにご注意ください。
☐ The instructions were a bit complicated, but I **managed** to **assemble** the furniture by myself.	説明書きはやや複雑だったが、その家具をなんとか自分で組み立てた。
☐ The second item was **removed** from the agenda because the speaker was not **present** due to illness. ★ remove A from B（BからAを取り去る）	報告担当者が病気のため欠席したので、第2項目は議題から削除された。
☐ We will purchase a **state-of-the-art** security system to **replace** the old one.	最新のセキュリティーシステムを購入し、古いシステムと取り換える予定です。
☐ I need to **confirm** the location of the training **facility** before the first class begins.	最初のクラスが始まる前に、訓練施設の場所を確認しなければならない。

☐ present (425)　☐ state-of-the-art (502)　☐ facility (359)

175 assure
[əʃúər]

(人)に請け合う，〜を保証する

- 類 secure（〜を確保する）
- ☆ 〈assure＋人＋of [that] ...〉で「(人)に…を保証する」，be assured that ... で「(主語が)…だと確信する」。

176 ensure
[ɪnʃúər]

〜を保証する，〜を確実にする

- 類 make sure（…を確かめる，必ず…する〈of [that] ...〉），
  make certain（…を確かめる，確実に…する〈of [that] ...〉）

177 process
[prá(:)ses]

〜を処理する，〜を加工する　名 過程

- ☆ processed food「加工食品」

178 transfer
[trænsfə́ːr]

〜を転任させる，〜を移転させる
名 移転，異動

- ☆ pay ... by bank transfer「銀行振込 [送金] で…を支払う」

179 obtain
[əbtéɪn]

〜を手に入れる

- 類 gain（〜を得る）

Repeat! ☑ inform (151) ☑ authority (393)

☐ The airline <u>assured</u> the passengers that there would be no further delays before boarding.	航空会社は乗客に対し，搭乗までこれ以上の遅れは無いと<u>約束した</u>。
☐ H&A is committed to <u>ensuring</u> the security of all clients' personal information.	H&Aは，すべての顧客の個人情報の安全<u>確保</u>に尽力しています。
☐ Your order is now being <u>processed</u> and will be ready for shipment within two weeks.	現在ご注文は<u>処理</u>されており，2週間以内に発送準備が整います。
☐ This e-mail is to **inform** you that I have been **transferred** to our London branch office. ★ be transferred to ... (…に転勤になる)	このメールは，ロンドン支店へ<u>異動</u>となりましたことをお知らせするものです。
☐ We have already <u>obtained</u> a construction permit from the municipal **authority**.	既に市当局から建築許可証を<u>取得して</u>います。

180

invest
[ɪnvést]

～を投資する

- 名 investment（投資）, investor（投資家）
- ☆ invest in ...「…に投資する」

181

demonstrate
[démənstrèɪt]

～を実演する，～を明らかに示す

- 名 demonstration（実演，デモンストレーション）
- ☆ demonstrate strong leadership「強力なリーダーシップを発揮する」のようにも使える。

182

manufacture
[mæ̀njufǽktʃər]

～を製造する 名 製造

183

review
[rɪvjúː]

～を見直す 名 見直し，評論

184

submit
[səbmít]

～を提出する

- 名 submission（提出）
- ☆「（書類など）を提出する」は，submitのほか，hand ... in や turn ... in が頻出。

Repeat! ☐ huge (444) ☐ found (166) ☐ install (192)

☐ Mr. Gomez **invested** a **huge** sum of money to **found** a real-estate agency.	ゴメス氏は，不動産会社を設立するために巨額の金を投じた。	動詞

☐ The service technician **demonstrated** how to **install** and use the new accounting software.

保守技術者は，新しい財務会計ソフトのインストール方法と使い方を実演した。

☐ The computers are **manufactured** in this factory; **however**, most of the components are imported.

コンピューターはこの工場で製造されるが，部品のほとんどは輸入品だ。

☐ You should have a lawyer **review** the **contract** before signing it.

サインする前に，その契約書を弁護士に見直してもらうべきだ。

☐ I have to **submit** this project **proposal** to the manager by Friday.
★ submit *A* to *B*（AをBに提出する）

金曜日までにこの企画書をマネジャーに提出しなければならない。

☐ however (517)　☐ contract (319)　☐ proposal (323)

185
possess
[pəzés]

〜を所有する，〜を持つ

- 名 possession（所有）

186
estimate
[éstɪmèɪt]

〜を見積もる，〜を推定する
名 見積もり（額）

- 動 overestimate（(〜を)過大評価する），underestimate（(〜を)少なく見積もる）
- 類 quote（〜の価格を言う，〜を見積もる，(言葉・文章)を引用する）

187
release
[rɪlíːs]

〜を公開［公表］する，〜を解き放つ

- 類 publish（(本・雑誌など)を出版する，〜を発表する）

188
earn
[əːrn]

(金など)を稼ぐ，〜を獲得する

- 名 earnings（所得，収入）
- ☆ earn a living は「生計を立てる」の意味。
- ☆ earn a reputation「評判を得る」のようにも使える。

189
commute
[kəmjúːt]

通勤する，通学する 名 通勤（距離）

- 名 commuter（通勤者，通学者）

Repeat! ☐ qualified (482) ☐ revenue (340) ☐ annual (459)

☑ **Qualified** applicants must <u>**possess**</u> knowledge of project management.	応募資格があるのは，プロジェクト管理の知識を<u>持った</u>方です。
☑ Our total **revenue** for the fiscal year was <u>**estimated**</u> to be approximately $5.6 million.	その会計年度のわが社の総売り上げは，約560万ドルと<u>見積</u>もられていた。
☑ The **annual** report for this year is **likely** to be <u>**released**</u> early next week.	今年の年次報告書は，来週早々に<u>公表さ</u>れそうだ。
☑ People <u>**earning**</u> an **average** income cannot afford to buy homes around here.	平均所得を<u>稼ぐ</u>人が，この辺りで家を買うことはできない。
☑ What **means** of **transportation** do you most frequently use to <u>**commute**</u> to your workplace?	職場への<u>通勤</u>に，どの交通手段を最も頻繁に利用しますか。

☑ likely (420)　☑ average (457)　☑ means (271)　☑ transportation (251)

190

require

[rɪkwáɪər]

～を必要とする，～を要求する

- 名 requirement（必要条件）
- 形 名 requisite（必要な（=necessary）；必要条件）
- 形 prerequisite（(前提として)不可欠の）

191

engage

[ɪngéɪdʒ]

～を従事させる

- 名 engagement（約束，用事，婚約）

192

install

[ɪnstɔ́ːl]

～を設置する，～を取り付ける

- 名 installation（取り付け，据え付け）

193

accumulate

[əkjúːmjulèɪt]

～を積み重ねる，～を蓄積する

- 名 accumulation（蓄積）
- 形 accumulative（蓄積する（=cumulative））

194

conduct

[kəndʌ́kt]

～を行う，～を指揮する　名 行い，行為

- 名 conductor（車掌，指揮者，案内人）
- ☆ conduct [do] an experiment「実験を行う」は必須。

Repeat! ☐ comply (203) ☐ cabinet (278) ☐ decade (300)

☐ All companies are **required** to **comply** with national safety regulations and standards. ★ be required to *do*（〜するように義務づけられる）	すべての会社が，国の安全規制と安全基準に従うよう<u>求め</u>られている。
☐ We have been **engaged** in exporting various building materials for the past 15 years. ★ be engaged in ...（…に従事する，…にかかわる）	弊社は過去15年間，各種建築資材の輸出に<u>携わって</u>きました。
☐ There is not enough room to **install** such a huge **cabinet** here.	そんなに大きな戸棚を<u>設置する</u>だけの余地はここには無い。
☐ Over the past **decade**, the company has **accumulated** nearly \$2 billion in debts.	過去10年にわたって，その会社は20億ドル近くの負債を<u>ため込んだ</u>。
☐ A field test of the new display unit will be **conducted** next week.	新しい表示装置の実地試験は，来週<u>行わ</u>れる。

195

expire
[ɪkspáɪər]

期限が切れる
- 名 expiration((期限の)満了)
- 類 be good through ...((日付)まで有効である)

196

inspect
[ɪnspékt]

～を調べる，～を検査する
- 名 inspection(調査，検査), inspector(調査官)

197

reschedule
[rìːskédʒʊl]

～の予定を変更する
- 動 schedule(～の予定を立てる)

198

extend
[ɪksténd]

～を延ばす，伸びる
- ☆ 「(親切・歓待など)を(人)に示す」の意味もある。extend a welcome to you「あなたを歓迎する」

199

expand
[ɪkspǽnd]

～を拡大する
- 名 expansion(拡張，拡大)
- 類 spread(～を広げる，広がる), scatter(～をまき散らす), enlarge(～を大きくする，(写真)を引き伸ばす)

Repeat! ☑ ensure (176) ☑ repair (48) ☑ hire (164)

☐ Please **ensure** that your passport has not **expired** before you plan your trip abroad.	海外旅行の予定を立てる前に、パスポートの期限が切れていないことを確認してください。
☐ After **inspecting** the vehicle, the mechanic said that some parts needed to be **repaired** or replaced soon.	車両を点検した後、いくつかの部品は修理または交換がすぐに必要だと整備士が述べた。
☐ Something urgent has come up. Could we **reschedule** our meeting for another day? ★ reschedule ... for +新しい日時など（…を（新しい日時など）に変更する）	急用ができてしまいました。別の日に会合の予定を変更できますか。
☐ The deadline for submitting the report was **extended** until next Monday. ★ extend the deadline（締め切りを延ばす）	レポートの提出の締め切りは来週の月曜日まで延期された。
☐ The toy manufacturer announced that it would **expand** business in the region and **hire roughly** 600 local people. ★ expand business（業務を拡大する）	玩具メーカーは、その地域で業務を拡大し、地元で約600人を雇用すると発表した。

☐ roughly (526)

200

project

[prədʒékt]

〜と予測する，〜を計画する

名 プロジェクト

名 projection（予測，計画，投射）

201

account

[əkáunt]

占める 名 口座，説明

形 accountable（（説明）責任がある）
名 accountability（（説明）責任）
☆ account for ...「…（の理由[原因]）を説明する」も重要。
☆ bank account「銀行口座」

202

apply

[əplái]

申し込む，〜を適用する，（薬など）を塗る

名 application（申し込み，適用）

203

comply

[kəmplái]

（規則・要求などに）従う

名 compliance（（規則などの）順守，コンプライアンス（法令順守））
類 obey（〜に従う），
abide（（規則など）を順守する）

204

evaluate

[ıvǽljuèıt]

〜を評価する

名 動 value（価値；〜を見積もる，〜を重んじる）
形 valued（高く評価された，貴重な）
類 assess（〜を評価する，〜を査定する），
appraise（〜を評価する），
judge（〜を判断する，〜を裁く）

Repeat! ☐ expense (342) ☐ respectively (532) ☐ property (358)

☐ The pharmaceutical company has **projected** a 20% drop in net profit this fiscal year.	その製薬会社は、今年度の純利益が20％下がると<u>予測した</u>。
☐ The office rent and supplies **accounted** for 28% and 8% of the total **expenses, respectively**. ★ account for ... (…を占める)	事務所の家賃と事務用品が、それぞれ経費全体の28％と8％を<u>占めた</u>。
☐ He **applied** for an editorial job at the local newspaper. ★ apply for ... (…に応募する、…を申し込む)	彼は地方紙の編集職に<u>応募した</u>。
☐ We must **comply** with international regulations on intellectual **property** rights. ★ comply with ... (…に従う)	知的所有権に関する国際規定に<u>従わ</u>なければならない。
☐ Professors **evaluate** their students based on their class participation and results of their final exams.	教授は、学生たちを授業参加と期末試験の結果で<u>評価する</u>。

205
examine
[ɪgzǽmɪn]

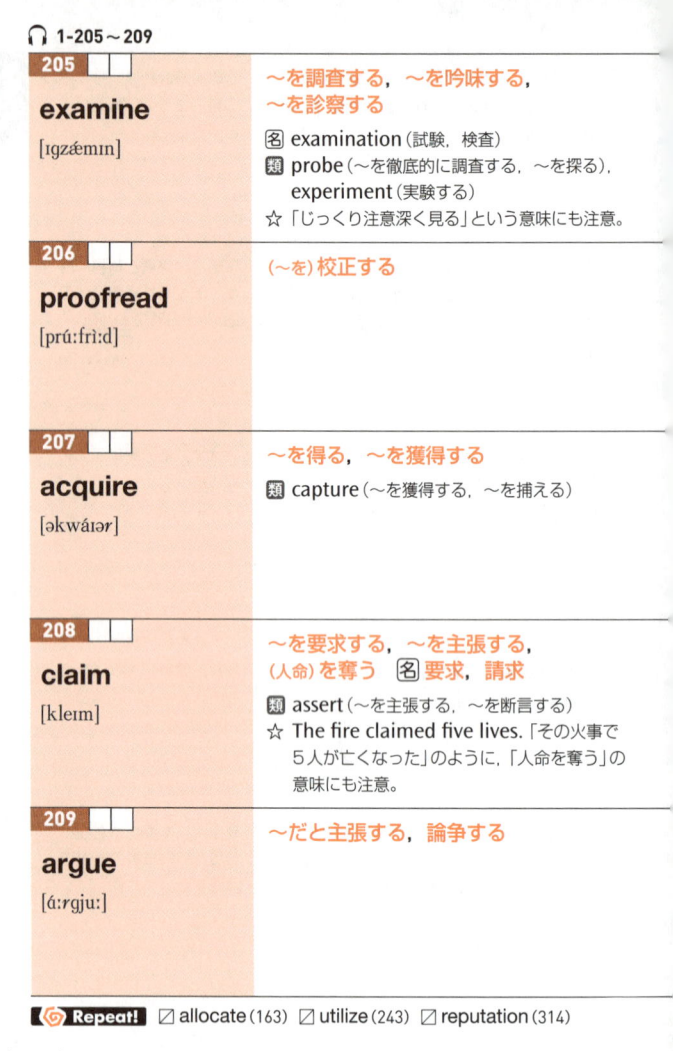

〜を調査する，〜を吟味する，〜を診察する

- 名 examination（試験，検査）
- 類 probe（〜を徹底的に調査する，〜を探る），experiment（実験する）
- ☆「じっくり注意深く見る」という意味にも注意。

206
proofread
[prúːfrìːd]

(〜を)校正する

207
acquire
[əkwáɪər]

〜を得る，〜を獲得する

- 類 capture（〜を獲得する，〜を捕える）

208
claim
[kleɪm]

〜を要求する，〜を主張する，(人命)を奪う　名 要求，請求

- 類 assert（〜を主張する，〜を断言する）
- ☆ The fire claimed five lives.「その火事で5人が亡くなった」のように，「人命を奪う」の意味にも注意。

209
argue
[ɑ́ːrgjuː]

〜だと主張する，論争する

Repeat! ☐ allocate (163) ☐ utilize (243) ☐ reputation (314)

☐ The business strategy should be **examined** to better **allocate** and **utilize** human resources.	よりうまく人材を配置して活用するために、そのビジネス戦略は検討されるべきだ。
☐ Be sure to **proofread** your thesis carefully before submitting it to the professor.	教授に提出する前に必ず、論文を入念に校正するように。
☐ The bank has **acquired** a good **reputation** by providing quality financial products and superb services to its clients.	その銀行は質の高い金融商品と素晴らしいサービスを顧客に提供することで、よい評判を得ている。
☐ The passenger **claimed** **compensation** from the airline for lost luggage.	乗客はなくなった荷物について航空会社による補償を要求した。
☐ The CEO **argued** that success in business depends strongly on having capable and dedicated management ability.	ビジネスでの成功は、有能で献身的な管理能力に強くかかっているとCEOは主張した。

☐ compensation (377)

210

state
[steɪt]

〜を(正式に)述べる 名状態, 国, 州

- 名 statement (声明, 計算書, 明細書)
- 類 voice ((意見など)を言う), utter (〜を口に出す)

211

predict
[prɪdíkt]

〜と予測[予言]する

- 名 prediction (予言, 予測)
- 類 foresee (〜を予見する)

212

summarize
[sʌ́məràɪz]

〜を要約する

- 名 summary (要約)
- 名 動 sum (合計；〜を合計する)

213

reimburse
[rìːɪmbə́ːrs]

(人)に(経費などを)返済する

☆ 商品返品時に「(料金など)を払い戻す」場合は refund。

214

launch
[lɔːntʃ]

(新製品)を売り出す, (事業など)を始める 名開始

☆ launch a campaign「キャンペーンを始める」
☆ launch an investigation「調査[捜査]を開始する」

☑ store (95) ☑ decline (54) ☑ survey (328)

☐ Company policy **states** that customer information must not be **stored** on laptop computers.	会社の方針では，顧客情報はラップトップコンピューターに保管してはいけないと<u>言明している</u>。
☐ The analyst **predicts** that housing prices could eventually **decline** by 30% compared to last year.	アナリストは，住宅価格は去年と比べて最終的に30%下がるかもしれないと<u>予測している</u>。
☐ This report **summarizes** the outcome of the customer satisfaction **survey**.	この報告書は，顧客満足度調査の結果を<u>要約した</u>ものです。
☐ You must submit the original receipts to get **reimbursed** for travel expenses.	旅費を<u>返済して</u>もらうには，領収証の原本が必要です。
☐ A leading Internet service provider **launched** an online music distribution service.	大手インターネット接続サービス業者が，オンラインでの音楽配信サービスを<u>始めた</u>。

215

initiate
[ɪníʃièɪt]

(事業・計画など)を始める

- 形 initial (最初の)
- 副 initially (最初に, 当初は)
- 名 initiative (主導権, イニシアチブ)
- 類 embark (〈~に〉着手する〈on〉)

216

specialize
[spéʃəlàɪz]

専門にする

217

exceed
[ɪksíːd]

~を超える, ~にまさる

- 名 excess (超過, 過多)
- 類 excel (秀でている),
  surpass (~をしのぐ)
- ☆ The costs exceed $1 million. 「経費は100万ドルを超える。」

218

appoint
[əpɔ́ɪnt]

~を任命する,
(時・場所)を約束して決める

- 類 name (~を指名する, ~に名前を付ける)

219

conflict
[kənflíkt]

衝突する 名 衝突, 争い

☆ have a schedule conflict「予定がかち合う」

Repeat! ☐ intend (85) ☐ generous (475) ☐ reward (376)

☐ The laid-off workers **intend** to <u>initiate</u> legal action against the company.	解雇された労働者は、会社に対して訴訟を<u>開始する</u>つもりだ。
☐ We are a leading cosmetics company <u>specializing</u> in various skin care products. ★ specialize in ... (…を専門に扱う、…に特化する)	当社はさまざまなスキンケア商品に<u>特化している</u>、大手の化粧品会社です。
☐ The company offers **generous rewards** for employees who <u>exceed</u> sales targets.	その会社は、販売目標を<u>上回った</u>従業員に気前のよい報奨金を与える。
☐ Ms. Susan Peck has been <u>appointed</u> as director of human **resources, effective** immediately.	スーザン・ペックさんは、即時発効で人事部ディレクターに<u>任命</u>された。
☐ The monthly meeting <u>conflicts</u> with my son's university graduation ceremony.	月例会議は、私の息子の大学の卒業式と<u>かち合う</u>。

☐ resource (383)　☐ effective (462)

220

consume
[kənsjúːm]

〜を消費する

名 consumer（消費者），
consumption（消費）

221

specify
[spésəfàɪ]

〜を詳細に述べる，〜を具体的に挙げる

名 specification（設計明細書(-s)，仕様書）
形 specific（明確な，具体的な）
副 specifically（明確に，具体的に言うと）
類 elaborate（〈〜について〉詳しく述べる
〈on〉，〜を念入りに作る）

222

award
[əwɔ́ːrd]

〜に（賞など）を与える
名 賞，賞品，賞金
☆ 発音注意。

223

celebrate
[séləbrèɪt]

（特定の日・事）を祝う

名 celebration（祝うこと，祝典），
celebrity（名声，有名人）
類 observe（（祝祭日など）を祝う）
☆ celebrate the New Year「新年を祝う」

224

mark
[mɑːrk]

〜を祝う，〜に印をつける，〜を示す

☆ mark ... down「…を値下げする」

Repeat! ☐ ambitious (504) ☐ hold (10)

☐ Many developing countries have to import much of the food they **consume**.	多くの発展途上国は<u>消費する</u>食料の多くを輸入しなければならない。
☐ The contract **specifies** that this **ambitious** project must be completed by the end of June.	この意欲的なプロジェクトは6月末までに完了しなければならないと,契約書に<u>明記してある</u>。
☐ Mary Barron was **awarded** Employee of the Year and received a $1,500 check.	メアリー・バロンは年間優秀社員賞を<u>受賞し</u>,1,500ドルの小切手を受け取った。
☐ The company will **hold** a party to **celebrate** the 20th anniversary of its foundation.	その会社は,創立20周年を<u>祝う</u>パーティーを開く。
☐ We will hold a ceremony **marking** the 10th anniversary of the founding of our company.	わが社の設立10周年を<u>記念する</u>式典を開催します。

225

achieve
[ətʃíːv]

〜を成し遂げる

- 名 achievement（達成，業績）
- 類 accomplish（〜を成し遂げる），attain（〜を達成する，（地位など）を獲得する）

226

compliment
[ká(ː)pləmènt]

〜に賛辞を述べる 名 ほめ言葉

- 類 flatter（お世辞を言う），praise（〜をほめる；賞賛）
- ☆ complement「〜を補う，補完物」との混同に注意。

227

acknowledge
[əkná(ː)lɪdʒ]

〜を認める

- ☆ acknowledge a favor「好意に感謝する」やacknowledge (receipt of) a letter「手紙を受け取ったことを知らせる」のようにも使われる。

228

stimulate
[stímjulèɪt]

〜を刺激する

- 名 stimulus（刺激になるもの）

229

adopt
[ədá(ː)pt]

〜を採用する，〜を養子にする

- ☆ つづりが似ているadapt「〜を適応させる」やadept「熟練した」に注意。

Repeat! ☐ overcome (131) ☐ adverse (455) ☐ outstanding (479)

☐ By **overcoming** the current **adverse** economic conditions, the company **achieved** its sales target. ★ achieve a target [goal]（目標を達成する）	現在の逆境にある経済動向を乗り越え，その会社は売上目標を達成した。
☐ I would like to **compliment** you on your **outstanding** work on this project.	このプロジェクトでのあなたの際立った業績に，賛辞を述べたいと思います。
☐ It is widely **acknowledged** that our products are **superior** to our competitors'.	当社の製品が競争相手のものより優れていると広く認められている。
☐ The government has taken various **measures** to **stimulate** domestic **demand**.	政府は国内需要を刺激するため，さまざまな措置を取った。
☐ Adam Digital intends to **adopt** a new sales **strategy** for their product.	アダム・デジタルは，同社の製品について新しい販売戦略を採用するつもりだ。

☐ superior (448)　☐ measure (272)　☐ demand (297)　☐ strategy (327)

230 appreciate
[əpríːʃièit]

〜を感謝する,〜を認識する,〜を高く評価する

- 名 appreciation(真価を認めること, 感謝)
- 類 admire(〜に敬服する)
- ☆ 「感謝する」の意味の場合, 人を目的語に取れないことに注意する。

231 cooperate
[kouá(ː)pərèit]

協力する

- 名 cooperation(協力)
- 形 cooperative(協力的な, 協同の)
- ☆ 〈co(共に) + operate(操作[運営]する)〉から「協力する」という意味になる。

232 restore
[ristɔ́ːr]

〜を回復する,〜を修復する

233 underline
[ʌ̀ndərláin]

〜を強調する,〜に下線を引く

- 類 underscore(〜を強調する, 〜に下線を引く), highlight(〜を強調する), stress(〜を強調して言う)
- ☆ 下線を引いて目立たせることから,「強調する」という意味になる。

234 enhance
[inhǽns]

〜を高める

- 名 enhancement(高揚, 増進)

Repeat! ☐ appointment(364) ☐ argue(209) ☐ mutual(495)

☑ I would **appreciate** it if you could postpone our **appointment** until next week. ★ I would appreciate it if ... (…だとありがたいのですが)	面会のお約束を来週に延期していただけると<u>ありがたい</u>のですが。
☑ Ms. Robins **argued** that all employees should **cooperate** with each other in the spirit of **mutual** respect. ★ cooperate with ... (…と協力する)	ロビンズさんは、すべての従業員が互いを尊重する精神で<u>協力し</u>合うべきだと主張した。
☑ The power was **restored** shortly after an outage caused by a thunderstorm.	激しい雷雨による停電は程なく<u>復旧した</u>。
☑ The report by the manager **underlined** her concern that the **tentative** budget for sales training would not be **sufficient**.	マネジャーの報告書では、販売研修のための暫定予算が十分ではないという彼女の懸念が<u>強調さ</u>れていた。
☑ We have made every **attempt** to **enhance** our customers' satisfaction based on their feedback.	顧客からのフィードバックに基づき、顧客満足度を<u>高める</u>ため、あらゆる努力をしてきました。

☑ tentative (500)　☑ sufficient (473)　☑ attempt (67)

235

implement
[ímpləmènt]

〜を実行する，〜を履行する

- 名 implementation (実施)
- 類 carry ... out (…を実行[遂行]する)，
  enforce ((法律・規則など)を施行する，〜を強要する)

236

reveal
[rɪvíːl]

〜を明らかにする，〜を暴露する

- 類 uncover (〜の覆いを取る，〜を暴露する)，
  unveil (〜を明らかにする，〜のベールを取る)
- 反 hide (〜を隠す)，
  conceal (〜を隠す)

237

overhaul
[òʊvərhɔ́ːl]

〜を分解点検する，〜を詳しく調べる

- 名 分解修理

238

urge
[ə:rdʒ]

〜を強く促す

- 類 force ((人)に〈〜するよう〉強いる〈to do〉)，
  compel ((人)に〈〜するよう〉強いる〈to do〉)，
  prompt ((人)に〈〜するよう〉促す〈to do〉)

239

anticipate
[æntísɪpèɪt]

〜を予想する，〜を期待する

- 名 anticipation (予想)

Repeat! ☐ immediately (512) ☐ worth (449) ☐ component (347)

☐ We should **immediately** <u>**implement**</u> the cost-cutting measures to improve profitability.	収益性を改善するため，経費削減策をすぐに<u>実行する</u>べきだ。
☐ The company <u>**revealed**</u> that the estimated $500 million **worth** of planned construction projects was dropped.	その会社は，計画されていた推定5億ドル相当の建築プロジェクトが取りやめになったと<u>明かした</u>。
☐ All of the mechanical **components** are to be replaced or <u>**overhauled**</u> as necessary.	すべての機械部品は，必要に応じて取り換えるか，<u>分解点検さ</u>れる。
☐ The government is being <u>**urged**</u> to take suitable measures to **preserve** the local rainforests. ★ urge＋人＋to *do*（（人）に～するよう強く求める）	政府は，その地域の熱帯雨林を守るために適切な対策を取るよう<u>強く求め</u>られている。
☐ It is <u>**anticipated**</u> that the wage negotiations will **conclude** shortly with both sides being satisfied.	賃金交渉は，双方が満足して間もなく決着すると<u>予想</u>される。

☐ preserve (134) ☐ conclude (93)

240

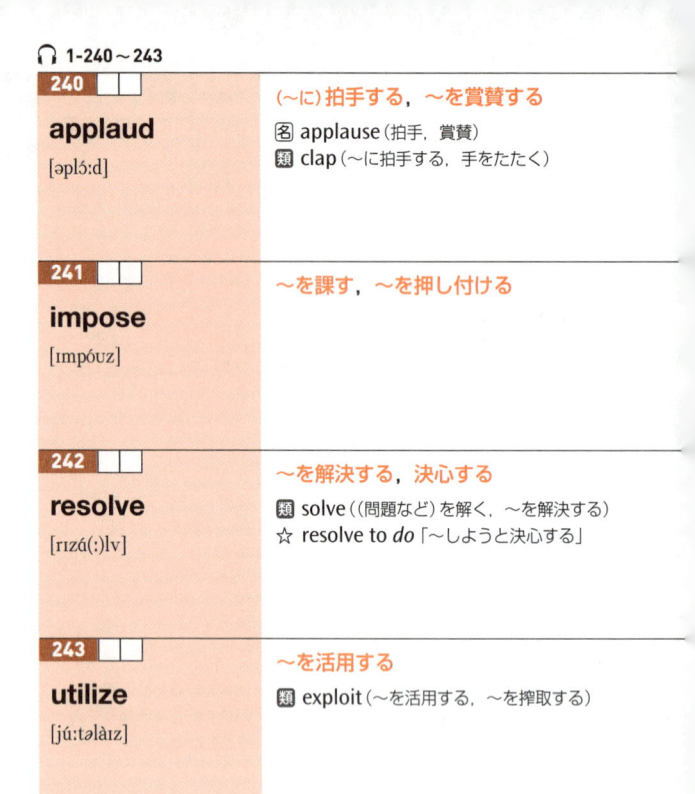

applaud

[əplɔ́ːd]

(〜に)拍手する, 〜を賞賛する

- 名 applause(拍手, 賞賛)
- 類 clap(〜に拍手する, 手をたたく)

241

impose

[ɪmpóʊz]

〜を課す, 〜を押し付ける

242

resolve

[rɪzá(ː)lv]

〜を解決する, 決心する

- 類 solve((問題など)を解く, 〜を解決する)
- ☆ resolve to do「〜しようと決心する」

243

utilize

[júːtəlàɪz]

〜を活用する

- 類 exploit(〜を活用する, 〜を搾取する)

Repeat! ☐ banquet (381) ☐ fuel (256) ☐ burden (373) ☐ rely (9)

☐ The CEO was frequently **applauded** during his speech at the **banquet**.	CEOは祝宴でスピーチしているときに、たびたび拍手を受けた。
☐ Increasing **fuel** costs have **imposed** a heavy **burden** on airlines. ★ impose *A* on [upon] *B*（AをBに課す）	高騰する燃料費が、航空会社に重い負担となってのしかかっている。
☐ Our clients **rely** on our **expertise** to **identify**, analyze and **resolve** complex technical problems.	顧客は、複雑な技術的問題を特定して分析し、解決するため、われわれの専門知識を頼る。
☐ We should fully **utilize** the **accumulated** knowledge and skills of our staff.	スタッフの蓄積された知識と技能を十分に活用すべきだ。

☐ expertise (398) ☐ identify (128) ☐ accumulate (193)

名詞

🎧 1-244〜401

🎧 1-244〜247

244
stair
[steər]

階段 (-s), (階段の) 一段

☆ 「階段を上る」は go up stairs, climb (up) stairs など。「降りる」は go down stairs, climb down stairs。
☆ a flight of stairs 「(踊り場から踊り場までの) 一続きの階段」

245
luggage
[lʌ́gɪdʒ]

手荷物

類 baggage (手荷物), briefcase (書類かばん), portfolio (書類挟み, 書類かばん, (所有する) 有価証券一覧)
☆ 数え方は a piece of luggage, two pieces of luggage。

246
belonging
[bɪlɔ́(ː)ŋɪŋ]

所有物 (-s)

類 valuable (貴重品 (-s))
☆ one's belongings の形が基本。

247
package
[pǽkɪdʒ]

荷物, 包み

類 parcel (小包, 小荷物), carton (ボール箱, (牛乳などの) 紙パック), cardboard box (段ボール箱)

Repeat! ☐ kneel (112) ☐ bend (30)

> 例文中のprescribe medicine「薬を処方する」, on the shelf「棚に」など, 動詞や前置詞とのセットフレーズも押さえておきましょう。a piece of ... などと数える不可算名詞にも注意。

名詞

☐ The man **kneeled** down after falling, but he slowly began walking up the **stairs**, using the handrail. ★ walk up stairs (階段を上る)	男性は転んだ後ひざをついたが, 手すりを利用してゆっくりと階段を歩いて上り始めた。
☐ The passenger complained to the airline after he couldn't find his **luggage**.	その乗客は手荷物が見つからず, 航空会社に苦情を言った。
☐ You need to ensure that your travel insurance policy covers the loss or theft of personal **belongings**.	あなたの旅行保険が, 所持品の紛失や盗難を補償してくれることを確認する必要がある。
☐ Bob felt a pain in his lower back when he **bent** down to lift up the **package** off the floor.	ボブは荷物を床から持ち上げるためにかがんだとき, 腰に痛みを感じた。

248

driveway

[dráɪvwèɪ]

私道

- 類 drive((通りから家までの)私有車道)
- ☆ 道路から自宅の車庫や玄関までの私道。

249

traffic

[træfɪk]

交通(量), (人や車の)往来

- ☆ traffic light「信号機」

250

garage

[gərάːʒ]

車庫, 自動車修理工場

- ☆ 発音および「自動車修理工場」の意味があることに注意。

251

transportation

[trænspərtéɪʃən]

交通機関, 輸送

- 名 動 transport(輸送, 運送；〜を輸送する)
- 類 mass transit(大量輸送, 公共交通機関)

252

railroad

[réɪlròud]

鉄道(線路)

- 類 railway(鉄道)

Repeat! ☐ access (253) ☐ standstill (389) ☐ driveway (248)

☐ Don't park your car here, as it would prevent **access** to my house's <u>driveway</u>.	私の家の<u>私道</u>へ入れなくなるので，ここに車を止めないでください。
☐ <u>Traffic</u> was at a **standstill** after an accident involving three vehicles.	3台の車両を巻き込んだ事故の後，<u>交通</u>は動かなくなった。
☐ The house has a <u>garage</u> in the backyard with a **driveway** to the street.	その家の裏庭には<u>車庫</u>があり，私道が通りへつながっている。
☐ Parking areas are limited. Visitors are **encouraged** to use public <u>transportation</u>.	駐車場には限りがあります。公共<u>交通機関</u>を利用してご来訪ください。
☐ The traffic **sign** indicates that a <u>railroad</u> crossing is ahead. ★ railroad crossing（踏切）	その交通標識は，前方に<u>鉄道</u>の踏切があることを示している。

☐ encourage (127)　☐ sign (262)

253

access
[ǽkses]

アクセス, 接近, 入手
動 ～に到達する, ～を入手する

形 accessible (接近 [利用, 入手] できる)
☆ have access to ... 「…にアクセスできる」

254

vehicle
[víːəkl]

乗り物

255

ride
[raɪd]

(乗り物に) 乗せること, 乗ること
動 (乗り物に) 乗る

☆ Do you need a ride [lift]?「車で送りましょうか。」

256

fuel
[fjúːəl]

燃料　**動** ～に燃料を補給する

257

passenger
[pǽsɪndʒər]

乗客, 旅客

☆ freight train「貨物列車」に対して, passenger train は「旅客列車」。

Repeat! ☐ designate (162) ☐ commute (189) ☐ add (22)

☐ A one-time payment of $30 will allow you unlimited online **access** to our database.	30ドルを一度にお支払いいただくと，当社のデータベースにオンラインで無制限に<u>アクセス</u>できます。
☐ **Vehicles** not parked in **designated** areas will be towed at the owner's expense.	指定された場所にとめていない<u>車両</u>は，所有者の費用負担でレッカー移動されます。
☐ Could you give me a **ride** to work so I can avoid **commuting** by train? ★ give ＋人＋ a ride ((人)を車に乗せて行く)	電車で通勤するのを避けるため，職場まで<u>乗せて</u>いってくれますか。
☐ Any attempt to calm him down only **added fuel** to the fire.	彼を落ち着かせようとする試みはすべて，火に<u>油</u>を注ぐ結果になった。
☐ Your **attention**, please. All **passengers** on Scotts Airlines Flight 176 for Atlanta may begin **boarding** now.	ご案内いたします。スコッツ航空176便アトランタ行きをご利用の<u>お客さま</u>は，現在ご搭乗いただいております。

☐ attention (274)　☐ board (78)

258
wheel
[hwiːl]

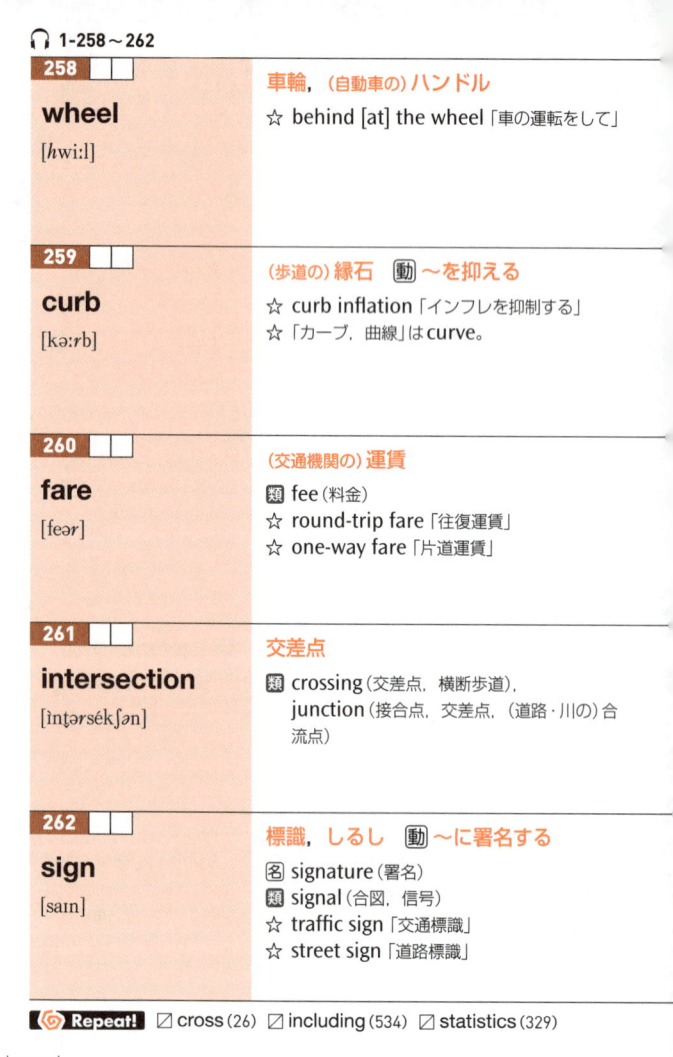

車輪, (自動車の)ハンドル

☆ behind [at] the wheel「車の運転をして」

259
curb
[kəːrb]

(歩道の)縁石　**動** ～を抑える

☆ curb inflation「インフレを抑制する」
☆ 「カーブ, 曲線」はcurve。

260
fare
[feər]

(交通機関の)運賃

類 fee（料金）
☆ round-trip fare「往復運賃」
☆ one-way fare「片道運賃」

261
intersection
[ìntərsékʃən]

交差点

類 crossing（交差点, 横断歩道）, junction（接合点, 交差点,（道路・川の）合流点）

262
sign
[saɪn]

標識, しるし　**動** ～に署名する

名 signature（署名）
類 signal（合図, 信号）
☆ traffic sign「交通標識」
☆ street sign「道路標識」

Repeat!　☐ cross (26)　☐ including (534)　☐ statistics (329)

☐ A man **crossed** the street, pulling along his suitcase on **wheels**.	男性がキャスター付きのスーツケースを引きながら通りを横切った。
☐ The truck driver pulled over to the **curb** near the gas station.	トラックの運転手は，ガソリンスタンド近くの縁石に車を寄せてとめた。
☐ The guided tour costs $30, **including** bus **fare** and admission to the castle.	ガイド付きツアーは，バス代と城の入場料込みで30ドルです。
☐ **Statistics** show that most car accidents **occur** at busy **intersections**.	統計によれば，ほとんどの自動車事故は交通量の多い交差点で起こる。
☐ She **pointed** at the **sign** that read, "Private Property. Keep Out."	彼女は，『私有地につき立入禁止』と書かれた標識を指差した。

☐ occur (57)　☐ point (29)

263 downtown
[dáʊntáʊn]

商業地区, 中心街　**副** 町の中心部へ

264 region
[ríːdʒən]

地域, 地方
- **形** regional ((特定の)地域の)
- **類** district (地区, 区域), area (地域, 区域, 場所), site (場所, 敷地, 現場), square (四角い広場, 街区)

265 suburb
[sʌ́bəːrb]

郊外
- **類** outskirts (郊外)

266 lot
[lɑ(ː)t]

(土地の) 1 区画
- **類** plot (1 区画)
- ☆ vacant lot「空き地, 更地」

267 amount
[əmáʊnt]

量, 総額
- **類** quantity (量)
- ☆ 動詞で amount to ...「総計…になる」。His debts amount to $5,000.「彼の借金は計 5,000 ドルになる。」

Repeat! ☐ ride (255)　☐ railroad (252)　☐ affect (124)

☐ Located in the heart of <u>downtown</u>, the hotel is a five-minute taxi ride to the nearest **railroad** station.	そのホテルは商業地区の中心に位置しているので，最寄り駅までタクシーで5分だ。
☐ Emergency relief supplies were sent to the <u>region</u> **affected** by the earthquake.	地震の影響を受けた地域に，緊急救援物資が送られた。
☐ The Smiths moved into a large **comfortable** house in the <u>suburbs</u>. ★ in the suburbs (of ...)((…の)郊外に)	スミス一家は，郊外にある広くて快適な家へ引っ越した。
☐ All vehicles must be parked in their designated spaces in the parking <u>lot</u>. ★ parking lot(駐車場)	すべての車両は，駐車場の指定された場所にとめなくてはならない。
☐ The total <u>amount</u> of the conference registration fee must be paid in advance.	会議への参加料は全額前払いしていただきます。

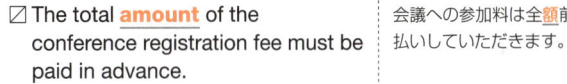

☐ comfortable (407)

268
ban
[bæn]

禁止（令） 動 〜を禁止する

☆ lift a ban on ... 「…の禁止を解く」

269
method
[méθəd]

方法，方式

類 practice（実行，（慣習的）やり方，練習）

270
manner
[mǽnər]

方法，態度，行儀（-s）

類 fashion（やり方，流儀）
☆ in a timely manner [fashion]「タイミングよく，時機を逃さずに」は必須フレーズ。

271
means
[miːnz]

方法，手段

272
measure
[méʒər]

対策，寸法，基準 動 〜を測る

類 criterion（（判断・評価の）基準）
☆ take measures to *do*「〜するための手段を取る」

Repeat! ☐ impose (241) ☐ enclose (169) ☐ specify (221)

☐ The government **imposed** a **ban** on smoking in all **enclosed** public places, including workplaces. ★ impose a ban on ... (…を禁止する)	政府は，職場を含め，屋内の公共の場での喫煙を禁止した。
☐ If you require an alternative shipping **method**, please **specify** that when placing your order.	別の発送方法にする必要がございましたら，注文時に指定してください。
☐ All employees are expected to act in a professional **manner** at all times.	全従業員は常にプロらしい態度をとるよう求められる。
☐ Payments should be made by **means** of a bank **transfer**. ★ by means of ... (…の方法で)	支払い方法は，銀行振込となります。
☐ The company will **implement** drastic restructuring **measures** to simplify its organizational **structure**.	その会社は，組織の構造を簡素化するため，思い切ったリストラ策を実施するだろう。

☐ transfer (178)　☐ implement (235)　☐ structure (360)

273

procedure

[prəsíːdʒər]

手続き, 手順, 処置

- 動 proceed (進む)

274

attention

[əténʃən]

注意

- ☆ draw attention of ... 「…の注意[目]を引く」

275

clothing

[klóuðɪŋ]

衣料品, 衣類

- 名 cloth (布)
- 類 outfit (服装一式), garment (衣服), attire (服装), fabric (布地, 織物)
- ☆ an article [a piece] of clothing 「衣料品1点」と数える。不可算名詞。

276

furniture

[fə́ːrnɪtʃər]

家具

- 形 furnished (家具付きの)
- 名 furnishing (備え付け家具, 調度品)
- ☆ 不可算名詞。数え方は a piece of furniture。

277

shelf

[ʃelf]

棚

- ☆ 複数形は shelves。

Repeat! ☑ clerk (349) ☑ purchase (137) ☑ wear (38) ☑ save (12)

☐ The bank **clerk** explained the **procedure** for opening a bank account.	その銀行員は，銀行口座を開設するための手続きについて説明した。
☐ Consumers pay close **attention** to the quality of the products they **purchase**. ★ pay attention to ... (…に注意を払う)	消費者は，自分が購入する商品の品質に細心の注意を払う。
☐ Under the new safety regulations, all employees must **wear** protective **clothing** in the factory. ★ protective clothing (保護[防護]服)	新しい安全規則の下では，工場ではすべての従業員が防護服を着用しないといけない。
☐ We can **save** money by purchasing used office **furniture**.	中古のオフィス用家具を買うことで，お金を節約できる。
☐ The file of invoices is stored on the **shelf** next to the copier.	請求書のファイルは，コピー機の横の棚に保管されている。

278
cabinet
[kǽbɪnət]

戸棚, キャビネット

類 cupboard（食器棚, 戸棚）, closet（戸棚, 収納室）

279
ceiling
[síːlɪŋ]

天井

280
plate
[pleɪt]

平皿, 一皿分の料理

281
grocery
[gróʊsəri]

食料雑貨類（-ies）, 食料雑貨店

282
garbage
[gáːrbɪdʒ]

ごみ

類 rubbish（くず）, trash（くず）, waste（廃棄物, 浪費）
☆ flammable garbage「可燃性ごみ」

Repeat! ☐ directory (315) ☐ hang (27) ☐ load (168) ☐ curb (259)

☐ After updating the employee **directory**, put it back in the bottom drawer of the file **cabinet**. ★ file cabinet（書類整理棚（=filing cabinet））	従業員名簿を更新したら，書類<u>整理棚</u>の一番下の引き出しに戻してください。
☐ There is a light **hanging** from the <u>ceiling</u> in the attic.	屋根裏部屋の<u>天井</u>から照明がつり下がっている。
☐ A folded napkin should be placed upon the <u>plate</u> of each guest.	折りたたんだナプキンを，客それぞれの<u>皿</u>の上に置くべきだ。
☐ Tommy **loaded** all the <u>groceries</u> into his car parked by the street **curb**.	トミーは，通りの縁石のそばにとめた車にすべての<u>食料雑貨品</u>を積み込んだ。
☐ Today is <u>garbage</u> collection day, so don't **forget** to take out the <u>garbage</u>. ★ take out the garbage（ごみを出す）	今日は<u>ごみ</u>収集日なので，<u>ごみ</u>を出すのを忘れないでください。

☐ forget (19)

283

plant
[plænt]

植物，工場　**動**〜を植える

☆ electric [electrical] power plant は「発電所」。

284

water
[wɔ́ːtər]

水（域），川，海　**動**〜に水をかける

名 watercolor（水彩画）

285

relationship
[rɪléɪʃənʃìp]

関係

名 relation（関係）
☆ relationship between *A* and *B*「AとBの間の関係」

286

doubt
[daʊt]

疑い

形 doubtful（疑っている）
類 suspicion（疑い，容疑），fear（恐れ，不安，懸念），misgiving（疑い，不安）
☆ beyond (a) doubt「疑いもなく，明らかに」

287

favor
[féɪvər]

親切，好意　**動**〜に賛成する

形 favorite（お気に入りの），favorable（好意的な）
☆ in favor of ...「…に賛成して」

Repeat!　☐ lean (31)　☐ establish (165)　☐ superb (447)

☐ Don't forget to water the **plants** while I'm away.	私が留守の間、植物に水をやるのを忘れないでください。
☐ The man is **leaning** against the railing of a balcony overlooking the **water**.	水域を見渡せるバルコニーの手すりに男性が寄りかかっている。
☐ We hope to **establish** a strong business **relationship** with your company.	弊社は貴社と強力な取引関係を築くことを望んでおります。
☐ There is no **doubt** that this **superb** film will be a great success at the box office. ★ there is no doubt that ...（…は疑いの余地がない）	この素晴らしい映画が大当たりするのは疑いない。
☐ Could you do me a **favor** and forward me the document? ★ Could you do me a favor?（頼みたいことがあるのですが。）	お願いがあるのですが、その文書を私に転送してもらえますか。

288

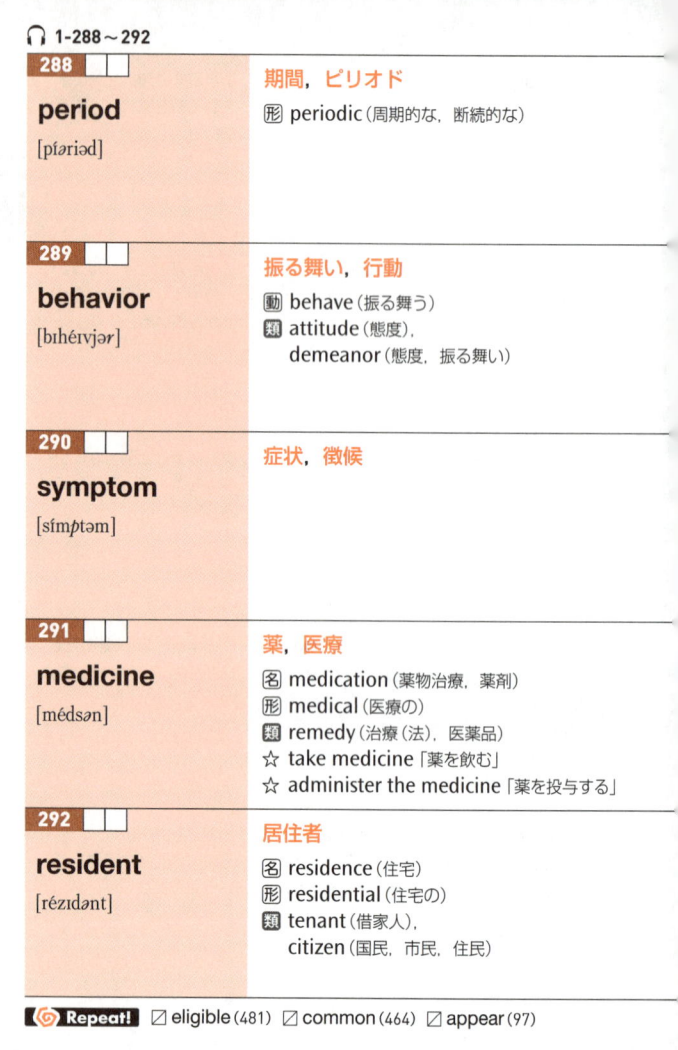

period

[píəriəd]

期間, ピリオド

形 periodic（周期的な, 断続的な）

289

behavior

[bɪhéɪvjər]

振る舞い, 行動

動 behave（振る舞う）
類 attitude（態度）,
 demeanor（態度, 振る舞い）

290

symptom

[símptəm]

症状, 徴候

291

medicine

[médsən]

薬, 医療

名 medication（薬物治療, 薬剤）
形 medical（医療の）
類 remedy（治療（法）, 医薬品）
☆ take medicine「薬を飲む」
☆ administer the medicine「薬を投与する」

292

resident

[rézɪdənt]

居住者

名 residence（住宅）
形 residential（住宅の）
類 tenant（借家人）,
 citizen（国民, 市民, 住民）

Repeat! ☐ eligible (481) ☐ common (464) ☐ appear (97)

☐ Newly hired staff are **eligible** to receive an employee benefits package after completing their probation **period**. ★ probation period (試用 [見習い] 期間)	試用<u>期間</u>終了後，新入社員は諸手当を受け取る資格がある。
☐ I was extremely impressed by the professional **behavior** and knowledge of your staff.	貴社のスタッフのプロとしての<u>態度</u>と知識に非常に感心しました。
☐ <u>**Symptoms**</u> of a **common** cold **appear** about a couple of days after you are **exposed** to a virus.	一般的な風邪の<u>症状</u>は，ウイルスに感染してから約2，3日後に現れる。
☐ The physician **prescribed** <u>**medicine**</u> appropriate to the **patient's** symptoms.	医者は，その患者の症状に適した<u>薬</u>を処方した。
☐ Local <u>**residents**</u> were **disappointed** to learn that the grocery store will shut down in January.	地元<u>住民</u>は，その食料雑貨店が1月に閉店すると知ってがっかりした。

☐ expose (121)　☐ prescribe (116)　☐ patient (470)　☐ disappointed (415)

293
failure
[féɪljər]

失敗
類 collapse ((建物・事業などの)崩壊, 失敗)

294
complaint
[kəmpléɪnt]

不平, 不満
動 complain (〈~について〉不満 [苦情] を言う 〈about [of]〉)

295
feature
[fíːtʃər]

特徴, 機能　動 ~を呼び物にする
☆ 催しの「目玉商品」, 雑誌の「特集記事」, 動詞で映画などに「主演する」の意味も覚えておこう。

296
aspect
[ǽspèkt]

(物事の)側面, 外観
類 factor (要因, 要素),
respect (点, 箇所)

297
demand
[dɪmǽnd]

要求, 需要　動 ~を要求する
類 ask for ... (…を求める),
call for ... (…を要求する)

Repeat! ☐ anxious (433) ☐ primary (445) ☐ downstairs (505)

☐ I'm **anxious** to know the **primary** reason for the <u>failure</u> of such a huge bank.	そんなに巨大な銀行が<u>破綻</u>した一番の理由を知りたくてたまらない。
☐ My neighbor **downstairs** made a <u>complaint</u> to the landlord about **water** leaking from the ceiling.	階下の住人が天井からの水漏れについて大家に<u>苦情</u>を言った。
☐ The attached brochure describes the <u>features</u> and specifications of a soon-to-be-released digital camera.	添付しましたパンフレットに，近日発売予定のデジタルカメラの<u>特徴</u>と仕様が書かれています。
☐ The most important <u>aspect</u> of good leadership is to **lead** by example.	よきリーダーシップの最も重要な<u>面</u>は，自らが手本となって導くことだ。
☐ We will make continual efforts to **meet** the <u>demands</u> of our customers.	顧客の<u>要求</u>に応えるため，絶えず努力をしてまいります。

☐ water (284) ☐ lead (21) ☐ meet (92)

298

regulation
[règjəléɪʃən]

規制, 規則
- 動 regulate (〜を規制する)
- 類 law (法律), restriction (制限), restraint (抑制, 禁止), constitution (憲法), discipline (規律, 秩序)
- 反 deregulation (規制緩和, 自由化)

299

delay
[dɪléɪ]

遅れ, 延期　動 〜を遅らせる

300

decade
[dékeɪd]

10年間
- ☆ for decades「数十年間」

301

ability
[əbíləti]

能力, 手腕
- 類 skill (技能, 熟練), talent ((生まれながら持っている)才能, 適性)
- 反 inability (無力, 無能)

302

knowledge
[ná(:)lɪdʒ]

知識
- ☆ 発音注意。

Repeat! ☑ strict (442) ☑ fine (325) ☑ apologize (138)

☐ Failure to comply with these **strict** environmental **regulations** will result in heavy **fines**.	これらの厳しい環境規制を順守しないと，重い罰金を科せられることになる。
☐ We **apologize** for the **delay**. The train for Boston will be leaving shortly.	遅延のおわびを申し上げます。ボストン行きの電車は間もなく出発します。
☐ Rebecca has been involved in project management for more than a **decade**.	レベッカは，10年以上プロジェクト管理にかかわっている。
☐ The politician needs the strength and **ability** to **withstand** any kind of criticism.	政治家には，どのような種類の批判にも耐える強さと能力が必要だ。
☐ This **internal** training is designed to enhance the **knowledge** and skills of service technicians.	この社内研修はアフターサービス技術者の知識と技能を高めるために作られています。

☐ withstand (120) ☐ internal (466)

303

situation
[sìtʃuéɪʃən]

状況, 立場
- 形 situated ((ある場所に) 位置している (=located))
- 類 environment (環境), circumstance (環境, 状況), climate ((時代・社会の) 風潮, 気候), setting (背景, 環境, (小説の) 設定)

304

alternative
[ɔːltə́ːrnətɪv]

代案, 選択肢　形 二者択一の
- 動 alter (〜を変える)
- 形 alternate (交互の, 交替の)
- 類 choice (選択, 選択肢), option (選択, 選択肢), substitute (代わりの人 [物])

305

responsibility
[rɪspɑ̀(ː)nsəbíləti]

責任, 責務
- 形 responsible (責任がある, 信頼できる)
- 反 irresponsibility (無責任)

306

possibility
[pɑ̀(ː)səbíləti]

可能性
- 形 possible (可能な, 起こりうる)

307

opportunity
[ɑ̀(ː)pərtjúːnəti]

機会, 好機
- 類 chance (機会, 可能性)

Repeat! ☐ practical (440) ☐ explore (106) ☐ failure (293)

☐ An industry expert with **practical** knowledge explained the current **situation** of the housing market.	実用的な知識を持つ業界専門家が、住宅市場の現在の状況について説明した。
☐ The company has **explored** various **alternatives** to resolve the dispute with the union over working conditions.	会社は、労働条件に関する組合との争議を解決するため、さまざまな代案を探った。
☐ The director took **responsibility** for the **failure** of the project and resigned immediately.	その重役は、プロジェクト失敗の責任をとってすぐに辞職した。
☐ What **attracted** me most to the job was the **possibility** of travel overseas.	私がこの仕事に最も引かれた点は、海外出張の可能性だった。
☐ We would like to take this **opportunity** to **express** our gratitude to our customers for their continued support.	この機会を利用して、当社のお客さまの変わらぬご支援に感謝の意を表したいと思います。

☐ attract (123) ☐ express (43)

308 article
[áːrṭɪkl]

(新聞・雑誌などの)**記事**，**品物**

☆ 「品物」の意味では an article of clothing「衣料品1点」のように使われる。

309 update
[ʌ́pdèɪt]

最新情報 動 ~を最新のものにする，~に最新情報を与える

310 appliance
[əpláɪəns]

(家庭用の)**電気器具**

☆ electrical appliance「電化製品」

311 confidence
[káː)nfɪdəns]

自信，**信頼**

形 confident（自信がある）

312 emphasis
[émfəsɪs]

重要さ，**強調**

動 emphasize（~を強調する）
☆ place [put] an emphasis on ...
「…に重点を置く，…を強調する」

Repeat! ☐ assignment (392) ☐ instrument (348) ☐ renovation (388)

☐ Her first **assignment** for the newspaper was to write an **article** about historic musical **instruments**.	その新聞社での彼女の初めての仕事は、歴史的に有名な楽器について<u>記事</u>を書くことだった。
☐ Can you give me an **update** on the progress of the **renovation** project?	改修プロジェクトの進ちょくについて<u>最新情報</u>を教えてくれますか。
☐ Warning: Do not use flammable liquids in the **vicinity** of this **appliance**.	警告：この<u>家電製品</u>の近くで可燃性の液体を使用しないこと。
☐ The **confidence** we have in our products is **reflected** in our 10-year warranty.	われわれの自社製品に対する<u>自信</u>は、10年保証に反映されています。
☐ In the report, **particular emphasis** is **laid** on finding alternative energy sources.	その報告書で特に<u>重要視されていること</u>は、代替エネルギー源を見つけることだ。

☐ vicinity (399)　☐ reflect (88)　☐ particular (439)　☐ lay (28)

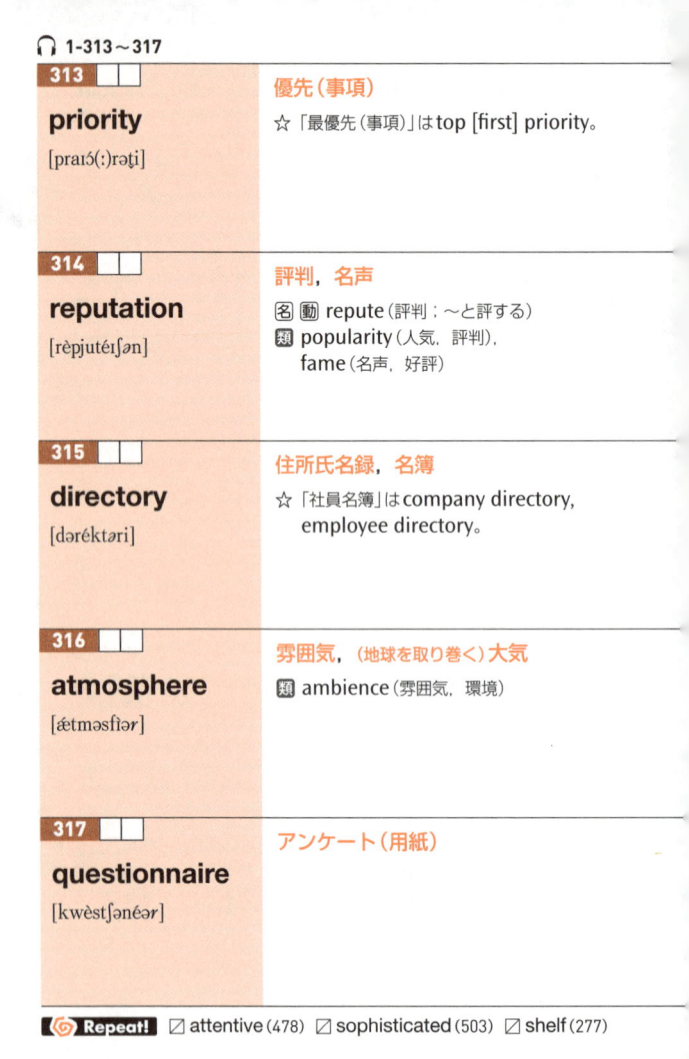

313

priority

[praɪɔ́(:)rəti]

優先(事項)

☆「最優先(事項)」はtop [first] priority。

314

reputation

[rèpjutéɪʃən]

評判, 名声

- 名 動 repute (評判；～と評する)
- 類 popularity (人気, 評判), fame (名声, 好評)

315

directory

[dəréktəri]

住所氏名録, 名簿

☆「社員名簿」はcompany directory, employee directory。

316

atmosphere

[ǽtməsfìər]

雰囲気, (地球を取り巻く)大気

- 類 ambience (雰囲気, 環境)

317

questionnaire

[kwèstʃənéər]

アンケート(用紙)

Repeat! ☐ attentive (478) ☐ sophisticated (503) ☐ shelf (277)

☑ We made it our **priority** to be **attentive** to our customers' needs.	わが社では，顧客のニーズに気を配ることを<u>優先</u>した。
☑ Hartman Printing enjoys a worldwide **reputation** for its **sophisticated** printing technology. ★ enjoy a reputation（評判を得ている）	ハートマン印刷は，高度な印刷技術により，世界的な<u>評判</u>を得ています。
☑ The telephone **directory** which is classified by the type of business is on the second row of the **shelf**. ★ telephone directory（電話帳）	業種別に分類された電話<u>帳</u>は，棚の2列目です。
☑ The hotel **offers** a historical **atmosphere** of a large traditional house with modern amenities.	そのホテルは，現代的な設備を備えつつも，広大な伝統家屋の歴史的な<u>雰囲気</u>も楽しめる。
☑ We **appreciate** your taking the time to **respond** to the **questionnaire**.	時間を取って<u>アンケート</u>にお答えくださいましてありがとうございます。

☑ offer (44)　☑ appreciate (230)　☑ respond (154)

318

relief
[rilí:f]

安心, 軽減, 控除
- 動 relieve (〜を安心させる)
- 類 ease (気楽さ, 安心)

319

contract
[ká(:)ntrækt]

契約 (書) 動 〜を契約する
- 形 contractual (契約 (上) の)
- ☆ draw up a contract「契約書を作成する」

320

deal
[di:l]

商取引, 契約 動 扱う
- ☆ 動詞でdeal with ...「…を扱う, …と取引する」, deal in ...「(商品) を扱う」も重要表現。

321

check
[tʃek]

小切手, 勘定書 動 〜を調べる
- ☆ レストランで「お勘定をお願いします」はCheck, please. と言う。
- ☆ check one's baggageのように「(空港などで出発前に) 手荷物を預ける」という意味でも使われる。

322

performance
[pərfɔ́:rməns]

(人・会社の) 業績, 遂行 (能力), 性能, 上演
- 動 perform ((仕事など) を行う, 〜を演奏する)
- 類 accomplishment (業績, 達成)

Repeat! ☐ diligent (474) ☐ terrific (446)

☐ It was a **relief** to know that no one had been injured in the truck accident.	そのトラック事故で誰も負傷しなかったと知って<u>安心</u>した。
☐ We signed a **contract** with Biz Academy to provide leadership training for our managers.	当社のマネジャーに指導力養成研修をしてもらうため、ビズ・アカデミーと<u>契約</u>を結んだ。
☐ The air carrier signed a business **deal** worth $5 million with a major oil company. ★ sign a deal（契約を結ぶ（=close a deal））	その航空会社は大手石油会社と500万ドル相当の<u>契約</u>を結んだ。
☐ Nancy went to the bank down the street to cash the **check**. ★ cash a check（小切手を現金化する）	ナンシーは<u>小切手</u>を現金化するために、通りの先にある銀行へ行った。
☐ Since Sarah is **diligent** and hardworking, her job **performance** review must be **terrific**. ★ job performance（仕事ぶり、業績）	サラは勤勉でよく働くので、彼女の<u>勤務</u>評定は素晴らしいに違いない。

名詞

323

proposal

[prəpóuzəl]

提案(書)，申し込み

動 propose（〜を提案する）

324

refund

[ríːfʌnd]

払い戻し(金) 動 〜を払い戻しする

形 refundable（払い戻しのできる）
類 pay ... back（…を返金する）
☆ refundは商品返品時などの「払い戻し」。出張旅費など経費の返済はreimbursement。

325

fine

[faɪn]

罰金 形 細かい，細い

類 penalty（罰，罰金，違約金），punishment（罰，処罰）
☆ 細い線しか引けないことから，There is a fine line between A and B.は「AとBは紙一重だ。」という意味になる。

326

purpose

[pə́ːrpəs]

目的

類 objective（目標，目的），aim（狙い，目標），end（目的）
☆ on purpose「わざと，故意に（=deliberately, intentionally）」

327

strategy

[strǽtədʒi]

戦略

類 tactic（戦法 (-s)），scheme（計画，案，（会社の）事業計画）

Repeat! ☐ consider (47) ☐ issue (109) ☐ permit (357)

☐ We are confident that Sun Bank will **consider** our **proposal** favorably.	サン銀行は当社の提案を前向きに考えるだろうと，自信を持っています。
☐ No **refunds** are **issued** after the 30-day guarantee period.	30日の保証期間が過ぎた後は，払い戻しいたしません。
☐ Vehicles parking without a **permit** are subject to a **fine** of $200.	許可なく駐車している車両には，200ドルの罰金が科せられる。
☐ The **purpose** of the meeting is to **determine** how much we can spend on advertising.	会議の目的は，宣伝にいくら使えるかを決定することだ。
☐ We need a **long-term strategy** to increase our presence in the market.	市場での当社の存在感を高めるため，長期的な戦略が必要だ。

☐ determine (122) ☐ long-term (494)

1-328〜332

328
survey
[sə́:rveɪ]

調査
類 study(研究, 調査), poll(世論調査, 投票)

329
statistics
[stətístɪks]

統計, 統計学
☆ 「統計」の意味では複数扱い, 学問名「統計学」は単数扱い。

330
matter
[mǽṭər]

事柄, 問題, 物質 動 重要である
☆ It doesn't matter.「それは重要[問題]ではない。」

331
investigation
[ɪnvèstɪgéɪʃən]

調査, 捜査
動 investigate(〜を調査する(=look into ...))

332
identification
[aɪdèntɪfɪkéɪʃən]

身元確認, 身分証明書
☆ photo identification「写真付き身分証明書」

Repeat! ☐ preliminary (501) ☐ occupation (355) ☐ compare (63)

☐ The **preliminary survey** was conducted on people of various **occupations**. ★ conduct a survey（調査を行う）	その予備調査は，さまざまな職業の人々に対して行われた。
☐ According to **statistics**, the jobless rate fell by 2% **compared** with the same month last year.	統計によれば，失業率は前年同月比で2％低下した。
☐ He **consults** Anne on all **matters** of **concern** before making a final decision. ★ matter of concern（気がかりな事柄，関心事）	彼は最終決定をする前には，気がかりなことすべてをアンに相談する。
☐ Victims of the computer fraud were **annoyed** by the slow **progress** of the **investigation**.	コンピューター詐欺の被害者は，捜査が遅々として進まないことにいら立った。
☐ How many forms of **identification** are required to obtain a driver's license? ★ a form of identification（身分証明書1通）	運転免許を取るのに，身分証明書が何通必要ですか。

☐ consult (96)　☐ concern (91)　☐ annoyed (414)　☐ progress (367)

333
handout
[hǽndàut]

(会議などで配る)**配布資料，ちらし**

334
material
[mətíəriəl]

資料，材料
☆ raw material「原材料」

335
figure
[fígjər]

数字，人物，図 動 **～と考える**
☆ fig.3「図3」のようにfig.と省略されることもある。
☆ 動詞ではI figured that he would ...「彼は…だろうと思った」。

336
table
[téɪbl]

表
☆ おなじみ「テーブル」の意味で，on the tableには比喩的に「(議案などが) 検討中で，審議中で」という意味もある。

337
benefit
[bénɪfɪt]

利益，恩恵，特典
形 beneficial (有益な)
名 benefactor (恩恵を施す人，後援者)
☆ unemployment benefit「失業手当[給付金]」

Repeat! ☑ distribute (161) ☑ package (247) ☑ project (200)

☐ After her opening remarks, Kathy **distributed <u>handouts</u>** for the meeting.	開会のあいさつ後、キャシーは会議<u>資料</u>を配布した。
☐ All symposium participants will receive a **package** of information <u>materials</u> beforehand.	シンポジウムの全参加者は、事前に<u>資料</u>一式を受け取ります。
☐ The company has released **projected** sales <u>figures</u> for the **upcoming** year.	会社は、今後1年間に予測される販売<u>数量</u>を公表した。
☐ The following <u>table</u> details the relationship between the supply and demand of agricultural products.	次の<u>表</u>は、農産物の需要と供給の関係を詳しく述べている。
☐ In his concluding **remarks**, the speaker emphasized the **<u>benefits</u>** of stock ownership.	結びの言葉で、話し手は持ち株制度の<u>利点</u>を強調した。

☐ upcoming (460)　☐ remark (384)

338

budget

[bʌ́dʒət]

予算

339

profit

[prɑ́(ː)fət]

利益　動 利益を得る

- 形 profitable（利益をもたらす）
- 名 profitability（収益性）
- ☆「利益を上げる」はmake a profitやearn a profitと言う。

340

revenue

[révənjùː]

(会社や組織・政府の) 収入，歳入 (-s)

- 類 income（収入，所得）

341

surplus

[sə́ːrplʌs]

余り，剰余金

342

expense

[ɪkspéns]

出費，支出

- 形 expensive（値段が高い）
- ☆ at one's expense「(人)の費用負担で」

Repeat! ☑ remain (60)　☑ deal (320)　☑ retailer (352)

☐ At this time, there is approximately $9,000 **remaining** in the project **budget**.	現時点で、プロジェクトの予算がおよそ9,000ドル残っている。
☐ The real-estate company made a huge **profit** on the **deal**.	不動産会社は、その取引で巨額の利益を上げた。
☐ Today, Titan Corporation announced record **revenues** of $5.2 million.	本日、タイタン社は520万ドルという記録的収益を発表した。
☐ The manufacturer has cut production until **retailers** sell off **surplus** inventory.	その製造会社は小売店が過剰在庫を売り切るまで、生産を減らしている。
☐ Our company will **reimburse** you for travel **expenses** such as airfare and **accommodations**.	会社が、航空運賃や宿泊などの旅費を払い戻します。

☐ inventory (378) ☐ reimburse (213) ☐ accommodation (366)

343

debt
[det]

借金, 負債

344

deficit
[défəsɪt]

不足(額), 赤字
類 lack (不足)

345

construction
[kənstrʌ́kʃən]

建設
動 construct (〜を建設する)

346

equipment
[ɪkwípmənt]

機器, 備品
動 equip (〜に〈…を〉装備する〈with〉)
類 machinery ((集合的に)機械装置), device (装置, 道具), gadget ((ちょっとした)機械装置)
☆ 不可算名詞。a piece of equipment, two pieces of ... と数える。

347

component
[kəmpóʊnənt]

部品, 構成要素
動 compose (〜を構成する)
形 composed ((人が)落ち着いた)
名 composer (作曲家)
類 part (部品), element ((構成)要素), unit ((構成)単位, (計量の)単位, 装置)

Repeat! ☑ suffer (75)　☑ architect (351)　☑ steadily (531)

☐ After several years of hard work, Robert finally paid off all his **debts**. ★ pay off the debts（借金を返済する）	数年にわたる努力の後，ロバートはついに借金をすべて返した。
☐ The country is currently **suffering** from a huge budget **deficit**.	現在その国は巨額の予算不足に苦しんでいる。
☐ The **architect** designed the city hall that is currently under **construction**. ★ under construction（建設中で，工事中で）	その建築家が，現在建設中の市役所を設計した。
☐ AIE Corporation has **steadily** grown as a trading company **specializing** in electronic **equipment**.	AIE社は，電子機器を専門とする貿易会社として着実に成長しています。
☐ The instruction manual enclosed in the package explains how to **assemble** the cabinet **components**.	パッケージの中にある取扱説明書に，戸棚の部品の組み立て方が書かれています。

☐ specialize (216)　☐ assemble (171)

348 instrument
[ínstrəmənt]

器具，道具，計器

- 形 instrumental（役立つ，手段となる）
- 類 tool（道具）
- ☆ 実験などに使う精密な器具を指すほか，musical instrument「楽器」にも注意。具体的な楽器名の言い換えでも使われる。

349 clerk
[kləːrk]

店員，事務員，フロント係

- ☆ (front) desk clerk「(ホテルの) フロント係」

350 candidate
[kǽndɪdèɪt]

候補者

- ☆ promising candidate「有望な候補者」

351 architect
[áːrkɪtèkt]

建築家

- 名 architecture（建築，建築物）

352 retailer
[ríːteɪlər]

小売業者

- 名 動 retail（小売り；〜を小売りする）

Repeat! ☐ accurate (488) ☐ obtain (179) ☐ overwhelm (132)

☐ TempuAce is an **instrument** that you can rely on to get **accurate** temperature measurements.	テンプエースは，正確な温度を測定するのに信頼のおける<u>器具</u>です。
☐ The store **clerk** was extremely helpful in finding what I was looking for.	その<u>店員</u>は私が探しているものを見つけるとき，とてもよく助けてくれた。
☐ The successful **candidate** for mayor **obtained** an **overwhelming** majority of votes from the residents who are **opposed** to the tax increase.	当選した市長<u>候補者</u>は，増税に反対する住民の圧倒的多数の票を得た。
☐ The **architect** is **supposed** to send us the blueprint for the new shopping mall by Friday.	新しいショッピングモールの設計図が<u>建築家</u>から金曜日までに送られてくることになっている。
☐ Trendy K is a women's **clothing retailer** with over 200 stores in the US.	トレンディーKは，アメリカに200店舗以上を持つ女性服<u>販売業者</u>だ。

☐ opposed (417) ☐ suppose (146) ☐ clothing (275)

353

participant

[pɑrtísɪpənt]

参加者

- 名 participation(参加, 加入)
- ☆ 動詞のparticipate in ...「…に参加する」とともに最重要単語。

354

individual

[ìndɪvídʒuəl]

個人　形 個々の

- 副 individually(それぞれ, 個人として)

355

occupation

[à(:)kjupéɪʃən]

職業, 占有

- 類 profession((専門的な)仕事)

356

supply

[səpláɪ]

供給　動 ～を供給する

- ☆ 「需要と供給」はsupply and demand。日本語と語順が逆になる。

357

permit

[pə́:rmɪt]

許可(証)　動 ～を許可する

- 名 permission(許可(証), 認可)
- ☆ get a permit「許可を得る」

Repeat!　☐ gather(99)　☐ relevant(486)　☐ state(210)

☐ More than 500 **participants** **gathered** for the annual stockholders' meeting.	500人以上の参加者が，年次株主総会に集まった。
☐ All **individuals** who apply for this position must have at least five years of **relevant** experience.	この職に応募する者は全員，関連分野で最低5年の経験がなくてはならない。
☐ If you are not currently employed, please **state** your previous **occupation**.	現在就職していなければ，前職を述べてください。
☐ The utility company is working to restore the power **supply**, which was **disrupted** by heavy snowfall in the **rural** area.	電力会社は，農村部における大雪で停止した電力供給を復旧するため作業している。
☐ The developer applied for a **permit** to build a 12-story apartment **complex** in the area.	宅地開発業者は，その地域に12階建てのアパートを建てる許可を申請した。

☐ disrupt (129) ☐ rural (456) ☐ complex (362)

358

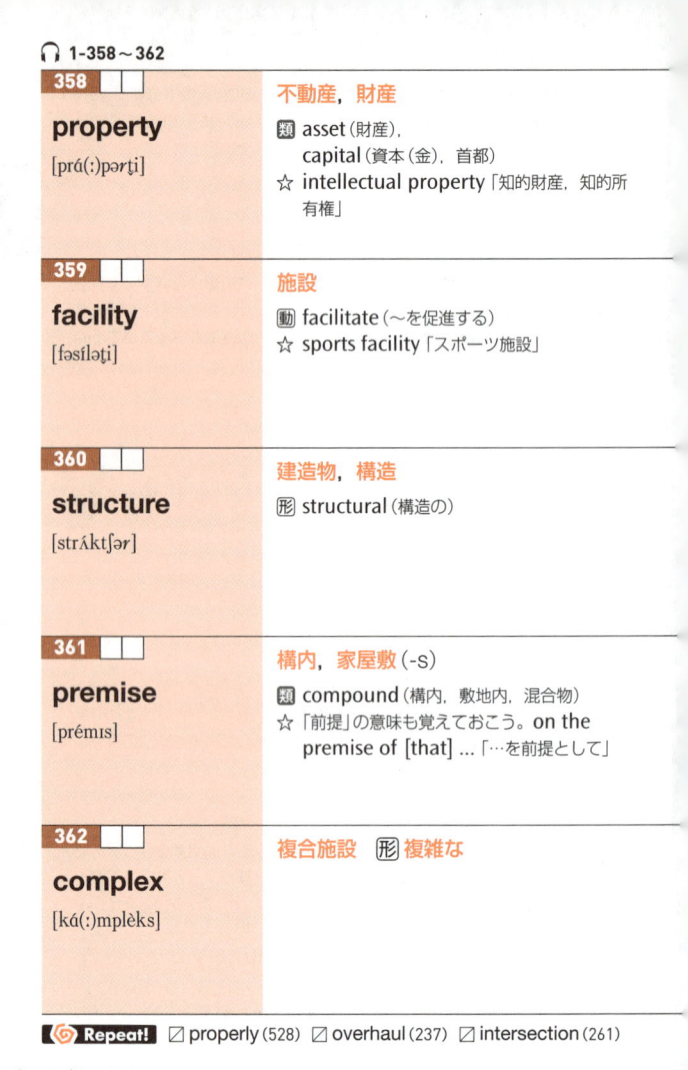

property

[prá(:)pərṭi]

不動産，財産

- 類 asset(財産)，capital(資本(金)，首都)
- ☆ intellectual property「知的財産，知的所有権」

359

facility

[fəsíləṭi]

施設

- 動 facilitate(〜を促進する)
- ☆ sports facility「スポーツ施設」

360

structure

[strʌ́ktʃər]

建造物，構造

- 形 structural(構造の)

361

premise

[prémɪs]

構内，家屋敷(-s)

- 類 compound(構内，敷地内，混合物)
- ☆「前提」の意味も覚えておこう。on the premise of [that] ...「…を前提として」

362

complex

[ká(:)mpleks]

複合施設　形 複雑な

Repeat! ☐ properly (528) ☐ overhaul (237) ☐ intersection (261)

☐ Vacant **properties** that are not **properly** maintained by owners can cause numerous problems for neighbors.	所有者が適切に維持していない空き<u>不動産</u>は、近隣に数々の問題を起こしかねない。
☐ All the electrical wiring in the **facility** was completely **overhauled** a year ago.	<u>施設</u>内の電気配線はすべて、1年前に完全に点検整備された。
☐ The Eagle Museum, at the **intersection** of Airy and Wood Streets, is one of the town's oldest **structures**.	イーグル博物館は、エイリー通りとウッド通りの交差点にある、街で最も古い<u>建造物</u>の一つだ。
☐ There are no vending machines on the **premises** of this training facility. ★ on the premises（敷地内で）	この訓練施設の<u>構内</u>には自動販売機はありません。
☐ The oceanfront **complex consists** of 200 residences, a hotel and a shopping center.	海に面したその<u>複合施設</u>は200の住居と、ホテルとショッピングセンター1つずつから成る。

☐ consist (70)

363

production

[prədʌ́kʃən]

製造, 生産高

- 動 名 produce (~を製造 [生産] する；農産物, 野菜や果物)
- 形 productive (生産的な)
- 名 productivity (生産性)
- 類 output (生産高, 産出)

364

appointment

[əpɔ́ɪntmənt]

(面会の) 約束, (役職への) 任命

- ☆ I have a dentist appointment. 「歯医者の予約がある。」
- ☆ appointment of officers 「役員の任命」

365

forecast

[fɔ́ːrkæst]

予測, 天気予報　動 ~を予報する

366

accommodation

[əkɑ̀(ː)mədéɪʃən]

宿泊設備, 宿泊施設

- 動 accommodate ((人)を収容する, ~を適用させる)
- 形 accommodating (好意的な, 親切な)

367

progress

[prɑ́(ː)ɡrəs]

進歩, 進行　動 進歩する

- 類 go ahead (先へ進む),
  carry (...) on (続ける, (...を)進める)

Repeat! ☐ last (94) ☐ significant (418)

☐ **Production** of the new digital camera is about two weeks behind schedule.	新しいデジタルカメラの製造は，予定より２週間ほど遅れている。
☐ I have an **appointment** with a client at 10 o'clock tomorrow.	明日１０時に顧客と面会の約束がある。
☐ According to the weather **forecast**, this rain won't **last** long.	天気予報によると，この雨は長くは続かない。
☐ Kingwood Inn offers luxury **accommodations** in the affluent suburb of Orange Valley.	キングウッド・インは，オレンジ・バレーという高級な郊外地域で豪華な宿泊を提供いたします。
☐ The lab made **significant progress** in improving fuel efficiency and reducing air pollution.	研究所は，燃料効率改善と大気汚染減少において，大きな進展を遂げた。

368

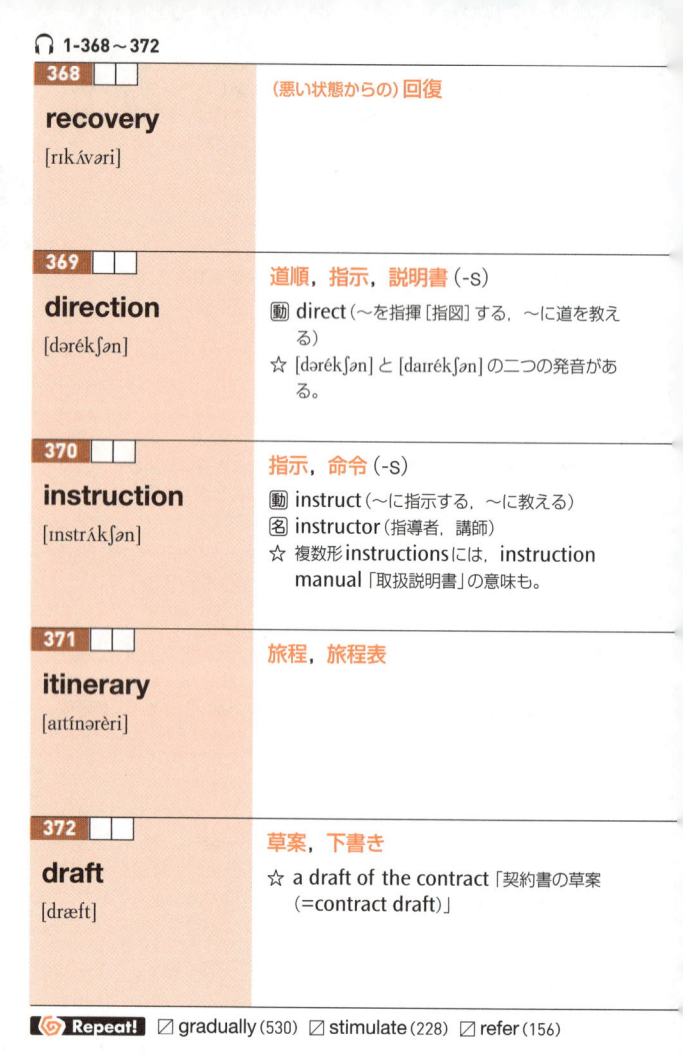

recovery

[rɪkʌ́vəri]

(悪い状態からの)回復

369

direction

[dərékʃən]

道順, 指示, 説明書 (-s)

- 動 direct (〜を指揮[指図]する, 〜に道を教える)
- ☆ [dərékʃən] と [daɪrékʃən] の二つの発音がある。

370

instruction

[ɪnstrʌ́kʃən]

指示, 命令 (-s)

- 動 instruct (〜に指示する, 〜に教える)
- 名 instructor (指導者, 講師)
- ☆ 複数形 instructions には, instruction manual「取扱説明書」の意味も。

371

itinerary

[aɪtínərèri]

旅程, 旅程表

372

draft

[dræft]

草案, 下書き

- ☆ a draft of the contract「契約書の草案 (=contract draft)」

Repeat! ☑ gradually (530) ☑ stimulate (228) ☑ refer (156)

☐ The expected economic **recovery** will **gradually stimulate** job creation.	予想される経済回復は，徐々に雇用創出を刺激するだろう。
☐ The man asked the receptionist for **directions** to the nearest bus stop. ★ directions to ... (…への道順)	男性は，受付係に一番近いバス停への道順を尋ねた。
☐ Please **refer** to the attached file for **instructions** to evaluate employee performance and **behavior**.	従業員の業績・行動評価のための指示については，添付ファイルを参照してください。
☐ Would you **review** this revised **itinerary** carefully?	この修正した旅程表を注意深く見直してくれますか。
☐ While **proofreading** the contract **draft**, he found and corrected a lot of typos.	契約書の草案を校正中，彼は多くの誤植を見つけて訂正した。

☐ behavior (289)　☐ review (183)　☐ proofread (206)

373 burden
[bə́ːrdən]

重荷, 荷
- 類 hardship (苦難), difficulty (難しさ, 困難)

374 cargo
[káːrgoʊ]

(船や飛行機などの) 積荷
- ☆ cargo ship「貨物船」

375 honor
[á(ː)nər]

名誉, 敬意　動 ～に栄誉を授ける

376 reward
[rɪwɔ́ːrd]

報酬, 謝礼金　動 ～に報いる

377 compensation
[kà(ː)mpənséɪʃən]

補償(金), (労働などの) 報酬
- 動 compensate ((人)に〈～の〉賠償をする〈for〉)
- 類 damage (損害賠償金 (-s))

Repeat!　☐ relief (318)

☐ You can reduce the financial **burden** of your medical costs by claiming tax **relief**.	税控除を申請することで，医療費の金銭的負担を軽減できる。
☐ They unloaded the **cargo** from a ship and transported it to the warehouse.	彼らは船から積荷を降ろして，倉庫へ輸送した。
☐ A special celebration in **honor** of the opening of the new theater will be held on June 5th. ★ in honor of ... (…を祝して，…に敬意を表して)	新しい劇場のオープンを祝して，特別祝賀会が6月5日に開かれます。
☐ An $8,000 **reward** has been offered for information leading to the arrest of the robbery suspect.	その強盗事件の容疑者逮捕につながる情報に対し，8,000ドルの報奨金がかけられている。
☐ We can help you claim financial **compensation** if you have been involved in an accident.	もし事故に巻き込まれたら，われわれが賠償金を請求するお手伝いをいたします。

378

inventory

[ínvəntɔ̀:ri]

在庫商品，在庫一覧

☆ count our inventory「在庫を数える」

379

occasion

[əkéɪʒən]

行事，（特定の）時，場合

副 occasionally（時折，時たま（=once in a while））

☆ on occasion(s)「時々」

380

refreshment

[rɪfréʃmənt]

軽い飲食物（-s）

381

banquet

[bǽŋkwət]

祝宴，宴会

類 gala（祭り，祝祭）

382

hospitality

[hɑ̀(:)spətǽləti]

もてなし，歓待

動 hospitalize（～を入院させる）

Repeat! ☑ vehicle (254) ☑ especially (511) ☑ suitable (429)

☐ AutoMart carries the largest **inventory** of used **vehicles** in North America.	オートマートは，北米で最も多く中古車の在庫を持っている。
☐ Our hotel is **especially suitable** for weddings and other special **occasions**.	当ホテルは，結婚式やその他の特別な行事に最適です。
☐ Lunch and **refreshments** will be provided for registered participants.	登録済みの参加者には，昼食と軽い飲食物が提供されます。
☐ MSE Corp. hosted an awards **banquet** to **honor** its outstanding employees.	MSE社は，優秀な従業員を表彰する祝宴を催した。
☐ I was **impressed** with the **hospitality** of the entire staff of the Grace Hotel.	グレースホテルの全スタッフのもてなしに感激しました。

名詞

☐ honor (375)　☐ impressed (413)

383 resource
[ríːsɔːrs]

資源, 財源

- 名 source (源, もと)
- ☆ human resources「人的資源, 人材 (=HR)」

384 remark
[rɪmáːrk]

発言 動 ～と言う

- 形 remarkable (注目すべき)

385 criticism
[krítəsìzm]

批評, 非難

- 動 criticize (～を批判[批評]する)
- 動 名 critique (～を論評する；批評, 論評)

386 commitment
[kəmítmənt]

全力を注ぐこと, 約束, 責任

- 形 committed (打ち込んでいる, 約束した)
- 名 committee (委員会), commission (委員会のメンバー, 手数料, 歩合)

387 outcome
[áutkʌ̀m]

結果, 成果

- 類 result (結果), consequence (結果)

Repeat! ☐ fluctuation (400) ☐ ignore (135) ☐ upset (90)

☐ This investment guidebook is an invaluable **resource** for anyone interested in stock price **fluctuations**.	この投資手引書は，株価の変動に興味がある人にとって，非常に貴重な情報源だ。
☐ Whenever Danny makes a rude **remark** about my clothing, I just **ignore** him.	私の服装についてダニーが失礼な発言をするときはいつも，彼を無視するだけです。
☐ He seemed to get **upset** by all the **criticism** against his proposal.	彼は自分の提案に対する非難に動揺したようだった。
☐ The success of a company **depends** on the **commitment** of its employees.	会社の成功は，従業員の尽力にかかっている。
☐ The **outcome** of a **comprehensive** cyberspace policy review was **released** today.	サイバー空間に関する方針の包括的な見直しの結果が，今日発表された。

☐ depend (8) ☐ comprehensive (492) ☐ release (187)

388

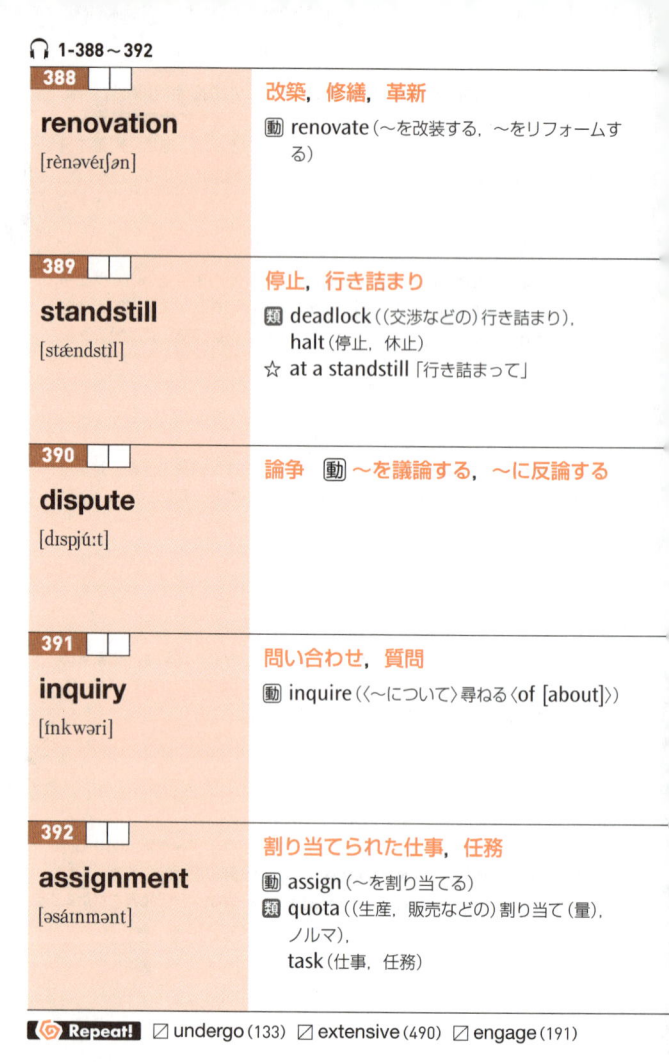

renovation

[rènəvéɪʃən]

改築，修繕，革新

動 renovate (〜を改装する，〜をリフォームする)

389

standstill

[stǽndstìl]

停止，行き詰まり

類 deadlock ((交渉などの) 行き詰まり)，halt (停止，休止)
☆ at a standstill 「行き詰まって」

390

dispute

[dɪspjúːt]

論争　動 〜を議論する，〜に反論する

391

inquiry

[ínkwəri]

問い合わせ，質問

動 inquire (〈〜について〉尋ねる〈of [about]〉)

392

assignment

[əsáɪnmənt]

割り当てられた仕事，任務

動 assign (〜を割り当てる)
類 quota ((生産，販売などの) 割り当て (量)，ノルマ)，
task (仕事，任務)

Repeat! ☐ undergo (133)　☐ extensive (490)　☐ engage (191)

☐ The entire theater building has **undergone** extensive **renovations** in the past few years.	劇場の建物全体が，ここ数年かけて大幅に改築されている。
☐ Production in the auto factory was brought to a **standstill** by a strike.	自動車工場の生産は，ストライキにより停止されることになった。
☐ The firm is currently **engaged** in a **complicated** legal **dispute** with a competitor.	その会社は現在，競争相手と面倒な法的紛争にかかわっている。
☐ His **inquiry** is about how to **calculate** the total cost of the project.	彼の問い合わせは，プロジェクトの総費用の計算方法についてです。
☐ My next **assignment**, which is to draw up a **draft** of the contract, is **due** next Monday.	私の次の任務は，契約書の草案を作ることだが，来週月曜日が期限だ。

☐ complicated (435)　☐ calculate (23)　☐ draft (372)　☐ due (458)

393
authority
[əθɔ́:rəṭi]

当局，権威（者），権限
- 動 authorize (〜を認可する，〜に権限を与える)
- 名 authorization (公認，許可)

394
resignation
[rèzɪgnéɪʃən]

辞職，辞任
- 動 resign (辞職する)

395
prospect
[prá(:)spekt]

予想，見通し
- 形 prospective (予想される，見込みのある)

396
invention
[ɪnvénʃən]

発明（品）
- 動 invent (〜を発明する)
- 類 discovery (発見)

397
predecessor
[prédəsèsər]

前任者

Repeat! ☐ initiate (215) ☐ predict (211) ☐ doubt (286)

☐ The **authorities** **initiated** a thorough investigation into the plane crash, which claimed over 100 lives. ★ the authorities（当局）	当局は，100人を超える命を奪った飛行機墜落事故に対する徹底的な調査を始めた。
☐ As widely **predicted**, the president announced his **resignation** after the scandal.	大方の予想どおり，そのスキャンダルの後，社長は辞職を発表した。
☐ He expressed **doubts** about the **prospect** of economic recovery in the following year.	来年の経済回復の予想に対し，彼は疑念を表明した。
☐ The **innovative invention** has considerably enhanced her reputation in the company.	その革新的な発明で，社内での彼女の名声はかなり高まった。
☐ Unlike his **predecessor**, the new manager is **familiar** with various computer systems.	前任者とは違って，新マネジャーはさまざまなコンピューターシステムに精通している。

☐ innovative (496)　☐ familiar (423)

398

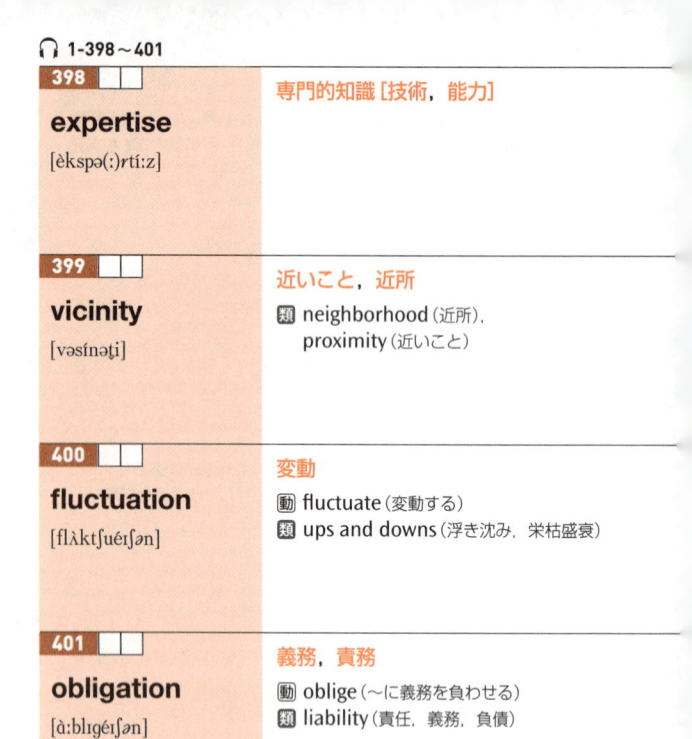

expertise

[èkspə(:)rtíːz]

専門的知識[技術，能力]

399

vicinity

[vəsínəṭi]

近いこと，近所

類 neighborhood（近所），proximity（近いこと）

400

fluctuation

[flʌ̀ktʃuéɪʃən]

変動

動 fluctuate（変動する）
類 ups and downs（浮き沈み，栄枯盛衰）

401

obligation

[àːblɪɡéɪʃən]

義務，責務

動 oblige（～に義務を負わせる）
類 liability（責任，義務，負債）

Repeat! ☐ prove (101) ☐ construction (345) ☐ downtown (263)

☐ The company has **proven** <u>expertise</u> in the field of online advertising.	その会社には、オンライン広告の分野でしっかりした<u>専門的知識</u>がある。
☐ The developer began **construction** of a new mall in the **downtown** <u>vicinity</u>. ★ in the vicinity (of ...) ((…の)近くに)	その不動産業者は、商業地区<u>付近</u>に新しいショッピングセンターの建設を始めた。
☐ Please **note** that tour prices may change slightly due to currency <u>fluctuations</u>.	通貨の<u>変動</u>により、ツアー価格を若干変更する場合がありますのでご承知ください。
☐ We are **delighted** to offer you a free estimate without any <u>obligation</u> on your part.	お客さまサイドが何ら<u>義務</u>を負うことなく、無料でのお見積もりを喜んでさせていただきます。

☐ note (170)　☐ delighted (411)

形容詞

🎧 1-402～504

🎧 1-402～405

402
available
[əvéɪləbl]

利用できる，入手できる
- 名 availability（利用できること，（入手の）可能性）
- 反 unavailable（利用できない，入手できない）

403
aware
[əwéər]

知って，気が付いて
- 名 awareness（知ること，認識，自覚）
- 類 conscious（意識している）

404
several
[sévrəl]

いくつかの

405
various
[véəriəs]

さまざまな
- 動 vary（変わる，異なる）
- 類 diverse（多様な，さまざまな），miscellaneous（種々雑多な）

Repeat! ☐ lot (266) ☐ organize (159) ☐ briefly (529)

> valuable asset「貴重な財産」など，一緒に使われることの多い名詞とのセットフレーズで覚えておくと，名詞が手がかりとなって意味を思い出しやすくなります。

☐ Free parking is **available** for guests in the parking **lot** right across the street.

お客さまは，通りの真向かいにある駐車場に無料で駐車できます。

☐ Most people are not **aware** of the dangers of using credit cards online.
★ be aware of [that] ...（…に気が付いている，…を知っている）

ほとんどの人が，オンラインでクレジットカードを使用する危険に気が付いていない。

☐ It took me **several** days to **organize** my thoughts for the presentation.

プレゼンテーションのために考えをまとめるのに数日かかった。

☐ In her article, Ms. Perry **briefly** outlined **various** strategies for **achieving** long-term goals.

ペリーさんは記事の中で，長期目標を達成するためのさまざまな戦略のあらましを手短に述べた。

☐ outline (155) ☐ achieve (225)

406

numerous

[njúːmərəs]

多数の

- 類 plentiful（豊富な，多くの），abundant（豊富な）
- 反 rare（まれな，めったにない），scarce（乏しい，不十分な）

407

comfortable

[kʌ́mfərṭəbl]

快適な，居心地のよい

- 名 動 comfort（快適さ；〜を慰める，〜を楽にする）

408

willing

[wíliŋ]

〜するのをいとわない

- 類 keen（鋭い，熱心な）
- 反 unwilling（気が進まない）

409

reluctant

[rilʌ́ktənt]

気が進まない

- 類 disinclined（気が進まない）

410

satisfied

[sǽṭisfàid]

満足した

- 動 satisfy（〜を満足させる）
- 形 satisfactory（満足な）
- 反 dissatisfied（不満な）

Repeat! ☐ pile (34) ☐ ceiling (279) ☐ overlook (32)

☐ **Numerous** packages are **piled** up to the **ceiling** in the warehouse.	倉庫には，多数の荷物が天井まで積み重ねてある。
☐ This **comfortable** home **overlooking** Central Park has a spacious underground **garage** in the basement.	セントラルパークを見渡せるこの快適な家には，地階に広い地下駐車場がある。
☐ Elliott is always **willing** to take on extra work without complaining. ★ be willing to *do*（快く~する）	エリオットはいつも，文句を言わずに時間外労働を快く引き受ける。
☐ The director was **reluctant** to **replace** some regular staff members with part-timers. ★ be reluctant to *do*（~することに気が進まない）	ディレクターは，正社員数人をパート従業員と置き換えることに気が進まなかった。
☐ The **latest** surveys indicate that as much as 92 percent of customers are **satisfied** with our products. ★ be satisfied with ...（…に満足している）	92％もの顧客が当社の製品に満足していると，最新の調査が示している。

☐ garage (250)　☐ replace (173)　☐ latest (427)

411

delighted

[dɪláɪtɪd]

喜んで

名 動 delight (大喜び；〜を大いに喜ばせる)

412

pleased

[pliːzd]

喜んで

動 please (〜を喜ばせる，〜を楽しませる)
形 pleasant (楽しい)
類 glad (うれしく思う)

413

impressed

[ɪmprést]

感心した，感動した

動 impress (〜に強い印象を与える)
形 impressive (印象的な，感動的な)

414

annoyed

[ənɔ́ɪd]

いらいらして

類 irritated (いらいらした，炎症を起こしている)

415

disappointed

[dɪ̀səpɔ́ɪntɪd]

がっかりした

類 disgusted (うんざりした)，
frustrated (失望した)

Repeat! ☐ introduce (15) ☐ exceed (217) ☐ candidate (350)

☐ I'm **delighted** to **introduce** a new addition to the team, Anne Lee, our new sales executive.	チームに新しく加わる販売責任者のアン・リーを喜んで紹介いたします。
☐ We are extremely **pleased** that our first quarter performance **exceeded** our expectations.	当社の第1四半期の業績が予想を上回ったことを大変うれしく思います。
☐ We were **impressed** with the **candidate's** knowledge and experience. ★ be impressed with [by] ...(…に感心する，…に感銘を受ける)	われわれは，その候補者の知識と経験に感心した。
☐ We were **annoyed** by the continuous noise from the construction site.	われわれは，工事現場からの絶え間ない騒音にいらいらした。
☐ His tone of voice **implied** that he was **disappointed** with the decision.	その決定にがっかりしたことを，彼の声の調子が暗示していた。

☐ imply (65)

416

exhausted
[ɪgzɔ́ːstɪd]

疲れ切った
- 類 tired (疲れた, 飽きた), worn-out (疲れ切った)

417

opposed
[əpóʊzd]

反対した, 向かい合った
- 動 oppose (〜に反対する)
- 名 opposition (反対, 対立), opponent (相手, 敵, 反対者)
- 形 opposite (反対側の)
- 類 hostile (敵の, 敵意ある)

418

significant
[sɪgnífɪkənt]

重要な, かなりの
- 名 significance (重要性, 意義)
- 動 signify (〜を示す)
- 類 meaningful (意味のある, 重要な)
- ☆ a significant amount of ...「かなりの量の…」

419

correct
[kərékt]

正しい　動 (誤りなど)を訂正する
- 名 correction (訂正(すること))
- 副 correctly (正しく, 正確には)
- 形 corrective (矯正的な, 矯正する)
- 反 wrong (悪い, 間違った), incorrect (不正確な, 間違った)

420

likely
[láɪkli]

ありそうな, 起こりそうな
- 類 inclined (傾向のある), prone (傾向がある), probable (ありそうな, 起こりそうな)
- 反 unlikely (ありそうもない)
- ☆ be likely to *do*「〜しそうである」は必須表現。It is likely (that) ... も同じ意味。

Repeat! ☑ raise (2)　☑ modest (469)　☑ recovery (368)

☐ I felt <u>exhausted</u> after working late to meet the deadline.	締め切りに間に合わせるために遅くまで働いた後,<u>ひどい疲れ</u>を感じた。
☐ Anybody who is <u>opposed</u> to the proposal, please **raise** your hand. ★ be opposed to ... (…に反対している)	その提案に<u>反対の</u>人は,手を挙げてください。
☐ The economy is improving, and we should see a **modest** yet <u>significant</u> recovery next year.	経済は回復しつつあり,来年には控え目だが<u>重要な</u>景気回復を目にするだろう。
☐ Our decision to **approve** the proposed merger proved to be a <u>correct</u> one for both parties.	合併申し入れを受諾したわれわれの決定は,双方にとって<u>正しい</u>決断だったとわかった。
☐ The **furniture** store is <u>likely</u> to hold a big sale to reduce inventory.	その家具店は在庫を減らすため,大売り出しを実施<u>しそう</u>だ。

☐ approve (6)　☐ furniture (276)

421
former
[fɔ́:rmər]

前の,先の
- 反 latter（後者の）
- ☆ 文章中で前述した二つの事項をそれぞれ指す場合にはthe former「前者」とthe latter「後者」を使う。

422
previous
[prí:viəs]

先の,前の
- 類 prior（前の）, preceding（(すぐ)前の）
- ☆ 「先約がある」はhave a previous engagement [appointment / commitment]。previousの代わりにpriorを使ってもよい。

423
familiar
[fəmíljər]

精通している,よく知られた

424
entire
[ɪntáɪər]

全体の
- 副 entirely（まったく（=completely））
- 類 whole（全体の）, overall（全体の,全部の）

425
present
[prézənt]

現在の,出席している 動 ～を差し出す
- 副 presently（やがて,現在（=at present））

Repeat! ☐ appoint (218) ☐ attend (141) ☐ correct (419)

☐ She was **appointed** to the position left vacant by the resignation of the <u>former</u> director.	彼女は，<u>前</u>ディレクターの辞任により空きとなっていた職に指名された。
☐ I will not be able to **attend** the meeting because of a <u>previous</u> engagement.	<u>先</u>約があるので，会議に出席できません。
☐ Are you <u>**familiar**</u> with the **correct** procedures for using this lab equipment? ★ be familiar with ... (…に精通している，…をよく知っている)	この実験装置の正しい使い方に<u>詳しい</u>ですか。
☐ I have yet to have the **opportunity** to review the <u>entire</u> file.	ファイル<u>全体</u>を見直す機会がまだない。
☐ Jimmy **warned** us that the <u>present</u> situation could get much worse.	ジミーは，<u>現在の</u>状況がさらにずっと悪くなりうると私たちに警告した。

☐ opportunity (307)　☐ warn (103)

426

current

[kə́:rənt]

今の，現行の　名(川などの)流れ，電流

- 名 currency (貨幣，通貨，流布)
- 副 currently (現在(のところ))
- 類 ongoing (進行[継続]中の)

427

latest

[léɪtɪst]

最新の，最近の，最後の

- 形 late (遅れた，遅い，故〜)
- 副 lately (最近，近ごろ)

428

continuous

[kəntínjuəs]

絶え間ない，継続的な

- 動 continue (〜を続ける，続く)
- 形 continual (断続的な，絶え間ない)
- 類 constant (不変の，休みなく続く)

429

suitable

[sú:təbl]

適した，ふさわしい

- 動 名 suit (〜に適する；(服の)スーツ，訴訟 (=lawsuit))

430

vacant

[véɪkənt]

空いている，使用されていない

- 名 vacancy ((職などの)空き，空室)
- 類 empty (空の，人のいない)
- 反 occupied (占有されている)

Repeat! ☐ traffic (249) ☐ disturb (130) ☐ occasion (379)

☐ The **current** issue of the magazine features an interview with journalist and author Jane Butler.	その雑誌は<u>今</u>号で、ジャーナリストで作家のジェーン・バトラーのインタビューを大きく取り上げている。
☐ I saw your advertisement in the **latest** issue of *Voyage* magazine.	ボヤージュ誌の<u>最新</u>号で貴社の広告を拝見しました。
☐ The **continuous** noise of **traffic disturbed** my sleep last night.	<u>絶え間ない</u>交通騒音が、昨晩私の睡眠を妨げた。
☐ This dress is **suitable** for any formal **occasion** such as a wedding or cocktail party.	このドレスは、結婚式やカクテルパーティーのような、どんな公式の場にも<u>適して</u>います。
☐ In the nearby vicinity of the office, I managed to find a **vacant** apartment that I can afford.	事務所の近くに、私が家賃を払える<u>空き</u>部屋を何とか見つけた。

431

valuable
[vǽljuəbl]

貴重な，価値の高い
- 類 priceless（値がつけられない，極めて貴重な）

432

eager
[íːgər]

熱望して，熱心な
- 類 enthusiastic（熱狂的な，熱心な），vigorous（精力的な），avid（渇望している，熱心な）
- ☆ be eager for ...「…をしきりに求めている」

433

anxious
[ǽŋkʃəs]

心配して，切望して
- 類 uneasy（不安な，心配な），nervous（不安な，神経質な），worried（〈~を〉心配した，〈~で〉困った〈about〉）
- ☆ 「~を切望する」の意味では，be anxious for ... と be anxious to do の二つがある。

434

devoted
[dɪvóutɪd]

献身的な，熱心な
- 動 devote（~にささげる）
- 名 devotion（献身，専念）
- ☆ be devoted to doing「~することに専心する」

435

complicated
[ká(ː)mpləkèɪtɪd]

複雑な
- 名 complication（困難な状況，合併症〈-s〉）

Repeat! ☐ regard (104) ☐ therefore (518) ☐ outcome (387)

☐ Sun Corp. **regards** human resources as their most <u>valuable</u> asset; **therefore**, we hire the most qualified professionals.	サン社は人材を最も<u>貴重な</u>財産だと考えます。それゆえ，最適の専門家を雇うのです。
☐ The company is <u>eager</u> to expand its operations overseas, especially in Asia. ★ be eager to *do*（〜することを熱望する）	その会社は海外，特にアジアへの事業拡大を<u>熱望している</u>。
☐ They were all <u>anxious</u> about the **outcome** of the presidential election. ★ be anxious about [for] ...（…を心配している）	彼らは皆，大統領選挙の結果を<u>心配していた</u>。
☐ Thanks to the **commitment** of our <u>devoted</u> staff, we **earned** a record-high profit.	<u>献身的な</u>スタッフの尽力のおかげで，当社は記録的な利益を上げた。
☐ The instructions in this manual are too <u>complicated</u> to **follow**, so now I'm **confused**.	このマニュアルの指示は<u>ややこしくて</u>ついていけず，私は今，頭が混乱している。

☐ commitment (386)　☐ earn (188)　☐ follow (24)　☐ confuse (37)

436 further
[fə́:rðər]

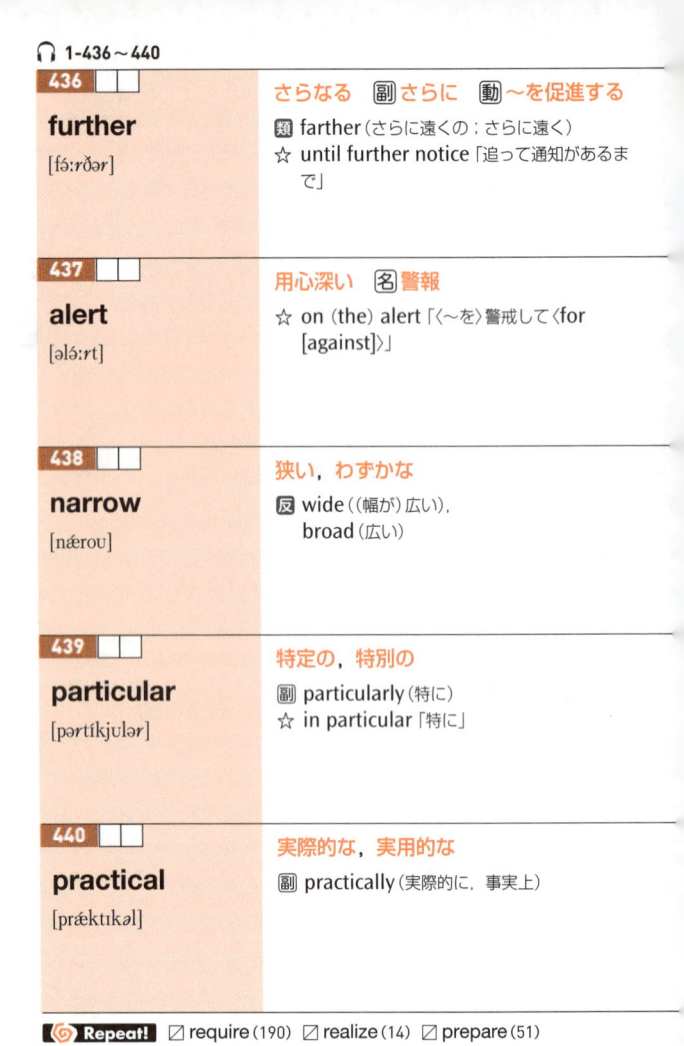

さらなる 副さらに 動〜を促進する

類 farther(さらに遠くの;さらに遠く)
☆ until further notice「追って通知があるまで」

437 alert
[ələ́:rt]

用心深い 名警報

☆ on (the) alert「〈〜を〉警戒して〈for [against]〉」

438 narrow
[nǽrou]

狭い, わずかな

反 wide((幅が)広い), broad(広い)

439 particular
[pərtíkjulər]

特定の, 特別の

副 particularly(特に)
☆ in particular「特に」

440 practical
[prǽktɪkəl]

実際的な, 実用的な

副 practically(実際に, 事実上)

Repeat! ☐ require (190) ☐ realize (14) ☐ prepare (51)

☐ If you **require** any <u>further</u> information, please feel free to contact me.	<u>さらに</u>情報が必要な場合は、遠慮なく私に連絡してください。
☐ I **realize** we need to be <u>alert</u> and **prepared** for all the **possibilities**.	あらゆる可能性に対し、<u>用心して</u>準備をしておく必要があることを理解している。
☐ The road is too <u>narrow</u> to allow two vehicles to drive by each other safely.	その道路はとても<u>狭い</u>ので車2台が安全にすれ違うことができない。
☐ Unfortunately, that <u>particular</u> style of jacket is currently sold out.	残念ながら、<u>その</u>スタイルのジャケットは現在売り切れです。
☐ The seminar will provide participants with <u>practical</u> methods of time management.	そのセミナーは、参加者に時間管理の<u>実践的な</u>方法を提示します。

☐ possibility (306)

441 urgent
[ə́ːrdʒənt]

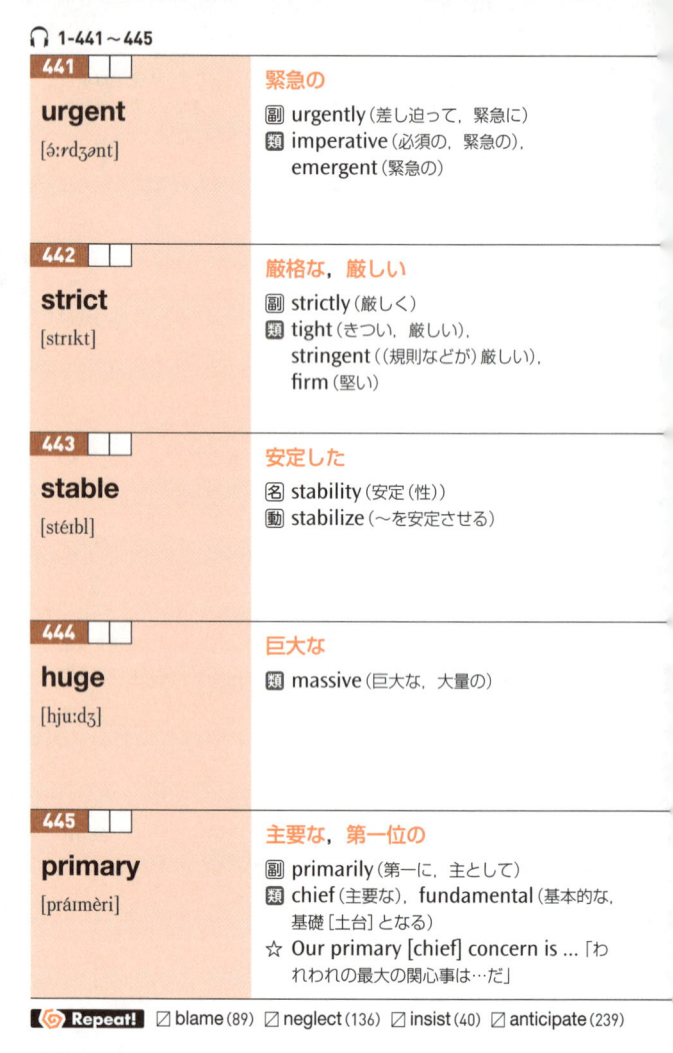

緊急の

- 副 urgently (差し迫って, 緊急に)
- 類 imperative (必須の, 緊急の), emergent (緊急の)

442 strict
[strıkt]

厳格な, 厳しい

- 副 strictly (厳しく)
- 類 tight (きつい, 厳しい), stringent ((規則などが) 厳しい), firm (堅い)

443 stable
[stéıbl]

安定した

- 名 stability (安定(性))
- 動 stabilize (〜を安定させる)

444 huge
[hjuːdʒ]

巨大な

- 類 massive (巨大な, 大量の)

445 primary
[práımèri]

主要な, 第一位の

- 副 primarily (第一に, 主として)
- 類 chief (主要な), fundamental (基本的な, 基礎 [土台] となる)
- ☆ Our primary [chief] concern is ... 「われわれの最大の関心事は…だ」

Repeat! ☐ blame (89) ☐ neglect (136) ☐ insist (40) ☐ anticipate (239)

☑ The government was **blamed** for **neglecting** the <u>urgent</u> need to stimulate the economy.	政府は，経済を刺激する<u>急</u>務を怠ったことを非難された。
☑ He **insisted** on <u>strict</u> compliance with the laws that prohibit smoking in public places.	彼は，公共の場所での喫煙を禁止する法律を<u>厳格に</u>守るように主張した。
☑ Some analysts **anticipated** that oil prices would remain <u>stable</u> in the near future.	石油価格は近い将来，<u>安定した状態に</u>とどまるだろうと予想するアナリストもいる。
☑ He **borrowed** a <u>huge</u> amount of money to start his own business.	彼は自分で事業を始めるために，<u>巨</u>額の金を借りた。
☑ The <u>primary</u> purpose of this project is written at the top of the **handout**, and is **underlined** for **emphasis**.	このプロジェクトの<u>主要な</u>目的は，配布資料のトップに強調のため下線付きで書かれています。

☑ borrow (18) ☑ handout (333) ☑ underline (233) ☑ emphasis (312)

446

terrific

[tərífɪk]

素晴らしい，ものすごい

- 類 awesome（畏敬の念を抱かせる，すごい）
- 反 terrible（ひどく悪い），
  awful（恐ろしい，ひどい）

447

superb

[supə́ːrb]

素晴らしい，極上の

- 類 excellent（非常に優れた），magnificent（壮大な，素晴らしい），splendid（豪華な），amazing（びっくりさせるような，見事な），marvelous（驚くべき，素晴らしい），fabulous（驚くべき，素晴らしい）

448

superior

[supíəriər]

より優れた

- 反 inferior（劣った）
- ☆ be superior to ...「…より優れている」

449

worth

[wəːrθ]

〜の価値がある 名 **価値**

- 形 worthy（値する），
  worthwhile（やる価値のある）
- ☆ be worth ... で「…の価値がある」。It's worth a try.「やってみる価値がある。」

450

classified

[klǽsɪfàɪd]

機密扱いの，分類された

- 動 classify（〜を分類する，〜を機密扱いにする）
- 類 confidential（秘密の）

Repeat! ☐ applaud (240) ☐ mention (41) ☐ defeat (125)

☐ Rose Deli is a great restaurant with attentive service staff and <u>terrific</u> food.	ローズ・デリは，気配りのあるスタッフと<u>素晴らしい</u>料理のとてもよいレストランだ。
☐ The audience stood up and **applauded** the pianist for her <u>superb</u> performance.	<u>素晴らしい</u>演奏に，聴衆は立ち上がってピアニストに拍手喝采した。
☐ Our products and services are far <u>superior</u> compared to others on the market.	当社の商品とサービスは，市場に出ている他社のものよりずっと<u>優れて</u>いる。
☐ It's <u>worth</u> mentioning that the local soccer team **defeated** its opponent by a **narrow** margin. ★ be worth *doing*（～するに値する）	地元サッカーチームが相手チームを僅差で破ったことは，言うに<u>値する</u>。
☐ You have to **handle** this file with care because it contains documents marked "<u>classified</u>."	「<u>機密</u>」の印がある文書を含んでいるので，このファイルは注意して取り扱わなければならない。

形容詞

596w

450

☐ narrow (438)　☐ handle (160)

451 defective
[dɪféktɪv]

欠陥[欠点]のある

- 名 defect(欠陥, 欠点)
- 類 faulty(欠陥のある, 誤った)

452 thorough
[θə́ːrou]

徹底的な, 完全な

- 副 thoroughly(徹底的に)
- 類 in-depth(詳細な, 徹底的な)
- ☆ 発音注意。

453 exclusive
[ɪksklúːsɪv]

独占的な, 排他的な

- 動 exclude(〜を除外する)
- 副 exclusively(独占的に, 〜のみに)
- 反 inclusive((〜を)含めて)
- ☆ exclusive of ... だと「…を除いて」の意味。
- ☆ exclusive interview「独占インタビュー」

454 valid
[vǽlɪd]

(法的に)有効な, (議論・理由が)正当な

- 動 validate(〜を(法的に)有効にする, 〜を実証する)

455 adverse
[ædvə́ːrs]

反対の, 逆の, 不利な

- 名 adversity(不運, 苦労), adversary(敵対者, (対戦)相手)
- 副 adversely(逆に, 悪く)

Repeat! ☐ refund (324) ☐ conduct (194) ☐ identification (332)

☐ We will replace **defective** products at no cost or give you a full **refund**.	欠陥品は無償で交換するか、または全額返金いたします。
☐ The company has **conducted** a **thorough** review of each project.	その会社は、各プロジェクトの徹底的な見直しを行った。
☐ This special price is **exclusive** to those who subscribe to our newsletter. ★ exclusive to ... (…に限られた、…の独占の)	この特別価格は、ニュースレターの購読者に限ります。
☐ A **valid identification** card issued by the government is required when you register to **vote**.	選挙の登録時には、政府が発行した有効な身分証明書が必要だ。
☐ The rising price of oil has had an **adverse** effect on the world economy.	高騰する石油価格は、世界経済に悪影響を及ぼした。

☐ vote (102)

形容詞

456

rural
[rúərəl]

田舎の，農村の

反 urban（都市の）

457

average
[ǽvərɪdʒ]

平均の

類 median（中央の），medium（中位の，中間の），mean（中間の）

458

due
[djuː]

支払期限のきた，当然の，
（乗り物などが）到着予定で

形 overdue（期限の過ぎた）
☆ The train is due at 6:15.「電車は6時15分に到着予定です。」
☆ due to ...「…のために」も重要。

459

annual
[ǽnjuəl]

年1回の

副 annually（年一度（=yearly））
形 biannual（年2回の），semiannual（半年毎の）

460

upcoming
[ʌ́pkʌ̀mɪŋ]

やがてやってくる

形 coming（来るべき，次の），forthcoming（やがて来る）

Repeat! ☑ adjust (144) ☑ remind (61) ☑ confirm (174)

☐ Children who live in **rural** areas are less likely to suffer from asthma.	田舎に住む子供は、ぜんそくにかかりにくい。
☐ During the past decade, **average** household incomes increased by five percent after **adjusting** for inflation.	過去10年間で、平均世帯収入はインフレ調整後で5%増加した。
☐ This is just a short note to **remind** you that the **due** date for the payment is today. ★ due date（締め切り期日、納期）	お支払いの期日は本日であることを、手短にお知らせします。
☐ Please **confirm** that this year's **annual** report has already been distributed to stockholders.	今年の年次報告書がすでに株主に配布されたことを確認してください。
☐ In the **upcoming** meeting, we will discuss issues related to this project.	来たる会議で、このプロジェクトに関する問題を話し合います。

461 competitive
[kəmpétətɪv]

競争力のある, 競争の

- 動 compete (競争する)
- 名 competition (競争, 競技(会)), competitor (競争相手)

462 effective
[ɪféktɪv]

有効である, 効果的な

- 名 effectiveness (有効性)
- ☆ effective immediately「直ちに有効で」

463 financial
[fənǽnʃəl]

金銭上の, 財政上の

- 名 動 finance (財政, 資金 ; 〜に資金を提供する)
- 副 financially (財政的に, 金銭的に)
- ☆ [fənǽnʃəl] と [faɪnǽnʃəl] の二つの発音がある。
- ☆ financial institution「金融機関」

464 common
[ká(:)mən]

共通の, ありふれた

- 副 commonly (一般に, 通例)
- 類 ordinary (普通の, 並の)
- ☆ find common ground「共通の土台[合意点]を見つける」
- ☆ common practice「一般的なやり方」

465 domestic
[dəméstɪk]

国内の, 家庭の

- 類 household (家事の)
- 反 foreign (外国の), overseas (海外の)
- ☆ GDP「国内総生産」は gross domestic product。

Repeat! ☐ critical (487) ☐ fare (260) ☐ procedure (273)

☐ Guaranteed availability of our products is **critical** for us to stay **competitive** in the market.	製品が確実に購入可能であることが，当社が市場で競争力を保つのに非常に重要なことだ。
☐ **Effective** July 1st, all bus **fares** will increase by around 10 percent.	7月1日から実施で，バス料金はすべて約10%値上がりします。
☐ Mr. Jones is familiar with accounting **procedures** and has a comprehensive understanding of **financial** statements.	ジョーンズ氏は会計処理に精通しており，財務諸表を広く理解している。
☐ Successful companies have a lot of **common** features.	成功する企業には多くの共通する特徴がある。
☐ Ms. Suzuki **serves** as general manager of **domestic** sales at headquarters.	鈴木さんは，本社で国内販売のゼネラル・マネジャーとして働いています。

☐ feature (295)　☐ serve (68)

466

internal

[ɪntə́ːrnəl]

(会社などの)内部の，体内の

反 external (外部の)

467

subject

[sʌ́bdʒekt]

次第である 名 主題，問題

☆ be subject to に続くのは名詞(句)であることに注意。よって，例文のchangeは動詞でなく名詞「変更」。

468

courteous

[kə́ːrtiəs]

礼儀正しい，丁寧な

名 courtesy (礼儀正しいこと，好意)
類 polite (丁寧な，礼儀正しい)，
well-mannered (行儀のよい，丁寧な)

469

modest

[mɑ́(ː)dəst]

控え目な，謙虚な

副 modestly (控え目に)
類 humble ((人が)つつましやかな，謙虚な)，
shy (恥ずかしがりの，内気な)，
moderate (節度のある，適度の)

470

patient

[péɪʃənt]

忍耐強い 名 患者

名 patience (忍耐)
反 impatient (我慢できない)
☆ outpatient「外来患者」，inpatient「入院患者」。

Repeat! ☐ aware (403) ☐ defective (451) ☐ confidence (311)

☐ According to the **internal** memo, the auto manufacturer was **aware** of the **defective** seat belts. ★ internal memo (社内メモ)	社内メモによると,その自動車製造会社は欠陥のあるシートベルトに気が付いていた。
☐ All features and specifications of the products are **subject** to change without prior notice. ★ be subject to ... (…次第である)	製品のすべての機能と仕様は,予告なく変更される場合があります。
☐ Melinda won the client's **confidence** by handling his complaint in a **courteous** and professional **manner**.	メリンダは,礼儀正しいプロとしての態度でクレームに対処することで,その顧客の信用を得た。
☐ The economic expert expected a **modest** economic growth of **slightly** over two percent.	その経済専門家は,2%強の緩やかな経済成長を予想した。
☐ Please be **patient**. We apologize for any inconvenience caused by this delay.	もうしばらくお待ちください。今回の遅れにより,ご不便をおかけして申し訳ありません。

☐ manner (270)　☐ slightly (507)

471

reliable

[rɪláɪəbl]

信頼できる，頼りになる

- 類 dependable(頼りになる)，trustworthy(信頼できる)，credible(信用できる)

472

efficient

[ɪfíʃənt]

効率のよい，有能な

- 名 efficiency(効率，能率)
- 副 efficiently(効率的に)
- 反 inefficient(能率の悪い，無能な)
- ☆ efficient secretary「有能な秘書」

473

sufficient

[səfíʃənt]

十分な

- 類 enough(十分な)，adequate(十分な量の，適切な)
- 反 insufficient(不十分な)

474

diligent

[dílɪdʒənt]

勤勉な，仕事熱心な

- 名 diligence(勤勉，精励)
- 類 hardworking(よく働く，勤勉な)，tireless(疲れを知らない，(努力が)たゆみない)

475

generous

[dʒénərəs]

寛大な，気前のよい

Repeat! ☐ consistently(524) ☐ guarantee(167) ☐ supply(356)

☐ Judith has **consistently** proved herself to be a **reliable** team member.	ジュディスは信頼できるチームメンバーであることを一貫して示してきた。
☐ GreenHydro **guarantees** its customers an **efficient** and reliable **supply** of electricity.	グリーンハイドロは，お客さまに効率よく確実な電気の供給を約束いたします。
☐ The company doesn't have **sufficient** financial resources to **expand** its existing facilities.	その会社には，現在の施設を拡張するための十分な財源がない。
☐ While training with us, Nancy proved to be a **reliable** and **diligent** worker.	共に研修を受けている間に，ナンシーは自分が信頼に値する勤勉な従業員であることを証明してみせた。
☐ I regret to say that I have to decline your **generous** offer of official assistance.	残念ながら，公的援助という寛大なお申し出をお断りしなくてはなりません。

☐ expand (199)　☐ reliable (471)

476 capable
[kéɪpəbl]

能力がある，有能な

- 名 capability（能力）
- 類 skillful（熟練した，上手な），able（有能な）
- 反 incapable（〈〜の〉能力を欠いている〈of〉）

477 competent
[ká(:)mpətənt]

有能な，能力のある

- 反 incompetent（能力のない）

478 attentive
[əténtɪv]

注意深い，心づかいの行き届いた

- 副 attentively（注意深く）
- 反 inattentive（〈〜に〉不注意な〈to〉）

479 outstanding
[àʊtstǽndɪŋ]

目立った，傑出した，未払いの

- 類 conspicuous（人目を引く），high-profile（目立った，知名度の高い）
- ☆ 句動詞 stand out は「目立つ」。

480 promising
[prá(:)məsɪŋ]

前途有望な，見込みのある

- ☆ 動詞 promise の派生語で，「将来を約束するような」という意味から。

Repeat! ☐ obviously (521) ☐ demonstrate (181)

☑ The automaker is **capable** of developing more fuel efficient vehicles. ★ be capable of ... (…の能力がある，…ができる)	その自動車メーカーは，もっと低燃費の車両を開発する能力がある。
☑ **Obviously**, the new bookkeeper is more **competent** than his predecessor.	明らかに，新しい簿記係は前任者よりも有能だ。
☑ The cabin crew were **attentive** to all the passengers' needs.	客室乗務員はすべての乗客の要望に対して気配りができていた。
☑ Kate **demonstrated outstanding** leadership qualities during her career at IseoBank.	ケイトは，イセオ銀行で働いていたとき，抜群の指導力を示した。
☑ Elena Cortez is considered to be one of the most **promising** artists in Europe today.	エレナ・コルテスは，今日ヨーロッパで最も前途有望な芸術家の一人だと考えられている。

481 eligible
[élɪdʒəbl]

資格のある，適格の
- 名 eligibility（適任，適格）
- 類 be entitled to [to *do*] ...（…の [する] 資格 [権利] がある）

482 qualified
[kwá(:)lɪfàɪd]

資格のある，適任の
- 動 qualify（～に資格を与える）

483 appropriate
[əpróupriət]

適切な
- 反 inappropriate（不適当な）

484 involved
[ɪnvá(:)lvd]

関係している
- 動 involve（～を巻き込む）

485 related
[rɪléɪtɪd]

関係のある
- 動 relate（～を関連づける，関係がある）
- 形 名 relative（関係のある；親戚）
- 副 relatively（比較的，割合に）
- 類 associated（関連した，（会社が）連合した）

Repeat! ☐ claim (208) ☐ benefit (337) ☐ acquire (207)

☐ He **claimed** that he was **eligible** for unemployment **benefits**. ★ be eligible for [to *do*] ...(…の[する]資格がある)	彼は，失業給付を受ける資格があると主張した。
☐ There is a fully equipped gym with **qualified** staff on hand to advise you.	資格のあるスタッフが待機してアドバイスしてくれる，設備の充実したジムがあります。
☐ Participants in the seminar will **acquire** the ability to **analyze** business situations and create **appropriate** action plans.	このセミナーの参加者は，ビジネスの状況を分析し，適切な行動計画を立てる能力を習得します。
☐ I would like to **extend** my congratulations to everyone **involved** in this project. ★ be involved in [with] ...(…に関係している)	このプロジェクトにかかわっている皆さんに，お祝いを申し上げたいと思います。
☐ We need to **concentrate** on resolving the issues **related** to this **exclusive** contract. ★ be related to ...(…に関係している)	この独占契約に関連する諸問題を解決することに集中する必要がある。

形容詞

596w

485

☐ analyze (149) ☐ extend (198) ☐ concentrate (115) ☐ exclusive (453)

486 relevant
[réləvənt]

関連がある,妥当な

- 類 pertinent(適切な,的を射た)
- 反 irrelevant(不適切な,無関係の)

487 critical
[krítɪkəl]

重大な,危機の,批評の

- 類 crucial(非常に重要な,決定的な), vital(生命の,極めて重要な)
- ☆ stand at a critical juncture「重大な岐路に立つ」

488 accurate
[ǽkjərət]

正確な

- 副 accurately(正確に)
- 類 precise(正確な,明確な), exact(正確な,まさにその)
- 反 inaccurate(不正確な)

489 commercial
[kəmə́ːrʃəl]

商業の,営利的な

- 名 commerce(商業)

490 extensive
[ɪksténsɪv]

広い,広範囲にわたる

- 類 large-scale(大規模の), widespread(広く行きわたった)
- ☆ extensive research「広範囲の調査[研究]」

Repeat! ☐ subject (467) ☐ face (79) ☐ figure (335) ☐ hardly (506)

☐ I don't think your remarks are **relevant** to the **subject** we're discussing.	あなたの発言は議論している問題と関連があるとは思えない。
☐ As I stated on a previous occasion, we are **facing** a **critical** labor shortage.	前の機会に述べたように,わが社は深刻な労働力不足に直面しています。
☐ Could you calculate these **figures** again to see if they are **accurate**?	これらの数値が正確かどうか確かめるため,再度計算してくれますか。
☐ I can **hardly** believe this **invention** has **substantial commercial** value.	この発明にかなりの商業的価値があるとは,ほとんど信じられない。
☐ Ms. Suzuki has **extensive** business experience in **various** industries worldwide.	鈴木さんには,世界中のさまざまな産業での広範囲にわたる業務経験がある。

形容詞

596w

490

☐ invention (396)　☐ substantial (498)　☐ various (405)

491 intensive
[inténsiv]

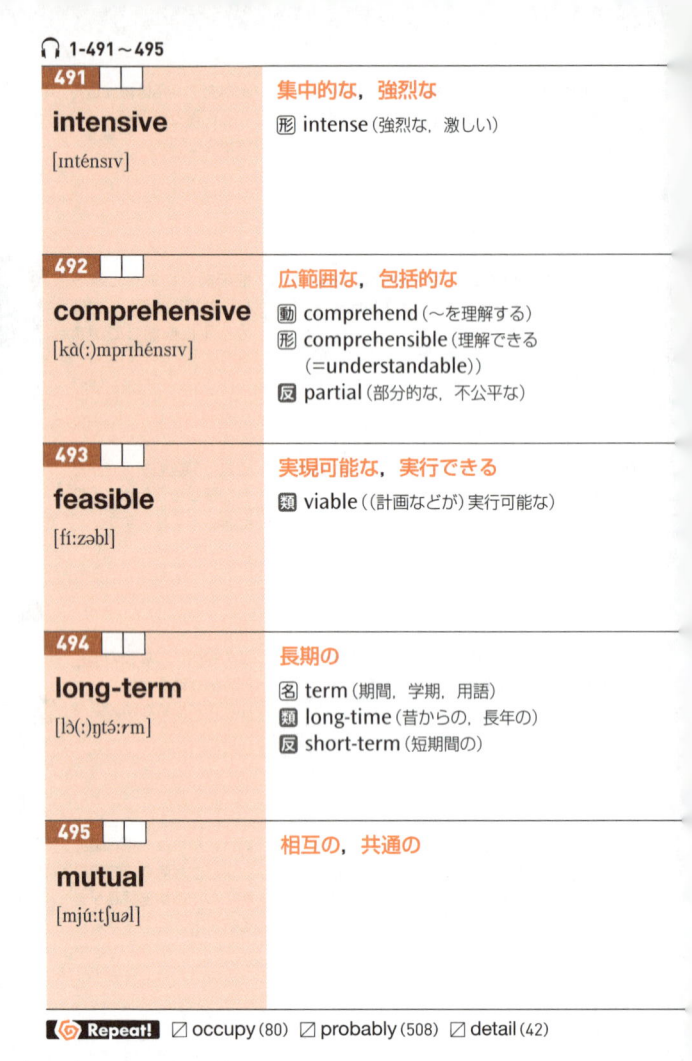

集中的な,強烈な

- 形 intense (強烈な,激しい)

492 comprehensive
[kà(:)mprɪhénsɪv]

広範囲な,包括的な

- 動 comprehend (〜を理解する)
- 形 comprehensible (理解できる (=understandable))
- 反 partial (部分的な,不公平な)

493 feasible
[fí:zəbl]

実現可能な,実行できる

- 類 viable ((計画などが)実行可能な)

494 long-term
[lɔ̀(:)ŋtə́:rm]

長期の

- 名 term (期間,学期,用語)
- 類 long-time (昔からの,長年の)
- 反 short-term (短期間の)

495 mutual
[mjú:tʃuəl]

相互の,共通の

Repeat! ☐ occupy (80) ☐ probably (508) ☐ detail (42)

☐ Because of the **intensive** training for recruits, Conference Room A will be **occupied** all day.	新入社員に対する集中トレーニングのため、A会議室は終日使われるだろう。
☐ This is **probably** the most **comprehensive** and **detailed** report on grocery retailing.	食料雑貨品の小売業について、これがおそらく最も包括的で詳細な報告書だ。
☐ I wonder if his alternative proposal is financially **feasible**.	彼の代替案は、財務的に実施可能なのだろうか。
☐ Our **long-term** purpose is to develop cost-effective clean technologies.	当社の長期目標は、費用対効果の優れたクリーン・テクノロジーを開発することだ。
☐ We are pleased to have the opportunity to **cooperate** with you for our **mutual** benefit.	互いの利益のために貴社と協力する機会を持つことができ、うれしく思います。

☐ cooperate (231)

496

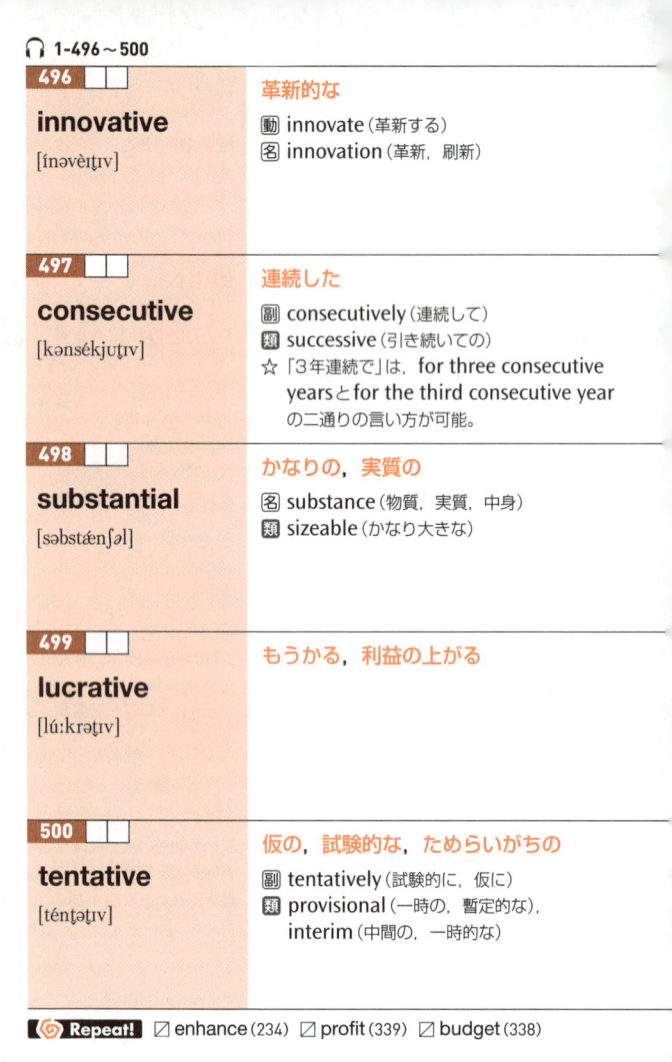

innovative

[ínəvèɪṭɪv]

革新的な

- 動 innovate（革新する）
- 名 innovation（革新，刷新）

497

consecutive

[kənsékjuṭɪv]

連続した

- 副 consecutively（連続して）
- 類 successive（引き続いての）
- ☆「3年連続で」は，for three consecutive years と for the third consecutive year の二通りの言い方が可能。

498

substantial

[səbstǽnʃəl]

かなりの，実質の

- 名 substance（物質，実質，中身）
- 類 sizeable（かなり大きな）

499

lucrative

[lú:krəṭɪv]

もうかる，利益の上がる

500

tentative

[téntəṭɪv]

仮の，試験的な，ためらいがちの

- 副 tentatively（試験的に，仮に）
- 類 provisional（一時の，暫定的な），interim（中間の，一時的な）

Repeat! ☐ enhance (234) ☐ profit (339) ☐ budget (338)

☐ The **innovative** technology will help to **enhance** the security of computer systems.	この革新的技術は、コンピューターシステムのセキュリティー強化に役立つだろう。
☐ The publishing company has made a **profit** for five **consecutive** years.	その出版社は5年連続で利益を上げている。
☐ The local government is expecting a **substantial** budget **surplus** this year.	その地方自治体は今年、かなりの財政黒字を予測している。
☐ I suppose that dealing in real estate is a **lucrative** business.	不動産の取引は、もうかる商売だと思う。
☐ I have attached my **tentative** itinerary for your reference.	ご参考までに私の暫定の旅程表を添付しました。

☐ surplus (341)

501

preliminary

[prɪlímənèri]

予備の

- 類 preparatory（準備の，予備の）
- ☆ preliminary meeting「予備会談」

502

state-of-the-art

[stèɪtəvðiá:rt]

最新式の，最先端技術を用いた

- 類 up-to-date（最新の）
- 反 old-fashioned（旧式の）

503

sophisticated

[səfístɪkèɪṭɪd]

精巧な，高度な，洗練された

- 類 advanced（上級の，進歩的な），high-tech（高度先端技術の，ハイテクの）

504

ambitious

[æmbíʃəs]

意欲的な，野心的な

- 名 ambition（大望，野心）

Repeat! ☐ aspect (296)

☐ We were notified that the **preliminary** budget for this project has been approved.	このプロジェクトに対する<u>予備</u>予算が認められたと知らされた。
☐ The manufacturing methods in this production line are **state-of-the-art**.	この生産ラインの製造方法は<u>最新式</u>だ。
☐ After the attempted robbery, the store installed a highly **sophisticated** alarm system.	強盗未遂事件の後、その店はとても<u>精巧な</u>警報システムを設置した。
☐ Some experts discussed the technical **aspects** of this **ambitious** project.	数人の専門家が、この<u>意欲的な</u>プロジェクトの技術的側面を話し合った。

副詞・前置詞

🎧 1-505～536

🎧 1-505～508

505
downstairs
[dàunstéərz]

副 階下に　形 階下の
反 upstairs（階上へ；階上の）

506
hardly
[háːrdli]

副 ほとんど～ない
類 rarely（めったに～ない），seldom（めったに～ない），scarcely（ほとんど～ない），hardly ever ...（めったに…しない）
☆ hardlyは程度，hardly everは頻度について言う。

507
slightly
[sláitli]

副 わずかに
形 slight（わずかな）

508
probably
[prá(ː)bəbli]

副 たぶん
名 probability（ありそうなこと，見込み）

Repeat! ☐ vacant (430)　☐ resignation (394)　☐ modify (145)

> 副詞は主に動詞を修飾します。副詞 rapidly「急速に」と形容詞 rapid「速い」など、派生語をまとめて覚えておくと効率的に語彙を増強できます。

☐ The landlord told us that there was one more **vacant** room **downstairs**.	階下にもう一つ空き部屋があると、家主はわれわれに言った。
☐ After hearing about James's **resignation**, Kate was so upset she could **hardly** speak.	ジェイムズの辞職について耳にした後、ケイトはとても狼狽してほとんど話すことができなかった。
☐ I have **slightly modified** the contract to reflect what we agreed on during the previous meeting.	前回の打ち合わせで合意した事項を反映するため契約書を少し修正しました。
☐ After **glancing** at her watch, Beth said that she'd **probably** be there in 15 minutes.	ベスは腕時計をちらっと見て、たぶん15分後にそこへ着くと言った。

☐ glance (118)

副詞・前置詞

596w

508

509

rapidly

[rǽpɪdli]

副 急速に, 速く

形 rapid (速い)
類 quickly (速く, 急いで), swiftly (素早く)

510

promptly

[prá(:)mptli]

副 敏速に, きっかり

形 prompt (敏速な, 素早い)

511

especially

[ɪspéʃəli]

副 特に

512

immediately

[ɪmíːdiətli]

副 ただちに

形 immediate (即座の, 直接の)
類 right away (すぐに), at once (すぐに), instantly (すぐに)

513

shortly

[ʃɔ́ːrtli]

副 すぐに, 間もなく

類 soon (すぐに, 間もなく)
☆ soon「間もなく」と同じように使える。Phil will be here shortly [soon].「もうすぐフィルがここに来ます。」

Repeat! ☐ reveal (236) ☐ recommend (25) ☐ withdraw (111)

☐ **Rapidly** growing company K Digital has **revealed** plans to expand into the Asian market.	急速に成長しているKデジタル社は、アジア市場に進出する計画を明らかにした。
☐ If the product you ordered is out of stock, you will be **promptly** notified.	もしご注文品が在庫切れでしたら、すぐにお知らせいたします。
☐ This book is **especially recommended** for those who are interested in politics.	この本は、政治に興味がある人に特にお勧めです。
☐ The company **withdrew** the toy from store shelves **immediately** after it was found to contain a toxic chemical. ★ immediately after ... (…の直後に)	有毒な化学物質を含むことがわかるとすぐ、会社はその玩具を店頭から引き揚げた。
☐ The plane crash that claimed the lives of 65 passengers occurred **shortly** after takeoff. ★ shortly after ... (…の直後に、…のすぐ後に)	乗客65人の命を奪った飛行機墜落事故は、離陸後すぐに起こった。

514 actually
[ǽktʃuəli]

副 実際に，実は

形 actual（実際の）
類 indeed（本当に，実に），in fact（実際は）

515 moreover
[mɔːróuvər]

副 その上，さらに

類 besides（その上），furthermore（おまけに，その上に）

516 otherwise
[ʌ́ðərwàɪz]

副 そうでなければ，違ったふうに

☆「違ったふうに」の意味も重要。All prices are in US dollars, unless otherwise stated.「ほかに明記されていない限り，すべての価格は米ドルです。」

517 however
[hauévər]

副 しかしながら，どんなに〜とも

類 nevertheless（それにもかかわらず），nonetheless（それにもかかわらず）
☆ I have to finish the report, however long it takes.「どんなに長くかかっても，報告書を終わらせなければならない。」

518 therefore
[ðéərfɔ̀ːr]

副 それゆえ，したがって

類 consequently（その結果，したがって）

Repeat! ☑ matter (330) ☑ resolve (242) ☑ indicate (66)

☐ **Actually**, there are many **matters** to be **resolved** between the two neighboring countries.	実際, その隣接する２国間には, 解決すべき多くの問題がある。
☐ **Moreover**, many superb restaurants are located within walking distance of the hotel.	その上, 多くの素晴らしいレストランがホテルから歩いていける距離にある。
☐ We have to leave now; **otherwise** we'll miss our flight, she added.	もう出発しないと, 飛行機に乗り遅れてしまうと, 彼女は付け加えて言った。
☐ **However**, if you do not wish to receive advertisements, please **indicate** by ticking this box.	しかしながら, 広告を受け取りたくなければ, この四角にチェックマークを入れてお知らせください。
☐ If you **avoid** rush hour, you'll spend less time in traffic; **therefore** your car will **consume** less fuel.	ラッシュアワーを避ければ, 往来にかかる時間が減る。それゆえ, 車が消費する燃料が少なくなる。

☐ avoid (3) ☐ consume (220)

519 fortunately
[fɔ́ːrtʃənətli]

副 幸運にも
- 名 fortune（富，財産，運）
- 形 fortunate（幸運な）
- 類 luckily（幸運にも）

520 extremely
[ɪkstríːmli]

副 とても，極度に
- 形 extreme（極端な）

521 obviously
[á(ː)bviəsli]

副 明らかに
- 形 obvious（明らかな）
- 類 apparently（明らかに，見たところ〜らしい）

522 eventually
[ɪvéntʃuəli]

副 結局，ついに
- 類 ultimately（最終的に，結局），
  after all（結局），
  at last（最後に，ついに），
  finally（最後に，ついに）

523 frequently
[fríːkwəntli]

副 しばしば
- 形 動 frequent（たびたびの；〜へしばしば行く）
- 名 frequency（しばしば起こること，頻度）

Repeat! ☐ surround (69) ☐ eliminate (157)

☐ We were almost late for our flight, but **fortunately** it was delayed by 20 minutes.	もう少しで乗り遅れるところだったが、幸運にも飛行機は20分遅れていた。
☐ The hotel **surrounded** by beautiful gardens has 56 **extremely** comfortable rooms.	美しい庭に囲まれたそのホテルには、大変心地よい56の部屋がある。
☐ If your purchase has been **obviously** damaged during shipping, you can file a claim against the carrier.	購入品が明らかに輸送中に損傷した場合には、運送業者に苦情を申し立てることができる。
☐ **Eventually**, Jack **eliminated** his credit card debt in only 10 months.	結局、ほんの10か月でジャックはクレジットカードの負債をなくした。
☐ For enhanced security, the users are encouraged to change their password **frequently**.	セキュリティー強化のため、ユーザーはパスワードをしばしば変更するよう奨励されている。

524 consistently
[kənsístəntli]

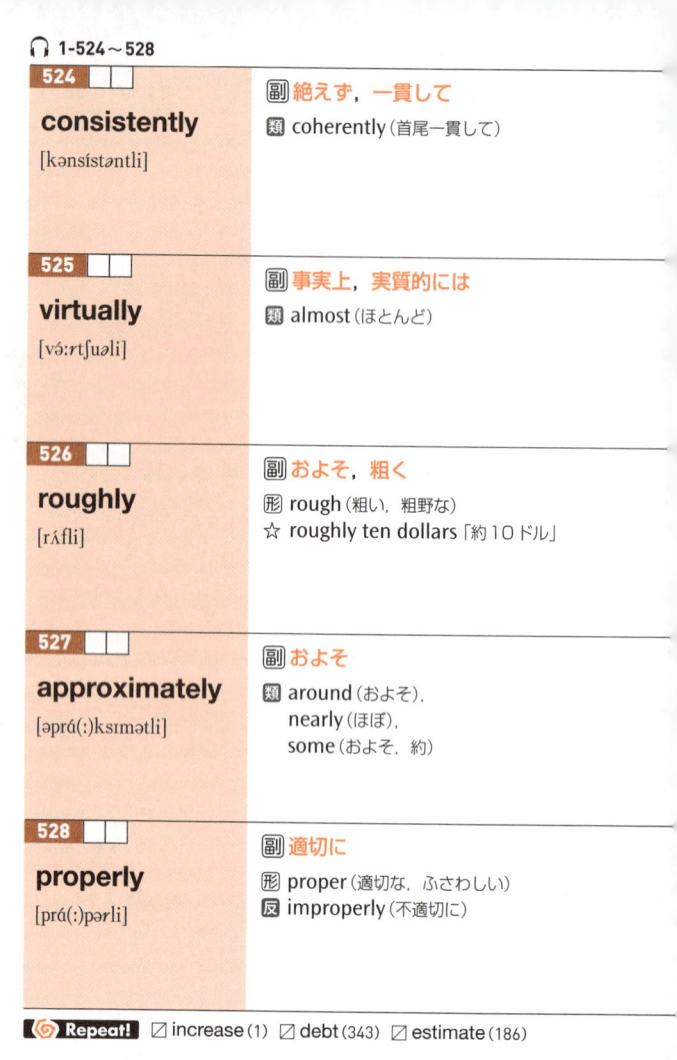

副 絶えず, 一貫して
類 coherently (首尾一貫して)

525 virtually
[vɜ́ːrtʃuəli]

副 事実上, 実質的には
類 almost (ほとんど)

526 roughly
[rʌ́fli]

副 およそ, 粗く
形 rough (粗い, 粗野な)
☆ roughly ten dollars「約10ドル」

527 approximately
[əprá(ː)ksɪmətli]

副 およそ
類 around (およそ),
nearly (ほぼ),
some (およそ, 約)

528 properly
[prá(ː)pərli]

副 適切に
形 proper (適切な, ふさわしい)
反 improperly (不適切に)

Repeat! ☐ increase (1) ☐ debt (343) ☐ estimate (186)

☐ The company has **consistently increased** its profits since its founding.	創立以来，その会社は<u>絶えず</u>利益を伸ばしている。
☐ It would be **virtually** impossible for Walt to pay off all his **debts** within a year.	ウォルトが1年以内に借金を全部返済するのは<u>事実上</u>不可能だろう。
☐ We **roughly estimate** the total cost of advertising at $30,000.	われわれは，広告費の総額を<u>およそ</u>3万ドルと見積もっている。
☐ The current economic **forecast assumes** a growth rate of **approximately** six percent.	現在の景気見通しは，<u>およそ</u>6%の成長率を想定している。
☐ All complaints from our clients must be handled **promptly** and **properly**.	顧客からのクレームはすべて，迅速かつ<u>適切に</u>扱われなければならない。

☐ forecast (365)　☐ assume (147)　☐ promptly (510)

529
briefly
[brí:fli]

副 簡潔に，少しの間
形 brief（短時間の，（話が）簡潔な）

530
gradually
[grǽdʒuəli]

副 だんだんと
形 gradual（徐々の）
反 suddenly（突然に），
　abruptly（不意に，突然に）

531
steadily
[stédɪli]

副 着々と，しっかりと
形 steady（しっかりした，安定した）

532
respectively
[rɪspéktɪvli]

副 それぞれ
形 respective（それぞれの）
☆ 述べられた順に指す。

533
despite
[dɪspáɪt]

前 〜にもかかわらず

Repeat! ☐ summarize (212) ☐ strengthen (108) ☐ maintain (50)

☐ Could you **briefly** summarize the main points of the article?	その記事の要点を簡潔にまとめてくれますか。
☐ Sales were **gradually** improving when the company decided to increase production.	会社が増産を決めたとき，売り上げは徐々に好転していた。
☐ Our ties with the local community have **steadily** strengthened over the years.	当社と地域社会とのつながりは，ここ何年かの間で着実に強くなってきた。
☐ Admission tickets for adults and seniors cost $10 and $6, **respectively**.	大人と高齢者の入場料はそれぞれ10ドルと6ドルです。
☐ **Despite** heavy competition in the market, the bank has maintained **stable** profits.	市場での厳しい競争にもかかわらず，その銀行は安定した利益を維持してきた。

副詞・前置詞

☐ stable (443)

534

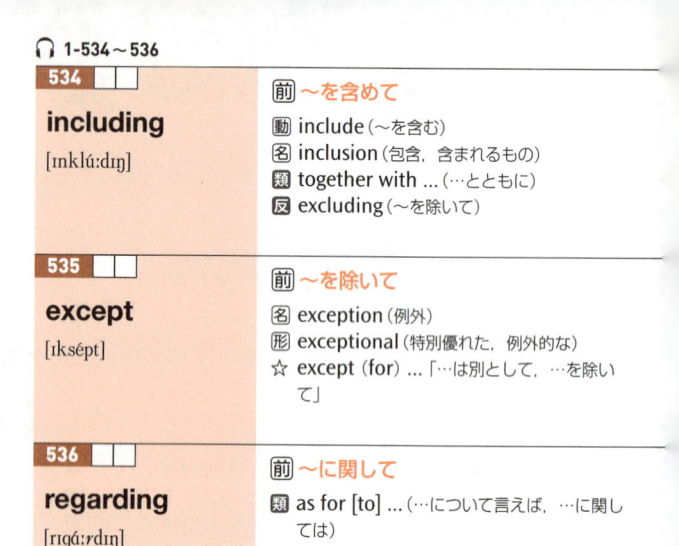

including

[ɪnklúːdɪŋ]

前 **〜を含めて**

- 動 include (〜を含む)
- 名 inclusion (包含, 含まれるもの)
- 類 together with ... (…とともに)
- 反 excluding (〜を除いて)

535

except

[ɪksépt]

前 **〜を除いて**

- 名 exception (例外)
- 形 exceptional (特別優れた, 例外的な)
- ☆ except (for) ... 「…は別として, …を除いて」

536

regarding

[rɪɡáːrdɪŋ]

前 **〜に関して**

- 類 as for [to] ... (…について言えば, …に関しては)

Repeat! ☑ hesitate (84)

☐ All personal belongings, **including** jackets, must be kept in lockers.	ジャケット<u>を含む</u>すべての個人的な所持品は，ロッカーに入れなければならない。
☐ All the team members **except** Jamie attended the monthly meeting.	ジェイミー<u>を除く</u>すべてのチームメンバーが月例会議に出席した。
☐ Please do not **hesitate** to consult us **regarding** the products you want to purchase.	ご購入を希望される商品<u>に関して</u>，遠慮なく私どもにご相談ください。

副詞・前置詞

イディオム

🎧 1-537~596

🎧 1-537~540

537 take a day off
1日休みを取る
- 類 take a leave of absence（休暇を取る，休職する），get sick leave（病気で休暇を取る）
- ☆ takeとoffの間に，休む時を入れる。「2日間休む」はtake two days off。

538 go bankrupt
破産する
- 類 go out of business（商売をやめる，倒産する）

539 get on ...
（電車・バス・飛行機・船など）に乗る
- 反 get off ...（（電車・バス・飛行機・船など）を降りる）
- ☆ タクシーなど乗用車の場合には，get in [into] a car「車に乗る」，get out of a car「車から降りる」。

540 turn ... on
（電気製品などのスイッチ）を入れる
- 類 turn ... up（（テレビ・ラジオなど）の音量を上げる，（照明・ヒーターなど）を強める），plug ... in（…のプラグをコンセントに差し込む）
- 反 turn ... off（…を消す）

Repeat! ☐ passenger (257)

> それほど難しくはない単語から成るイディオム。それだけに意味を知らないと,混乱を招くことにもなります。大変よく使われるものばかりですので,しっかり覚えましょう。

☐ I had a fever, so I **took a day off** yesterday and went to see a doctor.	熱があったので,昨日は休みを取って医者に行った。
☐ The company **went bankrupt** with over $5 million in debt.	その会社は500万ドルを超える負債を抱えて倒産した。
☐ **Passengers** are required to purchase tickets before **getting on** the expressway bus.	乗客は,高速バスに乗る前にチケットを購入しなくてはならない。
☐ As soon as Tony walked into the office, he **turned on** his computer.	トニーは,事務所へ入るとすぐにコンピューターのスイッチを入れた。

#	見出し	意味
541	**look over ...**	…に目を通す，…を一読する
542	**work on ...**	…に取り組む
543	**take ... on**	(仕事・責任など)を引き受ける
544	**due to ...**	…のために，…の原因で 類 because of ... (…のために)，owing to ... (…のために)
545	**thanks to ...**	…のおかげで，…のために

Repeat! ☐ provide (142) ☐ develop (148) ☐ efficient (472)

☐ He asked me to **look over** the report and **provide** him with some feedback.	彼は、報告書に目を通して意見を聞かせてほしいと私に頼んだ。
☐ Ms. Kim is currently **working on** a project to **develop** new building materials.	キムさんは現在、新しい建築資材を開発するプロジェクトに取り組んでいる。
☐ Rosa is reliable, **efficient** and **willing** to **take on** difficult assignments.	ローザは頼りになり、有能で、進んで難しい仕事を引き受けてくれる。
☐ **Due to** the **continuous** rain, the picnic scheduled for tomorrow will be **postponed**.	降り続く雨のため、明日予定されていたピクニックは延期されるだろう。
☐ **Thanks to** our innovative production **methods**, we can offer you our products at attractive prices.	当社の革新的な製造方法のおかげで、商品を魅力的な価格で提供できます。

☐ willing (408)　☐ continuous (428)　☐ postpone (82)　☐ method (269)

546
instead of ...
…の代わりに，…ではなく

547
fill ... out
…に(必要事項を)記入する
類 fill ... in (…に記入する)

548
along with ...
…と一緒に，…に加えて
類 in addition to ... (…に加えて)

549
in charge of ...
…を担当して
類 be responsible for ... (…の責任がある)

550
come up with ...
(考えなど)を思いつく

Repeat! ☐ subscribe (76)

☐ Why don't we go out for lunch **instead of** eating in the cafeteria?	食堂ではなく，外にランチを食べに出かけませんか。
☐ To **subscribe** to *SunMagazine*, please **fill out** the following form. ★ fill out a form（申込用紙に記入する）	サン・マガジン誌を購読するには，次の用紙に記入してください。
☐ He stored his passport **along with** other important documents in the hotel safe.	彼は，ほかの重要書類と一緒に，パスポートをホテルの金庫にしまった。
☐ I would like to speak with the person **in charge of** advertising.	広告担当の方とお話をしたいのですが。
☐ How did you **come up with** this unique idea?	その独創的なアイデアはどのように思いついたのですか。

551
on time

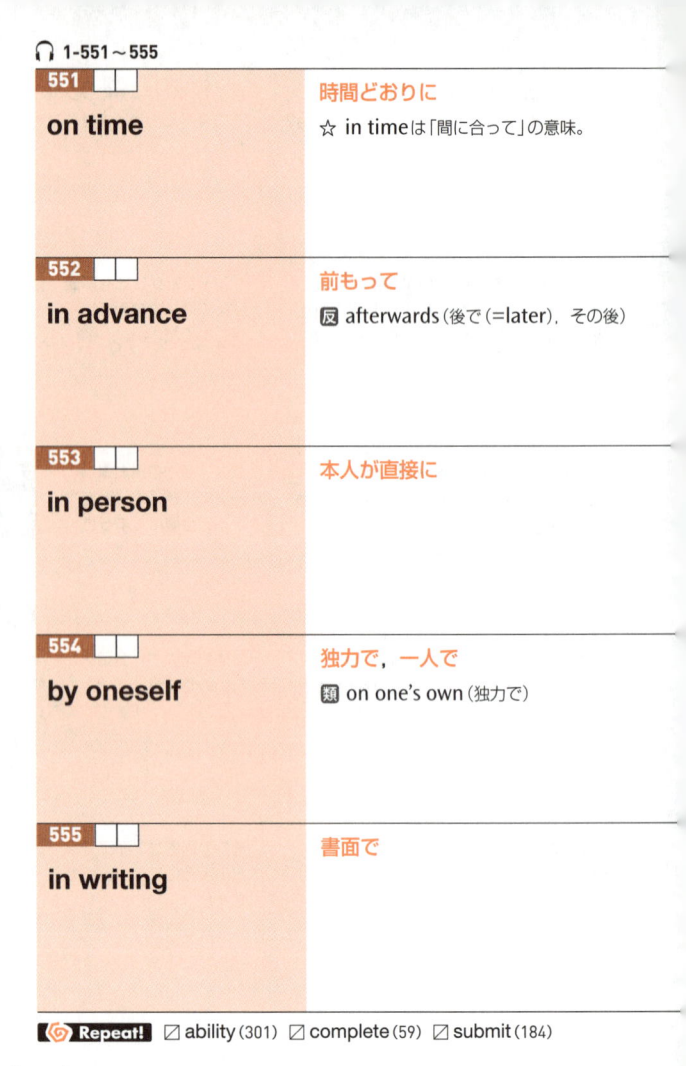

時間どおりに
☆ in timeは「間に合って」の意味。

552
in advance

前もって
反 afterwards（後で（=later），その後）

553
in person

本人が直接に

554
by oneself

独力で，一人で
類 on one's own（独力で）

555
in writing

書面で

Repeat! ☐ ability (301) ☐ complete (59) ☐ submit (184)

☐ I was quite impressed by Mary's **ability** to **complete** her assignments **on time**.	仕事を時間どおりに仕上げるメアリーの能力に大変感心しました。
☐ The registration fee for the workshop must be paid at least three days **in advance**.	ワークショップへの参加登録費は少なくとも3日前にはお支払いください。
☐ The application may be **submitted** by mail, fax, or **in person** at our office.	申込書は，郵送，ファックス，または当事務所に本人が出向いて提出してください。
☐ I wonder if I can **succeed** in business **by myself**.	自分は独力でビジネスに成功できるのだろうかと思う。
☐ If you wish to cancel your order for the products, you must **notify** us **in writing**.	商品のご注文をキャンセルされる場合は，書面でお知らせください。

☐ succeed (86)　☐ notify (152)

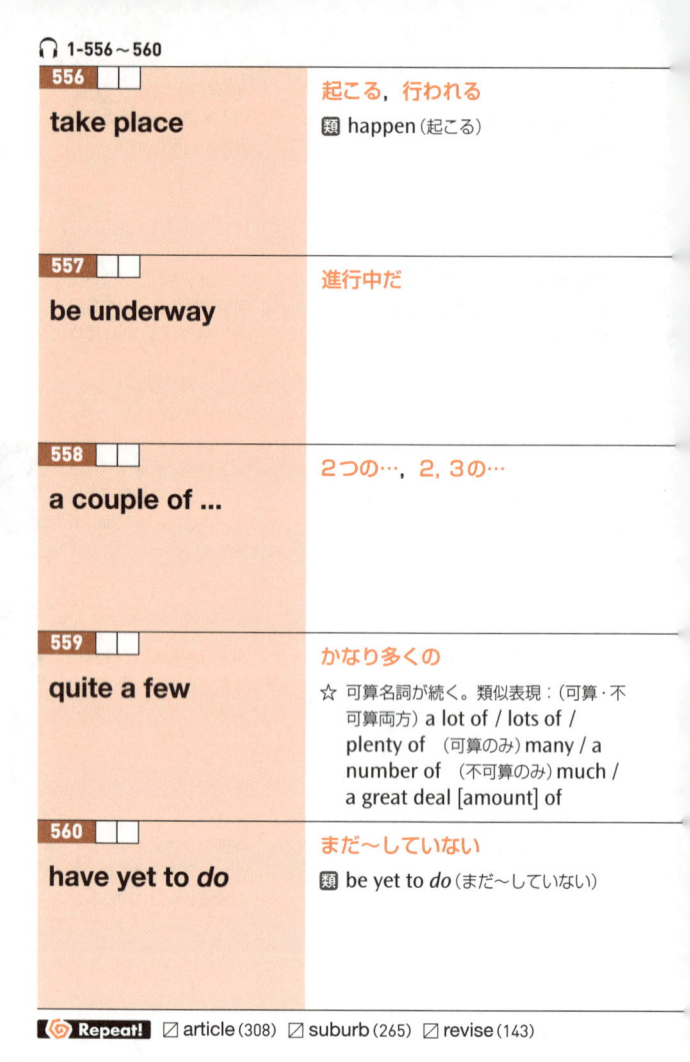

556 take place	起こる, 行われる 類 happen（起こる）
557 be underway	進行中だ
558 a couple of ...	2つの…, 2, 3の…
559 quite a few	かなり多くの ☆ 可算名詞が続く。類似表現：(可算・不可算両方) a lot of / lots of / plenty of　(可算のみ) many / a number of　(不可算のみ) much / a great deal [amount] of
560 have yet to *do*	まだ～していない 類 be yet to *do*（まだ～していない）

Repeat! ☐ article (308) ☐ suburb (265) ☐ revise (143)

☐ According to the **article**, when does the event **take place**?	記事によると，そのイベントはいつ行われますか。
☐ Currently, plans to build a new stadium in the **suburbs** **are underway**.	現在，郊外に新しいスタジアムを建てる計画が進行中だ。
☐ It will take **a couple of** days to draw up a **revised** contract.	修正した契約書を作成するのに2, 3日かかります。
☐ Due to the recent recession, **quite a few** companies have gone bankrupt.	近年の不景気で，かなり多くの会社が倒産した。
☐ **Despite** our **previous** reminder, we **have yet to** receive payment from you.	以前のお知らせにもかかわらず，まだお支払いを受けておりません。

☐ despite (533)　☐ previous (422)

561
turn out

わかる，判明する

☆「(明かりなど)を消す」(=turn ... off) という意味も。turn out [off] the light「照明を消す」

562
figure ... out

…がわかる，…を理解する

563
in the long run

長い目で見れば，長期的には

564
down the street

通りを行ったところに

☆ down は「(話し手から)離れて」の意味で，下りでなくてもよい。

565
according to ...

…によれば

Repeat! ☑ fix (49)

☐ The rumor that Governor Kinkaid will resign has **turned out** to be true.	キンケイド知事が辞職するといううわさは、事実だと**わかった**。
☐ The mechanic quickly **figured out** the problem with my car and **fixed** it.	整備士は、すぐに私の車の故障箇所**を見つけ出し**、修理した。
☐ The factory manager said that the investment in the machinery would increase profits **in the long run**.	機械への投資は**長期的には**利益を増やすと、工場長は言った。
☐ Go straight **down the street** and turn left at the first traffic light.	**通りを**まっすぐ**行って**、最初の信号を左に曲がってください。
☐ **According to** the weather forecast, there is a slight chance of rain today.	天気予報**によれば**、今日雨が降る可能性はわずかだ。

566
make it to ...

…にたどり着く

567
stop by ...

(途中で)…に立ち寄る
類 come by ... (…に立ち寄る, …を手に入れる),
　 drop by ... (…にひょっこり立ち寄る)

568
apart from ...

…を除いて, …はさておき
類 except for ... (…を除いて)

569
on behalf of ...

…の代わりに, …の代表として
類 in place of ... ((人・物)の代わりに)

570
in accordance with ...

…に従って

Repeat!　☐ process (177)

☐ If you cannot **make it to** the meeting, please give me a call.	もし会議に来ることができないなら，私に電話してください。
☐ I'll **stop by** the post office to buy some stamps on my way home.	家に帰る途中で，切手を買うために郵便局に立ち寄ります。
☐ This report is excellent, **apart from** a few spelling mistakes.	つづりのミスが少しあることを除いて，この報告書は素晴らしい。
☐ Speaking **on behalf of** the mayor, Mark Lee thanked the volunteers for their contributions to the community.	市長に代わって，マーク・リーがボランティアの方々の地域への貢献に感謝を述べた。
☐ The refund will be **processed in accordance with** the following procedures.	返金は，次に示した手順に従って処理されます。

571 next to ...

…の隣に

類 close to ... (…のすぐ近くに)
☆ next to nothing「ほとんどないに等しい」

572 on top of ...

…の上に，…に加えて

573 in a row

連続して，1列に

574 as of ...

…の時点で，…現在で

575 in terms of ...

…に関して，…の点から見て

Repeat! ☐ locate (81) ☐ available (402) ☐ performance (322)

☐ There is a well-equipped gym **located** right **next to** the hotel.	まさにホテル<u>の隣に</u>, 設備のよいジムがあります。
☐ **On top of** that, you can also enjoy almost any outdoor activity you can think of.	それ<u>に加えて</u>, あなたが思いつく, ほぼどんな野外活動も楽しめます。
☐ The local football team won three games **in a row**.	地元のサッカーチームは, 3<u>連</u>勝した。
☐ **As of** July 15th, this product will no longer be **available** for purchase online.	7月15日<u>時点で</u>, この製品はオンラインで購入できなくなります。
☐ The refrigerator is rated highly **in terms of** both **performance** and power consumption.	その冷蔵庫は, 性能と消費電力<u>の点で</u>, 高く評価されている。

576
in case of ...

(万一)…の場合には
類 in the event of ... (…の場合には)
☆ 文を続ける場合は in case (that) ...。

577
look forward to ...

…を楽しみに待つ
☆ to は前置詞なので,動詞が続くときは *do*ing の形になる。

578
be about to *do*

まさに～しようとしている

579
take a nap

うたた寝する,昼寝する
類 snooze (うたた寝する),
doze off (うたた寝する),
fall asleep (寝入る)

580
prior to ...

…より前に

Repeat! ☑ leave (16) ☑ appliance (310)

☐ All rooms are equipped with smoke detectors **in case of** fire.	火事に備え、すべての部屋には煙感知器が備え付けられている。
☐ We **look forward to** hearing from you at your earliest convenience.	都合がつき次第のご連絡をお待ちしております。
☐ I **was about to** leave the office, when the phone rang.	電話が鳴ったとき、まさに退社しようとしていた。
☐ Since it's a two-hour flight to Hong Kong, you could even **take a** short **nap** on the plane.	香港まで2時間のフライトですから、機内で短い仮眠だってできますよ。
☐ **Prior to** his employment at ASC, Eric served as vice president at Digitec, a major **appliance** manufacturer.	ASCに勤める前、エリックは大手電気器具製造業者デジテックの部長を務めていた。

581
in the wake of ...

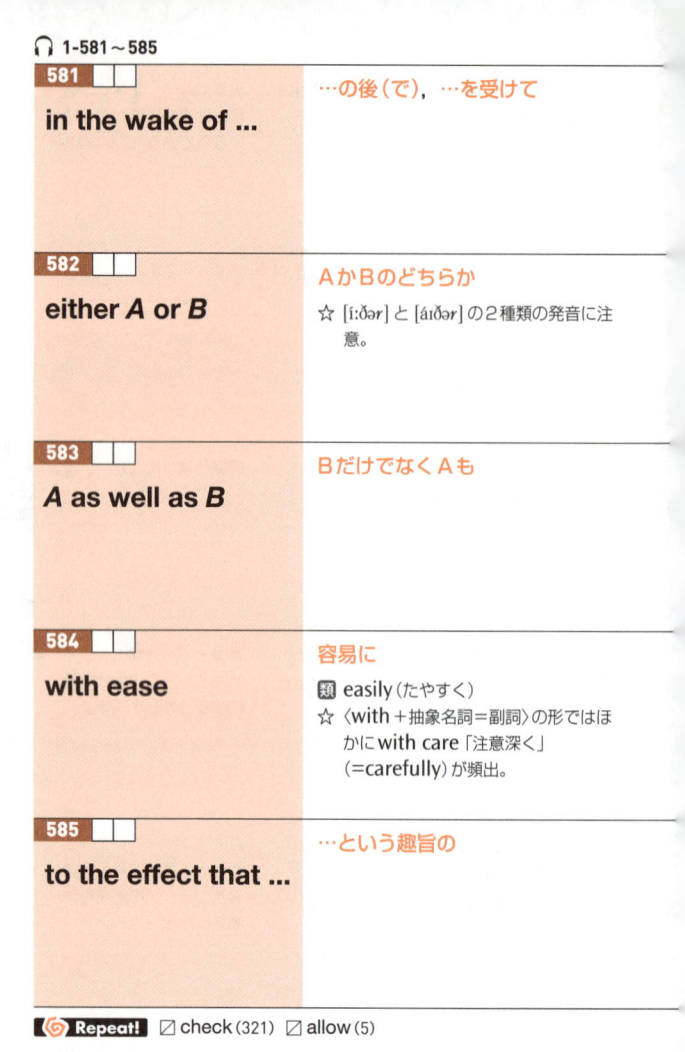

…の後(で)，…を受けて

582
either *A* or *B*

AかBのどちらか

☆ [íːðər] と [áɪðər] の2種類の発音に注意。

583
A* as well as *B

BだけでなくAも

584
with ease

容易に

類 easily (たやすく)

☆ 〈with＋抽象名詞＝副詞〉の形ではほかに with care「注意深く」(＝carefully) が頻出。

585
to the effect that ...

…という趣旨の

Repeat! ☑ check (321) ☑ allow (5)

☐ Prices of vegetables have increased **in the wake of** the typhoon.	台風の後，野菜の価格が上がった。
☐ Payment for goods can be made **either** by **check or** money order.	小切手か郵便為替で，商品のお支払いをしていただけます。
☐ Everything has a positive side **as well as** a negative side.	どんなことにも悪い面だけでなくよい面もある。
☐ This software **allows** you to create your own website **with ease**.	このソフトウエアで，自分のウェブサイトが簡単に作成できる。
☐ Mr. Lee sent me a letter **to the effect that** he would visit Chicago next month.	リーさんは，来月シカゴを訪問するという旨の手紙をくれた。

586
in effect

事実上

587
come into effect

効力を発する

588
deal with ...

…に対処する，…を扱う，(人・会社)と取り引きする

589
on the contrary

それどころか

☆ contrary to ... は「…に反して」。

590
now that ...

今や…なので

☐ The merger will create, **in effect**, the world's biggest pharmaceutical company.	その合併で，事実上世界一の製薬会社ができることになる。
☐ As of June 1st, the new office regulations will **come into effect**.	6月1日より，新しい社内規定が有効になる。
☐ We expect you to **deal with** this problem without **further delay**.	これ以上遅れることなく，この問題に対処されますよう望みます。
☐ It's no trouble at all; **on the contrary**, it will be a great pleasure to show you around.	お安いご用です。それどころか，あなたをいろいろご案内できることを大変うれしく思います。
☐ **Now that** everyone is here, I would like to start our monthly meeting.	では皆さんそろいましたので，月例会議を始めたいと思います。

591

in the meantime

その間に
類 meanwhile (その間に)

592

given that ...

…を考えると，…を仮定すれば
類 considering that ... (…のことを考えると)

593

generally speaking

一般的に言うと

594

take ... into account

…を考慮に入れる
☆ ... が長い場合は，take into account ... の形になる。

595

be hard hit

大打撃を受ける

☐ Someone will be with you **shortly**. <u>**In the meantime**</u>, please have a seat.	すぐに担当者が参ります。<u>その間</u>, どうぞお座りになっていてください。
☐ <u>**Given that**</u> our financial situation has worsened, we cannot **afford** to employ more people.	当社の財務状態が悪化していること<u>を考えると</u>, さらに人を雇う余裕はない。
☐ <u>**Generally speaking**</u>, alcohol makes people feel relaxed.	<u>一般的に言うと</u>, アルコールは人をリラックスした気持ちにさせる。
☐ <u>**Take into account**</u> environmental aspects when deciding where to locate a new plant.	新工場をどこに置くか決めるときは, 環境的な面<u>を考慮に入れなさい</u>。
☐ Tourism is one of the industries that has <u>**been**</u> extremely <u>**hard hit**</u> by the recession.	観光は, この不況で<u>大打撃を受けている</u>産業の一つだ。

596

turn around ...

(経済など)を好転させる, 好転する

☆ turn aroundだけで「よくなる」という意味合いを含む。

☐ During his time at Terra Corp., Edward **turned around** two troubled divisions. | テラ社に在職中，エドワードは問題のある２部門の業績を回復させた。

第2部 TOEICビジネス基礎語彙

ビジネス用語の背景知識を読んで理解する章です。最初にビジネス文書を読む際にキーとなる語句の説明を読み、次にそれに関連した語句のリストで語彙を増やしましょう。

会議

🎧 2-01

agenda
[ədʒéndə]

協議事項（のリスト）

　会議で話し合う項目が載った「一覧表」がagendaで、会議に先立って配られます。各「項目」はitemやsubjectと言いますので、the first item on the agenda「第1議題」、The next subject on the agenda is ...「次の議題は…」のように使われます。

　最も重要な項目は議題の最初にくることが多いことから、at the top of the agendaで比喩的に「最重要課題で」の意味になることもあります。

　agendaはほかに、会議などのスケジュールを示した「議事日程（表）」や「予定表」を指す場合もあります。

✣ ✣ ✣ ✣ ✣

Have you received the **agenda** for the upcoming board meeting?
(今度の取締役会の議題一覧表は受け取りましたか。)

まとめて覚えよう！

● 会議に関する語句

会議の内容は、後に議事録としてまとめられ、出席者などに配布されます。議事録には出席者名、項目、内容、決定事項、各担当者などが記されます。

後日配布されるこの「**議事録**」は **minutes** と言い、時間の minute 「分」の複数形と同じ形です。

✣ ✣ ✣ ✣ ✣

☑ **minute** [mínət] 名 **議事録**（-s）

☑ **proposal** [prəpóuzəl] 名 **提案書**

☑ **project proposal** **事業の企画，企画書**

☑ **chair** [tʃéər] 動 **～の司会［議長］を務める**

　＊chair a meeting　会議の議長を務める

☑ **chairperson** [tʃéərpə̀ːrsən] 名 **議長，司会者，会長**（=chairman）

☑ **hold a meeting** **会議を開く**

☑ **call a meeting** **会議を招集する［開く］**

☑ **call ... off** **…を中止する**

　＊The meeting was called off.　会議は中止になった。

部門

🎧 2-02

department
[dɪpáːrtmənt]

部門，課，売り場

　日本語の「デパート，百貨店」は英語では，department storeと必ずstoreが付きますが，一般にdepartmentだけだと，会社の○○部の「部（門）（=dept.）」を指します。

　自分の所属を言うときは，I work in **the** Sales Department. や I work in Sales. のように言います。前者はDepartmentが付いているのでtheが入りますが，後者は販売という分野を担当しているという意味でtheを付けません。

　「部門」はほかにdivision（=div.）やsectionを使う場合もあり，どれを使うかは会社によって違います。

❖ ❖ ❖ ❖ ❖

The automobile manufacturer has a job opening in the accounting **department**.
（その自動車製造会社では，経理部で求人がある。）

まとめて覚えよう！

● 部門に関する語句

いろいろな部署名を示します。部署名や業務分担は会社によって違います。

例えば，「**人事部**」であれば，**human resources**，または頭文字をとった**HR**や**personnel**がよく使われます。personnelは，集合的に「全職員」を指します。

❖ ❖ ❖ ❖ ❖

☐ human resources department 人事部 (=HR)

☐ personnel department 人事部

☐ research and development department 研究開発部 (=R&D)

☐ accounting department 経理部

☐ customer service 顧客サービス（窓口）

☐ general affairs 総務，庶務

☐ public relations 広報活動 (=PR)

☐ administration office 管理事務所

☐ domestic sales department 国内営業部

☐ overseas [international] sales department 海外営業部

業務

🎧 2-03

work overtime	残業する

「残業する」は，work overtimeが一般的な言い方です。このovertimeは副詞で「時間外に」という意味で，動詞work「働く」を修飾しています。

なお，〈動詞＋副詞〉型のフレーズではほかに，work late「遅くまで働く」やgo abroad「海外へ行く」，go home「家に帰る」などがあります。このhomeは名詞でなく副詞で「家に」という意味です。aやtheなどの冠詞を付けたり，直前にtoを付けたりしません。

❖ ❖ ❖ ❖ ❖

I will **work overtime** today to get the report completed on time.
(時間どおりに報告書を完成させるため，今日は残業します。)

まとめて覚えよう！

● 業務に関する語句

☐ work late 遅くまで働く，残業する

☐ do extra work 余分に働く，残業する

☐ work a night [day / morning] shift 夜勤 [日勤／朝番] をする

☐ work from home 在宅勤務する，自宅で仕事をする

☐ telecommuting [téləkəmjùːtɪŋ] 名 在宅勤務

● 進ちょくに関する語句

☐ on schedule 予定どおりに

☐ behind schedule 予定より遅れて

☐ ahead of schedule 予定より早く

☐ time-line 名 予定表

演説

🎧 2-04

address a meeting | 会議で演説する

動詞addressには、ビジネス必須のいろいろな意味があります。address a meeting [conference]「会議で演説する」をはじめ、ほかにも大変重要な使い方があるので、どれもわかるようにしておきましょう。フレーズで覚えてしまうのがおススメです。

- **address an audience**「聴衆に演説を行う」
- **address the issue [problem]**「問題に取り組む」
- **address an envelope**「封筒に宛名を書く」

また、addressには名詞で「(式典などの)あいさつ、演説」という意味があり、speechより改まった演説を指します。

✣ ✣ ✣ ✣ ✣

The professor **addressed a meeting** of local business leaders.
(その教授は、地域のビジネスリーダーの会議で演説した。)

まとめて覚えよう！

● 演説に関する語句

deliverは「〜を届ける」ですが，手紙や荷物だけでなくspeechやlectureを聞き手に「届ける」という意味にも使えます。**deliver a speech**は「演説[スピーチ]をする」で，重要フレーズです。

✣ ✣ ✣ ✣ ✣

☑ **make [give] a speech**　スピーチをする
☑ **deliver a speech**　スピーチをする
☑ **impromptu speech**　即席の演説
☑ **inauguration speech**　就任演説
☑ **opening address**　開会のあいさつ[辞]
☑ **opening remark**　開会のあいさつ
☑ **introduction** [ìntrədʌ́kʃən] 名 導入，前置き，紹介
☑ **body** [bá(ː)di] 名 本論
☑ **conclusion** [kənklúːʒən] 名 結論

会社

🎧 2-05

○ **firm** [fə:rm]	会社

　「会社」を指す最も一般的な語は **company** ですが、ほかにも **firm** や **corporation**, **enterprise** を覚えておきましょう。また、business にも「事業、商売」だけでなく「会社、企業」の意味があります。

　会社名の後に Co. や Corp. と付いているのを見かけますが、「～会社」の「会社」に当たる部分です。company を省略したものが Co. で、corporation は Corp. です。

　会社が代理業務を行っている場合は、travel agency「旅行代理店」のように agency が使われます。agency で働く人が agent なので、travel agent は「旅行代理店の人」です。また、publishing house「出版社」のように特別な分野では house が使われることもあります。

❖ ❖ ❖ ❖ ❖

I have worked for an advertising **firm** for five years.
（私は広告会社に5年勤めています。）

まとめて覚えよう！

● 会社に関する語句

☐ corporation [kɔ̀ːrpəréɪʃən] 名 会社，法人

☐ enterprise [éntərpràɪz] 名 企業，会社

☐ giant [dʒáɪənt] 名 (巨)大企業

　＊ an auto giant　巨大自動車会社

☐ start-up (company)　創業したばかりの会社，新興企業

☐ small and medium-sized company　中小企業

☐ private company　民間企業

☐ travel agency　旅行代理店

☐ real estate agency　不動産業者

☐ publishing house　出版社

☐ car dealership　車の販売代理店

☐ carrier [kǽriər] 名 運送[運輸]会社

組織

🎧 2-06

headquarters
[hédkwɔ̀ːrtərz]

本社，本部

quarter「4分の1」を複数形にしたquartersには「(寝泊まりする)部屋[住居]」の意味があり，軍人の「宿舎」なども指します。本社は〈head + quarters〉で「『トップの人たち』の『居所』」ということです。常に -s の付いた形で使われ，単数と複数扱いの両方あります。「本社」は，ほかに **head office** とも言います。

本社の場所は **be headquartered in ...**「…に本社[部]を置く」や be based in ...「…を拠点とする」のように表します。

✤ ✤ ✤ ✤ ✤

Ms. Campbell was transferred to corporate **headquarters** in New York.
(キャンベルさんはニューヨークの本社へ転勤になりました。)

まとめて覚えよう！

● 会社の組織に関する語句

☐ **head office** 本社，本部

☐ **branch** [bræntʃ] 名 支店，支部，枝

☐ **regional office** 支社

☐ **plant** [plænt] 名 工場

☐ **factory** [fǽktəri] 名 工場

☐ **laboratory** [lǽbərətɔ̀:ri] 名 研究所，研究室

☐ **outpost** [áutpòust] 名 (海外)支店，出先機関

☐ **liaison** [líːəzà(:)n] 名 連絡

* liaison office　連絡事務所

☐ **satellite office** サテライトオフィス，出張所

☐ **outlet** [áutlèt] 名 直売店

取締役会

🎧 2-07

| the board of directors | 取締役会，理事会 |

the board of directors「取締役会」は，director「取締役，重役」全員で構成され，定期的に会合を開いて会社にとって重要な決定を行います。会社ごとに一つしかないので特定されるため，the が付きます。the board と省略されることもあります。

取締役会には経営の監査を行う役目があるので，外部の目となる社外取締役が加わっていることがありますが，社内の取締役には CEO や COO などが就任することが多いようです。

❖ ❖ ❖ ❖ ❖

The board of directors consists of 12 directors, including the chairperson.
(取締役会は会長を含め12人の重役で構成される。)

まとめて覚えよう！

● 取締役会に関する語句

CEOとは，米国型企業での経営トップである「**最高経営責任者**」で，chief「最高位の」，executive「業務執行の」，officer「幹部」の頭文字を取ったものです。

「社長」と混同しがちですが，厳密に言うとpresidentとCEOは別物で，それぞれ別の人がなっている会社もありますし，兼務しているケースもよくあります。

✣ ✣ ✣ ✣ ✣

- [ ] **boardroom** [bɔ́ːrdrùːm] 名 (重役・理事の)会議室，役員室
- [ ] **executive** [ɪgzékjuṭɪv] 名 役員，経営幹部
- [ ] **chairperson (of the board)** (取締役)会長 (=chairman)
- [ ] **director** [dəréktər] 名 取締役，重役，部長
- [ ] **officer** [á(ː)fəsər] 名 役員，幹部，役人
- [ ] **auditor** [ɔ́ːdəṭər] 名 会計検査官，監査役
- [ ] **CEO** 最高経営責任者 (=Chief Executive Officer)
- [ ] **COO** 最高業務執行責任者 (=Chief Operating Officer)

株

🎧 2-08

stockholder 株主
[stá(:)khòʊldər]

「株」は stock と言います。そして「株主」とは文字どおり,〈stock「株」+ hold「持っている」+ -er「人」〉のことです。通常,株は複数の人が分け合って所有しますが,分け合う単位である1株はa share of stock (in a company) であることから,**share** も **stock** と同じように「**株,株式**」を意味するようになりました。ですから,「株主」は shareholder とも言います。

❖ ❖ ❖ ❖ ❖

All board members were elected at the annual general meeting of **stockholders**.
(取締役全員が年次株主総会で選出された。)

まとめて覚えよう！

● 株に関する語句

　株式市場で，株価が上がって活況を呈している「**上げ相場，強気市場**」をbull market，反対に「**下げ相場，弱気市場**」をbear marketと言います。bullは「雄牛」，bearは「クマ」です。これは攻撃時に牛は角を「上に突きあげ」，クマは前足を「下に振りおろす」という動きに，市場の動きをなぞらえたと言われています。それぞれbullish market, bearish marketという表現も使われます。

✢ ✢ ✢ ✢ ✢

- [ ] **stock** [stɑ(ː)k] 名 株
- [ ] **share** [ʃeər] 名 株
- [ ] **dividend** [dívidènd] 名 (株の) 配当金
- [ ] **stockbroker** [stɑ́(ː)kbròukər] 名 株式仲買人
- [ ] **go public** （企業が）株式を公開する
- [ ] **initial public offering** 新規株式公開 (=IPO)
- [ ] **listed company** 上場企業
- [ ] **bond** [bɑ(ː)nd] 名 債券
- [ ] **security** [sɪkjúərəṭi] 名 (有価) 証券，債券 (-ties)
  - ＊securities company　証券会社
- [ ] **stock exchange** 証券 [株式] 取引 (所)

会社間の関係

🎧 2-09

subsidiary
[səbsídièri]

子会社

　名詞 subsidy は「**助成金，補助金**」，動詞 subsidize は「**〜に助成金を与える**」という意味で，どちらも TOEIC 重要単語です。そこから派生したのが subsidiary「子会社」です。なるほど，子会社は「資本金」など親会社から金銭的な援助を受けますね。subsidiary company と言うこともあります。「親会社」を表す parent company と対にして覚えておきましょう。

✣ ✣ ✣ ✣ ✣

Goldtec Co. has decided to establish a **subsidiary** in Australia.
(ゴールドテック社は，オーストラリアに子会社を設立することを決定した。)

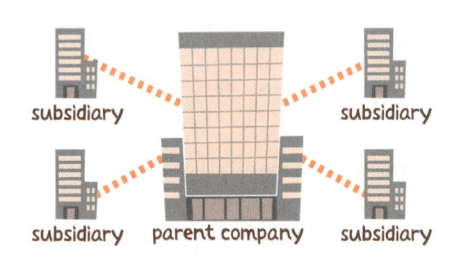

まとめて覚えよう！

● 会社間の関係に関する語句

☑ parent company　親会社

☑ affiliated company　関連会社

☑ associated company　関連会社

☑ joint venture [company]　合弁会社

☑ holding company　持ち株会社

● 助成金に関する語句

☑ subsidy [sʌ́bsədi]　名 助成金，補助金

☑ subsidize [sʌ́bsɪdàɪz]　動 ～に助成金を与える

☑ fund [fʌnd]　名 基金　動 ～に資金を提供する

☑ finance [fáɪnæns]　名 (融資される)資金 (-s)　動 ～に融資する

　＊[fənǽns]と発音することもあるので注意。

☑ grant [grænt]　名 (政府などからの)助成金，補助金

業者

🎧 2-10

manufacturer
[mænjufǽktʃərər]

製造業者，製造会社

　語源の話になりますが，**動詞に -er を付けると「〜する人」**という意味になります。動詞 manufacture は「〜を製造する」ですが，これに「〜する人」を意味する -er を付けると（e が重なるので -r となります），「製造する人」つまり「製造業者」という意味になるのです。なお，「製造業者」は日本語でもおなじみの maker「メーカー」でも OK です。

　単語の語尾に付くのが接尾辞で，-er は「〜する人」ですが，-ee は「〜される人」を表します。例えば employ「雇う」だと，employer は「雇う人→雇用者」で，employee は「雇われる人→従業員」ですね。

✢ ✢ ✢ ✢ ✢

We are one of the nation's largest **manufacturers** of women's clothing.
（当社は国内最大の婦人衣料品メーカーの一つです。）

まとめて覚えよう！

● 業者に関する語句

☐ **retail** [ríːteɪl] 名 小売り 動 〜を小売りする

* retailerは「小売業者」。

☐ **wholesale** [hóʊlsèɪl] 名 卸（売り） 動 （物を）卸売りする

* wholesalerは「卸売業者」。

☐ **contractor** [kɑ́(ː)ntræktər] 名 （工事）請負人，建設業者，契約者

☐ **subcontractor** [sÀbkɑ́(ː)ntræktər] 名 下請け業者

☐ **supplier** [səpláɪər] 名 （物品の）供給業者，納入業者

☐ **provider** [prəváɪdər] 名 （サービスの）供給業者

☐ **vendor** [véndər] 名 （街頭などで）売る人，供給業者

☐ **importer** [ɪmpɔ́ːrtər] 名 輸入業者，輸入国

☐ **exporter** [ɪkspɔ́ːrtər] 名 輸出業者，輸出国

職種

🎧 2-11

| **sales representative** | 営業担当者, セールスマン |

　動詞 represent は「〜を代表する」という意味です。では representative は，会社を代表する社長のような偉い人を指すかと言えば，そうとは限りません。sales representative は，普通の「販売員, セールスマン」のことですし，**customer service representative** は「**お客さま相談窓口の担当者**」です。つまり representative とは，お客から見たときに「その会社の者として（代表して）客に対応する人たち」なのです。rep と省略されることもよくあります。

❖ ❖ ❖ ❖ ❖

For further information, please contact one of our **sales representatives**.
（詳細については当社の営業担当者に連絡してください。）

まとめて覚えよう!

● 職業に関する語句

ほかの意味でも使われる職業名の単語に注意しましょう。「掃除機,洗浄剤」でおなじみのcleanerは「清掃作業員, クリーニング店(主)」を,「プリンター, 印刷機」でおなじみのprinterは「印刷業者」を指すこともあり, どの意味もTOEICでは必須です。

❖ ❖ ❖ ❖ ❖

☐ **salesclerk** [séɪlzklə̀ːrk] 名 店員, 販売員

☐ **office clerk** 事務員

☐ **secretary** [sékrətèri] 名 秘書

☐ **receptionist** [rɪsépʃənɪst] 名 受付係

☐ **accountant** [əkáʊntənt] 名 会計係, 会計士

☐ **pharmacist** [fáːrməsɪst] 名 薬剤師

☐ **plumber** [plʌ́mər] 名 配管工 ＊発音注意。bは黙音。

☐ **electrician** [ɪlèktríʃən] 名 電気技術者

☐ **firefighter** [fáɪərfàɪtər] 名 消防士

☐ **lawyer** [lɔ́ːjər] 名 法律家, 弁護士

☐ **judge** [dʒʌdʒ] 名 裁判官, 判事

☐ **printer** [príntər] 名 印刷業者, プリンター

☐ **cleaner** [klíːnər] 名 清掃作業員, クリーニング店(主)

☐ **dentist** [déntəst] 名 歯科医

備品

office supplies

事務用品

筆記用具，バインダー，プリンターのカートリッジなどの消耗品のことをoffice suppliesと言います。officeを付けず，suppliesだけで使われることもよくあります。**動詞supplyは「〜を提供[支給]する」**ですから，オフィスで「支給されるもの」と考えるとわかりやすいですね。

こういった事務用品を置いておくための戸棚はsupply cabinet「備品用戸棚」，部屋であればsupply room「備品室」です。

❖ ❖ ❖ ❖ ❖

We usually purchase our **office supplies** from Green Hearts Stationery.
(当社は，たいてい事務用品をグリーンハーツ文具店で購入する。)

まとめて覚えよう!

● オフィス関連用品に関する語句

　office suppliesは,広い意味でパソコンやコピー機などoffice equipment「オフィス機器」や,机,いす,lighting「照明(器具)」などのoffice furniture「オフィス用家具」を含むこともあります。

✤ ✤ ✤ ✤ ✤

☐ **stationery** [stéɪʃənèri] 名 文房具

☐ **stapler** [stéɪplər] 名 ホチキス ＊「ホチキスの針」はstaple。

☐ **notepad** [nóʊtpæd] 名 (はぎ取り式の)メモ帳

☐ **envelope** [énvəlòʊp] 名 封筒

☐ **ink cartridge** (プリンターなどの)インクカートリッジ

☐ **letterhead paper** レターヘッド便箋

　＊上部(head)に印刷した社名,住所,電話番号が入ったもの。

☐ **photocopier** [fóʊṭoʊkà(:)piər] 名 コピー機

☐ **filing cabinet** 書類整理棚

☐ **cupboard** [kʌ́bərd] 名 戸棚,押し入れ　＊発音注意。

☐ **supply room** 備品室

電話

🎧 2-13

extension
[ɪksténʃən]

（電話の）内線（番号）

　動詞 extend「～を延ばす」の名詞形です。確かに，内線は**外からの電話を社内の各部署へと延ばしたもの**ですね。

　extension number「内線番号」と言うこともあります。書くときには **ext. と省略**でき，ext.221「内線221」のようになります。

　なお，extension には「(建物の) 建て増し部分」という意味もあります。extension cord は「(電気の) 延長コード」です。

❖ ❖ ❖ ❖ ❖

If you have any questions, please contact me at 03-122-3333, **extension** 123.
（質問があれば，03-122-3333，内線123の私まで連絡してください。）

まとめて覚えよう！

● 電話に関する語句

「電話をおつなぎします」と電話を転送するときにはput ... throughがよく使われます。I'll **put** you **through** to the person in charge.「担当者におつなぎします。」

ほかに I'll **connect** you to ... や I'll **transfer** you to ... なども使われます。

✣ ✣ ✣ ✣ ✣

☐ **caller** [kɔ́ːlər] 名 電話をかける人，訪問者

☐ **handset** [hǽndsèt] 名 (電話の)送受話器，携帯電話機

☐ **incoming call** 外からかかってきた電話，外線

☐ **outgoing call** こちらからかけた電話，電話の発信

☐ **outside line** 外線

☐ **cell phone** 携帯電話 (=mobile phone)

☐ **land-line phone** 固定電話 ＊携帯電話と区別して言う。

☐ **Hold on, please.** (そのまま切らずに)お待ちください。

☐ **the person in charge** 担当者

上下関係

🎧 2-14

| **supervisor** [súːpərvàɪzər] | 上司 |

　supervisorを辞書で引くと,「監督者, 管理者」などと出てきますが, 今ひとつわかりにくいですね。動詞で **supervise は「～を監督[指揮]する」**ですが, 職場でこれをする人と言えば…そう, boss「ボス」です。事務所で, my supervisor ... と聞けば, 要は my boss ... と言っているのとほぼ同じと思ってよいでしょう。「直属の上司」は my immediate supervisor [boss] と言います。

　また, 形容詞で superior to ...「…より優れた」の形で使われる superior にも, 名詞で「上司」の意味があることも覚えておきましょう。

✵ ✵ ✵ ✵ ✵

I will get back to you after consulting with my **supervisor**.
(上司と相談した後, 折り返しご連絡いたします。)

まとめて覚えよう！

● 職場での上下関係に関する語句

上司とともに職場で身近な存在なのは，**colleague**「同僚」。発音は少し難しく，[**カ**リーグ] です。同じ意味のco-workerもしっかり押さえておきましょう。

さらにときどきTOEICでも出てくる (business) **associate**「仕事仲間，仕事関係の知人」も覚えておくとばっちりです。associateは動詞では「〜を関連させる，提携する」という意味です。

✳ ✳ ✳ ✳ ✳

☐ **chief** [tʃiːf] 名 長，上司

☐ **superior** [supíəriər] 名 上司

☐ **foreman** [fɔ́ːrmən] 名 職場主任，現場監督

☐ **subordinate** [səbɔ́ːrdɪnət] 名 部下

＊immediate subordinate　直属の部下

☐ **colleague** [kɑ́(ː)liːg] 名 同僚

☐ **co-worker** 名 同僚

☐ **associate** [əsóuʃiət] 名 仕事仲間，同僚

給料

🎧 2-15

paycheck
[péɪtʃèk]

給与，給与支払小切手

　paycheckは「給与小切手」のことですが，「給料」そのものも意味します。もともと，従業員は，週や月単位で給与小切手を受け取り，それを銀行で現金にしたり，自分の口座に振り込んだりしていました。しかし最近は小切手ではなく，従業員の銀行口座へ直接振り込む会社が多くなってきています。

　なお，広く「給料」を意味する単語はpayです。ほかに，**wageは「時間や日，週単位で支払われる賃金」**で，**毎月支払われるのがsalary**です。

❖ ❖ ❖ ❖ ❖

These taxes are deducted from your **paycheck**.
(これらの税金は，給料から差し引かれます。)

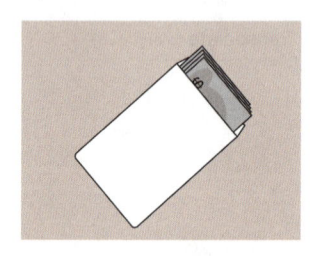

まとめて覚えよう！

● 給与に関する語句

全従業員の名前は，payroll「**給与支払い簿**」に記載されています。会社は，このpayrollを基に給与を支払うことから，on the payrollは「雇われて」の意味となります。

✣ ✣ ✣ ✣ ✣

☐ **wage** [wéɪdʒ] 名 賃金，給料　＊minimum wage　最低賃金

☐ **salary** [sǽləri] 名 (会社員などの) 給料　＊starting salary　初任給

☐ **payday** [péɪdèɪ] 名 給料日

☐ **payslip** [péɪslìp] 名 給与明細書

☐ **payroll** [péɪròʊl] 名 給料支払い簿

☐ **commission** [kəmíʃən] 名 代理手数料，歩合

☐ **income tax** 所得税

☐ **deduct** [dɪdʌ́kt] 動 (一定の金額を) 差し引く，〜を控除する

311

昇進

🎧 2-16

promotion
[prəmóuʃən]

昇進，(商品の) 販売促進

---

promotionには二つの違う意味 ①「**昇進**」と ②「**(商品の) 販売促進** (=sales promotion)」があり，どちらの意味もビジネスでは重要です。②の意味では「プロモーション」と日本語でも使われており，おなじみですね。

動詞promoteはもともとは「～を促進する」で，そこから「～を昇進させる」や「～を宣伝販売する」の意味に発展しました。「…に昇進する」と述べる場合には，be promoted to ... と受身形となることに注意しましょう。

✥ ✥ ✥ ✥ ✥

Mike got a **promotion** to Sales Manager of the London office.
(マイクはロンドン営業所の販売部長に昇進した。)

まとめて覚えよう！

● 昇進に関する語句

　「昇進する」はほかにも，advanceやmove upが使え，どれも重要です。I moved up in the company.「会社で昇進した。」や，求人広告で This position offers a great opportunity to advance.「この職には昇進のチャンスがある。」のように使われます。

✢ ✢ ✢ ✢ ✢

☐ **promote** [prəmóut] 動 〜を促進する，〜を昇進させる，〜を宣伝販売する

☐ **get [receive] a promotion** 昇進する

☐ **advance** [ədvæns] 動 昇進する，進める

☐ **advancement** [ədvænsmənt] 名 昇進

☐ **move (...) up** 昇進する，(…を) 昇進させる

☐ **be passed over for promotion** 昇進を見送られる

☐ **demote** [dìːmóut] 動 〜を降格させる

☐ **demotion** [dìːmóuʃən] 名 左遷，降格

辞職

🎧 2-17

resign
[rɪzáɪn]

(〜を)辞職する

　自分の意志で仕事を辞めるときは，resignを使ってresign from one's job「仕事を辞める」と言います。職名を入れるならresign as ...「…の職を辞める」です。ほかにquitやleaveもよく使われます。
　日本語で「リタイアする」と使われるretireは「定年などで退職する」ことです。すでに次の仕事が決まっていたり，再就職を考えているときには使えないので注意しましょう。

❖ ❖ ❖ ❖ ❖

He **resigned** as chairman of the pharmaceutical company.
(彼はその製薬会社の会長職を辞任した。)

まとめて覚えよう！

● 辞職・再就職に関する語句

☐ **quit** [kwɪt] 動 〜をやめる〈doing〉，辞職する

☐ **step down** 辞任する

☐ **retire** [rɪtáɪər] 動 (定年などで)退職する

☐ **letter of resignation** 辞表

☐ **tender** [téndər] 動 〜を正式に差し出す

   ＊tender one's resignation 辞表を出す

☐ **voluntary resignation** 依願退職

☐ **severance pay** 退職金，解雇手当

☐ **pension** [pénʃən] 名 年金　＊corporate pension plan 企業年金制度

☐ **job placement** 就職あっせん

☐ **outplacement** [áʊtplèɪsmənt] 名 (他社への)再就職あっせん

利率

🎧 2-18

| **interest rate** | 金利，利率 |

　「関心，興味」の意味でおなじみのinterestには「**金利，利子，利率**」という意味があり，この意味では不可算名詞です。利子は，銀行などfinancial institution「金融機関」でのdeposit「預金」やborrowing, loan, debt「借入金」にかかります。「預金[ローン]の利子」は，interest **on** a deposit [loan] のように前置詞onとともによく使われます。

✣ ✣ ✣ ✣ ✣

The **interest rate** on the loan is 3% per year.
(そのローンの利率は，年3パーセントです。)

まとめて覚えよう！

● 利率に関する語句

「利率」はrateで，「**為替レート**」は**exchange rate**と言います。「外国為替市場」はforeign exchange marketで，市場でのcurrency「通貨」の価値の上昇や低下はそれぞれappreciationやdepreciationを使います。appreciation of the yenなら「円高」です。

✢ ✢ ✢ ✢ ✢

☑ **fixed interest rate** 固定金利

☑ **floating interest rate** 変動金利

＊floatingの代わりにadjustableやvariableが使われることもあります。

☑ **compound interest** 複利

☑ **exchange rate** 為替相場，為替レート

☑ **appreciation** [əpriːʃiéɪʃən] 名 価値の上昇，値上がり

☑ **depreciation** [dɪpriːʃiéɪʃən] 名 価値の下落

☑ **yield** [jiːld] 名 （作物などの）収穫高，（投資の）収益，利回り

利益

🎧 2-19

| **make a profit** | 利益を上げる |

profitは「利益」ですが,「**利益を上げる,もうけを出す**」はmake a profitやearn a profit,turn a profitと言います。「純利益」はnet profitで,netには「正味の」という意味があります。

なお,「利益がいくらか」を計算するには,収入から支出を差し引きます。そうして得られた最終的な収支が,計算書のbottom line「一番下の行」に記入されます。このことから,bottom lineには「最終的な収益[最終損益]」や「結論」という意味があります。

❖ ❖ ❖ ❖ ❖

The company has continued to **make** steady **profits** over the years.
(その会社は何年にもわたって安定した利益を上げ続けている。)

まとめて覚えよう！

● 利益・損失に関する語句

☐ **gain** [geɪn] 名 利益，増加

☐ **loss** [lɔ(:)s] 名 損失，損失額

☐ **bottom line** 最終的な収益[損益]，結論，要点

☐ **margin** [mάːrdʒɪn] 名 利ざや，マージン

☐ **gross** [groʊs] 形 総計の　＊gross profit　売上総利益

☐ **net** [net] 形 正味の　＊net profit　純利益

☐ **go into the red [black]** 赤字[黒字]になる

☐ **red ink** 損失，赤字

☐ **deficit-ridden company** 赤字[負債]に苦しむ会社

会計

🎧 2-20

quarter
[kwɔ́ːrtər]

四半期

　quarterは「4分の1」ですが、**事業年度の1年間を4等分した各3か月間がquarter「四半期」**です。最初の3か月間がthe first quarter「第1四半期」、それからthe second quarter「第2四半期」、the third quarter「第3四半期」、the fourth quarter「第4四半期」と続きます。企業が決算をする1年間が**fiscal year「事業年度、会計年度」**ですが、この年度が始まる月は会社によってさまざまです。

　quarterはほかに、金額では25セント（1/4ドル）、時間では15分（1/4時間）を意味します。

✢ ✢ ✢ ✢ ✢

Our sales reached $560,000 in the first **quarter** of the current fiscal year.
（今会計年度の第1四半期の売り上げは56万ドルに達した。）

まとめて覚えよう！

● 経営陣・予算に関する語句

会計年度の予算は，経営陣が中心となって設定します。manageは「〜を経営[管理]する」という意味の動詞で，会社を直接経営するのが **management**「**経営陣**」です。

株主は経営陣に利益追求を求め，経営陣はshareholder「株主」の利権を代表する取締役会によって監視されます。

✦ ✦ ✦ ✦ ✦

☐ **management** [mǽnɪdʒmənt] 名 経営陣，経営，管理

☐ **fiscal** [fískəl] 形 財政上の，会計の

☐ **accounting date** 決算日

☐ **tight budget** 厳しい予算

☐ **stretch the budget** 予算を（節約して）長持ちさせて使う

☐ **budget constraint** 予算制約，緊縮財政

☐ **itemized budget** 項目別予算

決算

🎧 2-21

annual report —— 年次報告書

企業は年度末の決算にあたり、利益や損失など営業成績や財務状況などをまとめます。具体的には、財務諸表（損益計算書、貸借対照表、キャッシュフロー計算書など）を作るのです。これら**財務諸表を含め、総合的な情報をまとめた冊子**が、この**年次報告書**です。年に1度、事業年度終了後に株主や投資家などに対して配布されます。

❖ ❖ ❖ ❖ ❖

You can access the most recently published **annual report** on our website.
(当社のウェブサイトで、最近発行された最新の年次報告書が見られます。)

まとめて覚えよう！

● 財務諸表に関する語句

☐ financial statement 財務諸表

☐ profit-and-loss statement 損益計算書 (=P/L)

☐ balance sheet 貸借対照表, バランスシート (=B/S)

☐ cash flow statement キャッシュフロー計算書 (=C/F)

☐ annual general meeting 年次総会

● 資産と負債に関する語句

☐ asset [ǽsèt] 名 資産 (-s) ＊bad [toxic] assets 不良資産, 不良債権

☐ liability [làɪəbíləṭi] 名 負債, 債務 (-ties)

☐ capital [kǽpəṭəl] 名 資本 (金)

収支

| **balance** [bǽləns] | 差額, 残高 |

　名詞 **balance** は「釣り合い」でおなじみですが, 会計用語では「収支の釣り合い」, つまり「**収支残高, 差引額**」という意味です。会社の資産と負債を左右に並べ, 収支の釣り合いを一目でわかるようにしたものをバランスシート（貸借対照表）と呼ぶのも納得ですね。bank balance は「預金残高」です。

　outstanding balance は「負債の残高, 未払い金」のことです。**outstanding** は形容詞で「目立った」ですが, ほかに「**未払いの**」や「**未解決の**」という意味もあります。業務を処理していくと「未払い」や「未解決」の案件が残って, それが「目立つ」ためだそうです。

❖ ❖ ❖ ❖ ❖

Please note that your outstanding **balance** is due at the end of the month.
（お客さまの未払い残金は, 今月末が支払い期日ですのでご注意ください。）

まとめて覚えよう！

● 収支の釣り合い，帳簿に関する語句

☐ **break even** 収支が合う (=balance out)

☐ **break-even point** 損益分岐点

☐ **offset** [ɔ̀(:)fsét] 動 〜を相殺する，差引勘定する

☐ **book** [bʊk] 名 帳簿，会計簿 (-s)

* keep the books　帳簿を付ける　* cook the books　帳簿をごまかす

☐ **bookkeeping** [bʊ́kkìːpɪŋ] 名 簿記

*「簿記」はこの英単語を音訳したもの。

☐ **bookkeeper** [bʊ́kkìːpər] 名 帳簿係

☐ **ledger** [lédʒər] 名 元帳，台帳

☐ **outstanding balance** 負債の残高，未払金

商品

goods
[gʊdz]

商品，品物

「品物」を指すときに、「製品」と言えば **product** ですが、「商品」として見ることもできますので goods や merchandise も大変よく使われます。goods は、このまま -s が付いた形で「商品，品物」の意味です。**merchandise** は、集合的に商品を指す不可算名詞なので、決して**複数形にはなりません。**

ほかにも、広く「もの」を指すことができる単語、item も「商品，品物」としてよく使われますので、覚えておきましょう。

✢ ✢ ✢ ✢ ✢

The store sells a wide range of **goods** from cosmetics to clothes and wines.
(その店は、化粧品から衣服やワインまで、さまざまな商品を売る。)

まとめて覚えよう！

● **商品に関する語句**

　商品自体いろいろな分類ができます。consumer goods「消費財」とは，consumer「一般消費者」が自分で使うために買うもので，食料や自動車などを指します。また，自動車は「長持ちする」という別の観点から見ると durable goods「耐久消費財」でもあります。

✣ ✣ ✣ ✣ ✣

- **product** [prá(:)dʌkt] 名 製品
- **merchandise** [mə́:rtʃəndàɪz] 名 商品　＊不可算名詞。
- **item** [áɪṭəm] 名 (商)品，品物
- **article** [á:rṭɪkl] 名 品物　＊household articles　生活用品
- **commodity** [kəmá(:)dəṭi] 名 必需品，日用品
- **textile product**　織物[繊維]製品
- **household goods**　家財道具，家庭用品
- **consumer goods**　消費財
- **durable goods**　耐久消費財　＊自動車・冷蔵庫など。
- **luxury goods**　ぜいたく品
- **product recall**　(欠陥)商品[製品]の回収

327

宣伝

🎧 2-24

advertisement
[ǽdvərtáɪzmənt]

広告

　「〜を広告[宣伝]をする」という意味の動詞はadvertiseですが，では，この動詞の-ing形であるadvertisingとadvertisementの違いは何でしょうか。**advertisementはポスターやパンフレット，映像など広告媒体そのもの**を指しますが，**advertisingは「広告・宣伝をするその行為」**です。ですから，広告・宣伝を行う「広告会社」はadvertising agencyと言うのです。

　「広告」は，advertisementを短くしたadもよく使われます。複数形はadsです。

❖ ❖ ❖ ❖ ❖

Our company put **advertisements** in all the major newspapers.
(私たちの会社は，大手新聞のすべてに広告を出した。)

まとめて覚えよう！

● 宣伝・広告に関する語句

　宣伝をするときは，target audienceと呼ばれる「対象者」を想定し，主にその人たちをターゲットとして行われることがあります。The ad is aimed at women in their 20s.「その広告は20代の女性がターゲットだ。」

　なお「20歳代」は，20歳，21歳，22歳…と複数あるので 20s と複数形になります。

✶ ✶ ✶ ✶ ✶

☐ **advertising agency**　広告代理店

☐ **advertiser** [ǽdvərtàɪzər] 名　広告者，広告主

☐ **marketing** [má:rkətɪŋ] 名　マーケティング，市場での売買

☐ **target audience**　宣伝活動の主な対象者

☐ **advertising effect**　宣伝効果

☐ **put [place] an ad in the paper**　新聞に広告を出す

☐ **billboard** [bílbɔ̀:rd] 名　(屋外の)広告掲示板

☐ **media** [mí:diə] 名　マスコミ

☐ **press** [pres] 名　報道機関，報道陣

販促物

🎧 2-25

brochure
[brouʃʊər]

パンフレット，小冊子

主に宣伝用の「パンフレット」はbrochureが大変よく使われます。商品のみならず会社自体の宣伝に使われる「会社案内」は，company brochureです。日本語にもなっているpamphletでもOKですが，こちらは宣伝用というより解説や読み物っぽい冊子に使われることが多いです。

brochureやpamphletはともに複数ページから成る小冊子で，1枚もののちらしはflyer（flierとつづることもあります）です。leafletは，冊子でも1枚ものにも使えます。

✢ ✢ ✢ ✢ ✢

We have recently printed the latest version of our company **brochure**.
(最近，会社のパンフレットの最新版を刷った。)

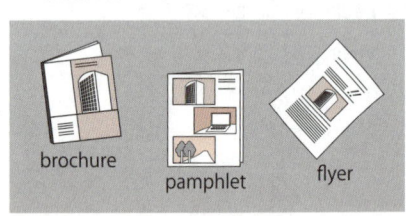

brochure　pamphlet　flyer

まとめて覚えよう！

● パンフレット，チラシに関する語句

「パンフレット」としても使える意外な単語がliteratureです。「文学」の意味ではおなじみですが，「(広告・宣伝用の) 印刷物」の意味もあります。**sales literature**は「**販売促進用の印刷物**」で，チラシやパンフレットはもちろん，雑誌などへの広告など広く使えます。ときどきPart 6, 7で出てきます。

✤ ✤ ✤ ✤ ✤

- **pamphlet** [pǽmflət] 名 パンフレット，小冊子
- **booklet** [búklət] 名 小冊子，パンフレット
- **leaflet** [líːflət] 名 (広告の) ちらし，リーフレット
- **flyer** [fláɪər] 名 ちらし，ビラ (=flier)
- **circular** [sə́ːrkjulər] 名 回覧 (板)，(広告用の) ちらし
- **company brochure** 会社案内
- **literature** [lítərətʃər] 名 文学，(広告，ちらしなどの) 印刷物

注文

🎧 2-26

place an order — 注文する，発注する

　名詞 **order** は「**注文（品）**」ですが，これを使ったフレーズ「注文する」は place an order が大変よく使われます。order を動詞で使って「（品物）を（納入業者［店］）に注文する」と言う場合は，〈order ＋品物＋ **from** ＋納入業者［店］〉と，from に注文先の店を続けます。

　なお order は，in alphabetical order「アルファベット順で」のように「順序」という意味や，「命令（する）」という意味も大切です。

✤ ✤ ✤ ✤ ✤

We are pleased to **place an order** for 100 of your TP-F computers.
（TP-F コンピューター 100 台を注文します。）

order コンピューター
from 業者

まとめて覚えよう！

● **発送に関する語句**

　注文が入れば商品を発送します。さて，名詞shipは「船」ですが，動詞では「**(商品)を発送する，出荷する**」という意味があります。船を使って商品を送るときだけではなく，列車，トラック，飛行機など何を使って送る場合でも使えます。

　同じく，shipmentと名詞にすれば，「船積み」のほかに「**発送，発送品**」の意味でも使えます。

✣ ✣ ✣ ✣ ✣

☐ ship [ʃɪp] 動 〜を発送する

☐ shipment [ʃípmənt] 名 発送（品），積荷，船積み

☐ shipping date　発送日，出荷日

☐ deliver [dɪlívər] 動 〜を配達する

☐ send ... in　（主に郵送で）…を送付する

333

請求書

🎧 2-27

invoice
[ínvɔis]

請求書

invoiceを辞書で引くと，よく「送り状」と出てきます。送り状とは，物を送るときにその内容を示した文書や，納入した商品のリストです。要は何かというと，ビジネスでは多くの場合，ズバリ「請求書」を指します。**bill**「**請求書**」と同じなのです。

billには動詞で「**(人) に請求書を送る**」という意味があることを覚えておきましょう。雑誌の購読申込書の支払い方法などを選ぶとき，
☐ Bill me.
をチェックすれば，「請求書を送ってください」という意味になります。

❖ ❖ ❖ ❖ ❖

For any questions regarding the **invoice**, please call our billing department.
(この**請求書**に関してのご質問は，当社の経理部に電話してください。)

まとめて覚えよう！

● 請求書に関する語句

次に請求書上に記載される項目を示します。Part 7 で請求書や注文書が出題されることがあります。請求書と注文書は重なる項目が多いので，どの項目もわかるようにしておきましょう。

✢ ✢ ✢ ✢ ✢

☐ **bill** [bɪl] 名 請求書　動 ～に請求書を送る

☐ **order date** 注文日

☐ **delivery date** 配達日，納期

☐ **customer number** 顧客番号

☐ **item number** 商品番号，品目番号

☐ **description** [dɪskrípʃən] 名 商品名，（物品の）説明（書）

☐ **quantity** [kwá(:)nṭəṭi] 名 数量，量

☐ **unit** [júːnɪt] 名 一つの物，単位

☐ **subtotal** [sʌ́btòʊṭəl] 名 小計

☐ **shipping and handling (charge)** 送料および手数料 (=S&H)

☐ **tax** [tæks] 名 税（金）

顧客

🎧 2-28

patron
[péɪtrən]

ひいき客，得意客

　日本語では「art（芸術）の後援者」でおなじみのパトロンですが，「（店やレストラン，ホテル，劇場などの）ひいき客」もpatronです。発音注意で，パトロンではなく[ペイトラン]。Part 1のリスニングなどでも出ることがあるので，聞いてもわかるようにしておきましょう。**regular customer**も「**常連客，得意客**」です。

　「客」を意味する一般的な単語はcustomerですが，ほかにもいろいろあります。主に弁護士など専門家や企業からサービスやアドバイスを受けるのがclientで，guestは「招待客」，visitorは「訪問客」。「乗客」はpassenger，「食事をする客」はdinerです。

✤ ✤ ✤ ✤ ✤

The restaurant offers **patrons** a fine dining experience in a relaxing atmosphere.
（そのレストランは，客にくつろいだ雰囲気の中で素晴らしい食体験を提供します。）

まとめて覚えよう！

● 客に関する語句

同じ「観客」でも，コンサートや講演会など主に**音**が主体の観客は**audience**で，スポーツの試合など**見ること**が主体の場合は**spectator**です（audioは「音声の」の意味, spectacles「メガネ」のようにspectは「見る」ことを表す語幹です）。なお，映画や演劇は音と見ることのどちらが主体か区別ははっきりできませんが, audienceです。音の方が重要なのかも!?

✢ ✢ ✢ ✢ ✢

- ☐ **customer** [kʌ́stəmər] 名 顧客
- ☐ **client** [kláɪənt] 名 依頼人，顧客，取引先
- ☐ **guest** [gest] 名 招待客
- ☐ **visitor** [vízətər] 名 訪問客
- ☐ **diner** [dáɪnər] 名 食事をする人[客] ＊発音注意。
- ☐ **audience** [ɔ́:diəns] 名 聴衆，（コンサートなどの）観客
- ☐ **spectator** [spékteɪtər] 名 見物人，（スポーツの試合などの）観衆
- ☐ **account** [əkáʊnt] 名 顧客，得意客

＊主に顧客が個人でなく企業の場合に使われる。

不況

recession
[rɪséʃən]

(一時的)不景気

　「不景気」と一口に言っても,一時的なものと長期間続くものがあります。「**一時的な不景気**」の意味のrecessionは,「休憩」を意味するrecessから来ています。経済が休憩している状態なのだと考えれば,もうすぐ再活動し始めるのだと期待が持てますね。しかし,もっと長引いたら…。さらに深刻な「**長期にわたる不景気**」はdepressionです。〈de(下に)＋press(押す)＋ion(こと)〉で,「憂うつ」の意味もあります。

✦ ✦ ✦ ✦ ✦

The auto industry is one of the hardest hit by the **recession**.
(自動車産業は不景気の影響を最も強く受けているものの一つだ。)

まとめて覚えよう！

● 不況に関する語句

景気が悪くなると，unemployment rate「**失業率**」が上がります。jobless rate とも言います。一般に失業率と物価には一方が上がると他方が下がるという関係があります。つまり，失業率が下がると物価が上がり（inflation「インフレーション」），失業率が上がると物価が下がります（deflation「デフレーション」）。

✦ ✦ ✦ ✦ ✦

- ☐ **unemployment rate** 失業率
- ☐ **depression** [dɪpréʃən] 名 **(長期にわたる深刻な)不景気**，うつ病
- ☐ **financial crisis** 金融危機
- ☐ **outlook** [áʊtlʊ̀k] 名 見通し，眺望
- ☐ **in the foreseeable future** 近い将来に
- ☐ **downturn** [dáʊntə̀ːrn] 名 **(景気などの)下降**，下落
- ☐ **downward spiral** (株価などの)大幅下落，下方スパイラル
- ☐ **plunge** [plʌndʒ] 名 **(価値などの)急落** 動 頭から突っ込む
- ☐ **plummet** [plʌ́mɪt] 動 真っすぐに落ちる，急落する 名 重り

公共料金

🎧 2-30

| **utility bill** | 公共料金（ガス，電気，水道など）の請求書 |

　utilityは「有用，有益」の意味ですが，**utilities**と言えば私たちの生活に「**有用，有益**」な，**電気，ガス，上下水道**などを指します。このような公益事業を行う会社は，public utilityやutility companyと言います。ですからutility billと言えば，ガスや電気，水道代などの請求書になるのです（なお，utility poleは「電柱」です）。

　この単語は，出てきたときに意味を知らないとまったく状況がわからなくなる場合があるので，ぜひ知っておいてほしい単語です。

❖ ❖ ❖ ❖ ❖

Andre cannot afford to pay his **utility bills** this month.
（アンドレは今月，公共料金を払う余裕がない。）

まとめて覚えよう！

● 公共事業に関する語句

　公益事業は，社会基盤であるインフラの整備に欠かせないものです。infrastructure「インフラ（ストラクチャー）」には，電気，水道，道路，railway「鉄道」，橋，dam「ダム」，通信などから，広義では病院，銀行なども含まれます。

❋ ❋ ❋ ❋ ❋

☐ **utilize** [júːṱəlàɪz]　動　**～を利用する**

☐ **electricity** [ɪlèktrísəṱi]　名　**電気**

☐ **natural gas**　**天然ガス**　＊gasだけだと一般に「ガソリン」。

☐ **sewer** [súːər]　名　**下水道，下水管**　＊発音注意。

☐ **sewage** [súːɪdʒ]　名　**下水**　＊発音注意。

☐ **disposal** [dɪspóʊzəl]　名　**処分，処理**

☐ **landfill** [lǽndfɪl]　名　**ごみ埋め立て（地）**

☐ **wastewater** [wéɪstwɔ̀ːṱər]　名　**（工場などからの）廃水**

☐ **telecommunications** [tèləkəmjùːnɪkéɪʃənz]　名　**電気通信，遠距離通信手段**

第3部 実戦TOEIC語彙

テーマ別の長文を読みながら，TOEICに出題される語句を覚える章です。

人事

1 求人広告

🎧 3-01

Wanted: Sales Manager
PrintStar is seeking a sales manager. ❶**Reporting to** the Sales Director, this person ❷**is responsible for** leading the sales team in Singapore. The ❸**requirements** are a ❹**bachelor's degree** in business or an ❺**equivalent** ❻**qualification** and 5 years of sales management experience. Prior experience in the printing industry is ❼**preferred** but not ❽**required**. A detailed ❾**job description** is available upon request. We offer an excellent ❿**benefits package** and a competitive salary that is ⓫**commensurate** with experience. Interested ⓬**candidates**, please submit your ⓭**résumé** and ⓮**cover letter** to recruit@printstar.com.

重要語句を覚えよう！

- ❶ report to ... …に直属する
- ❷ be responsible for ... …に責任がある，…の担当である
- ❸ requirement [rɪkwáɪərmənt] 名 必要条件
- ❹ bachelor's degree 学士号
- ❺ equivalent [ɪkwívələnt] 形 同等の
   * be equivalent to ... …と同等である
- ❻ qualification [kwà(ː)lɪfɪkéɪʃən] 名 資格，資格証明書
- ❼ preferred [prɪfɚ́ːrd] 形 好ましい，優先の

求人広告では，仕事の内容，必要な資格や応募方法，どんなスキルが求められているかなどに注意しましょう。

販売マネジャー求む

プリントスター社は，販売マネジャーを探しています。販売ディレクター❶直属となり，シンガポールの販売チームを率いて❷いただきます。❸応募要件は，経営学の❹学士号か❺同等の❻資格を持ち，販売管理で5年の経験があることです。印刷業界での経験があれば❼好ましいですが，❽必須ではありません。詳細な❾職務記述書は請求により入手していただけます。充実した❿諸手当と，ほかに負けないほどの給与を経験に⓫応じてお支払いします。興味のある⓬候補者の方は，⓭履歴書と⓮添え状をrecruit@printstar.comへ提出してください。

☐ ❽ **required** [rɪkwáɪərd] 形 必要とされる

☐ ❾ **job description** 職務記述書

☐ ❿ **benefits package** 諸手当 (=fringe benefit)

☐ ⓫ **commensurate** [kəménsərət] 形 相応の，等しい

   * be commensurate with ... …に相応の，…にふさわしい

☐ ⓬ **candidate** [kǽndɪdèɪt, -dət] 名 候補者

☐ ⓭ **résumé** [rézəmèɪ] 名 履歴書 (=curriculum vitae, CV)

☐ ⓮ **cover letter** 添え状，カバーレター

人事

2 推薦状

🎧 3-02

To Whom It May Concern,
Nancy Robinson worked under my direct **supervision** at Goldleaf for five years. Nancy was a **resourceful** and **solution-oriented** person with strong **interpersonal** skills. In our TERA promotion project, she proved to be an **exceptional** team leader and **led by example** in terms of exceeding sales targets. Without any **reservation**, I can recommend hiring Nancy Robinson for any **intermediate** or **senior** sales position. If you would like further information, please do not hesitate to contact me at 555-1207.

重要語句を覚えよう！

- ❶ **To Whom It May Concern** 担当者の方へ，関係者各位
- ❷ **supervision** [sùːpərvíʒən] 名 監督，指揮
- ❸ **resourceful** [rɪsɔ́ːrsfəl] 形 機知に富んだ
- ❹ **solution-oriented** 形 解決重視型の
- ❺ **interpersonal** [ìntərpə́ːrsənəl] 形 対人関係の
- ❻ **exceptional** [ɪksépʃənəl] 形 特別優れた，例外的な
- ❼ **lead by example** 自らが手本となって指導する
- ❽ **reservation** [rèzərvéɪʃən] 名 条件を付けること，条件

職に応募するため，かつての上司に書いてもらった推薦状です。勤務時期，職種，推薦できる理由に注目しましょう。

❶担当者の方へ
ナンシー・ロビンソンは5年間私の直❷属の部下としてゴールドリーフ社で働いていました。ナンシーは高い❺対人能力を持ち，❸機知に富んだ❹解決重視型の人間でした。当社のTERA販促プロジェクトでは，❻大変優れたチームリーダーであることを示し，❼自らが手本となって販売目標を超えました。無❽条件で，私はナンシー・ロビンソンを❾中・❿上級の販売職に雇うよう薦めることができます。さらに情報が必要な場合は，電話番号555-1207までご遠慮なくご連絡ください。

☐ ❾ **intermediate** [ìntərmíːdiət] 形 中級の，中間の

☐ ❿ **senior** [síːnjər] 形 (役職・地位が)上位の，年上の

> 「推薦状」は letter of recommendation / letter of reference
>
> かつての(または今の)部下や，その部下が応募する会社から，推薦状を求められることはよくあります。勤務態度や職歴を証明するためです。
> 推薦状を書くときは，会社のレターヘッドのある便箋を使います。相手の会社の誰あてにすればよいのか個人名も性別もわからない場合，「拝啓，〜さまへ」に当たる部分は, To Whom It May Concern や Dear Sir or Madam のように書きます。

人事

3 異動

🎧 3-03

Dear Tom,

I have been asked by our CEO to ❶**head** the new subsidiary in Perth. I understand this ❷**challenging** and ❸**demanding** ❹**position** to be an ❺**enormous** promotion ❻**professionally**. Yet, I feel a real loss at being transferred from our ❼**division**. It has been a ❽**privilege** working with you, and I ❾**truly** appreciate all your ❿**dedication** to our projects. I have requested you be ⓫**promoted** to ⓬**take my place**, and ⓭**take over** our division. I wish you the best of luck.

重要語句を覚えよう！

- ❶ **head** [hed] 動 〜を率いる，〜の先頭に立つ
- ❷ **challenging** [tʃǽlɪndʒɪŋ] 形 やりがいのある
- ❸ **demanding** [dɪmǽndɪŋ] 形 大変な労力[能力]を要する，骨の折れる
- ❹ **position** [pəzíʃən] 名 地位，職
- ❺ **enormous** [ɪnɔ́ːrməs] 形 巨大な，莫大な
- ❻ **professionally** [prəféʃənəli] 副 職業的に，専門的に
- ❼ **division** [dɪvíʒən] 名 部門，課
- ❽ **privilege** [prívəlɪdʒ] 名 特権，特典，名誉

異動にあたって、今までの職場の部下にあてた引き継ぎのメモです。

トムへ

CEOからパースの新子会社を❶率いるよう頼まれました。この❷やりがいがあって❸厳しい❹地位は，❻職業的には❺大きな昇進だと理解しています。しかし，私たちの❼部門から異動になるのは本当に寂しく感じます。あなたと一緒に仕事ができて❽光栄でしたし，プロジェクトへのあなたの❿献身を❾本当にありがたく思います。あなたが⓫昇進して⓬私の後任となり，当部門⓭を引き継ぐよう頼んでおきました。幸運を祈ります。

☐ ❾ truly [tru:li] 副 本当に，実に

☐ ❿ dedication [dèdɪkéɪʃən] 名 献身，専心

☐ ⓫ promote [prəmóut] 動 ～を昇進させる，～を宣伝販売する

☐ ⓬ take one's place （人）の後任となる

☐ ⓭ take ... over （職務など）を引き継ぐ

関連語句

☐ managerial [mæ̀nədʒíəriəl] 形 管理上の，経営上の

☐ successor [səksésər] 名 後任者，後継者

人事

4 送別会

🎧 3-04

We will hold a **❶farewell party** for Alan Hill next Friday and express our **❷gratitude** to him. Starting as a sales assistant, Alan is now our Vice President of Sales. His **❸years of service** to the company have seen us grow internationally. Alan **❹played a major role** in our regional expansion into Asia, and he has earned the **❺Employee of the Year Award** twice. It's an honor to acknowledge his **❻contributions** to the company. So please join us in **❼congratulating** Alan and wishing him the best in his upcoming **❽retirement**.

重要語句を覚えよう!

☐ ❶ farewell party 送別会

☐ ❷ gratitude [grǽṭəṭjùːd] 名 感謝の気持ち

☐ ❸ years of service 勤務年数, 何年もの貢献

☐ ❹ play a major role 〈～で〉大きな役割を果たす〈in〉

☐ ❺ Employee of the Year Award 年間最優秀社員賞

☐ ❻ contribution [kà(ː)ntrɪbjúːʃən] 名 貢献, 寄付, 発言

☐ ❼ congratulate [kəngrǽtʃəleɪt] 動 (人)にお祝いを述べる

☐ ❽ retirement [rɪtáɪərmənt] 名 (定年などによる)退職, 引退

社員の送別会のお知らせです。在職中の功績を読み取りましょう。

来週の金曜日にアラン・ヒルの❶送別会を開き，私たちの❷感謝の気持ちを表します。セールスアシスタントとして仕事を始めたアランは，今や販売部長です。彼が❸勤務している期間に，会社は国際的に成長してきました。アランは，アジア地域への事業拡大に❹大きな役割を果たし，❺年間最優秀社員賞を2回獲得しました。アランの会社への❻貢献に敬意を表せるのは，光栄なことです。私たちと一緒にアランに❼お祝いを述べ，来るべき❽退職に際してご多幸を祈りましょう。

vice presidentは「部長」かも？

欧米では，各部門トップのtitle「肩書き」にvice presidentを付ける会社が少なからずあります。日本で言う「部長」ぐらいなので，一つの会社に複数のvice presidentがいることも珍しいことではありません。なお，社長に次ぐポストの「副社長」に当たるのはexecutive vice presidentです。

講演・パーティー

5 招待状

🎧 3-05

You are **cordially** invited to attend our **reception** to **showcase** the launch of our new SPIKE **line** of sportswear on Saturday, March 25th, from 2:00 p.m. to 6:00 p.m. at the Regent Hotel. Come and see our entire line of athletic fashions and accessories. Meet and talk with our designers and artists while enjoying the refreshments. There will be live **entertainment** and an open **buffet**. We would be honored by your **attendance**. Please **RSVP** by March 14th to Gayle Christopher at (745) 555-7676, extension 339.

重要語句を覚えよう!

- ❶ **cordially** [kɔ́(ː)rdʒəli] 副 **心から**
- ❷ **reception** [rɪsépʃən] 名 **レセプション，歓迎会**
- ❸ **showcase** [ʃóʊkèɪs] 動 **～を披露する，～を展示する**
- ❹ **line** [laɪn] 名 **取扱商品［品目］**
    * a new line of products （一連の）新商品
- ❺ **entertainment** [èntərtéɪnmənt] 名 **余興，娯楽**
- ❻ **buffet** [bəféɪ] 名 **ビュッフェ，立食**
- ❼ **attendance** [əténdəns] 名 **出席**

新商品を発表するパーティーの招待状です。招待や返事を頼むときによく使われるフレーズに慣れましょう。

3月25日土曜日の午後2時から6時まで，リージェント・ホテルにて，当社のスポーツウェアであるSPIKEの新❹製品発売について❸ご披露する❷レセプションに，❶謹んでご招待申し上げます。当社のアスレチック・ファッションとアクセサリー，全商品をご覧ください。軽食を楽しみながら，当社のデザイナーやアーティストと直接ご歓談ください。ライブの❺余興や自由に召し上がれる❻ビュッフェをご用意してございます。❼ご出席いただければ光栄に存じます。3月14日までに(745)555-7676，内線339番，ゲイル・クリストファーまでご出欠の❽お返事をください。

☐ ❽ **RSVP** ご返事ください

＊フランス語 répondez s'il vous plaît より。

関連語句

☐ **invitation** [ìnvɪtéɪʃən] 名 招待

☐ **venue** [vénjuː] 名 開催場所

☐ **ceremony** [sérəmòuni] 名 式典

☐ **snack** [snæk] 名 軽食，お菓子

☐ **caterer** [kéɪṱərər] 名 仕出し業者

講演・パーティー

6 創立記念

🎧 3-06

Ladies and gentlemen, Pioneer **①Insurance** Company was originally established in the nearby rural town of Cornwall in 1899 by **②farmers** wanting to **③insure** their property. Pioneer Insurance was able to grow internationally due to our **④founder's ⑤philosophy** of a company dedicated to providing superior insurance **⑥protection** and **⑦caring** service at an affordable **⑧premium**. This evening, we feel very much honored to welcome our distinguished guests to **⑨commemorate** the **⑩anniversary** of the **⑪founding** of our company. And here now is the great-granddaughter of our founder, Dr. Elizabeth Jackson.

重要語句を覚えよう！

- ☐ ❶ insurance [ɪnʃúərəns] 名 保険
- ☐ ❷ farmer [fáːrmər] 名 農場主，農家
- ☐ ❸ insure [ɪnʃúər] 動 〜に保険を掛ける
- ☐ ❹ founder [fáundər] 名 創立者
- ☐ ❺ philosophy [fəlá(ː)səfi] 名 哲学
- ☐ ❻ protection [prətékʃən] 名 保護，防護
- ☐ ❼ caring [kéərɪŋ] 形 思いやりのある，気遣う
- ☐ ❽ premium [príːmiəm] 名 掛け金，保険料

創立記念パーティーでのあいさつです。会社が成長してきたプロセスが述べられます。保険関係の用語もチェックしましょう。

皆さま、パイオニア❶保険会社は元々、自分の資産に❸保険を掛けたい❷農場主たちによって、1899年にすぐ近くの田舎町、コーンウォールで設立されました。すぐれた保険による❻保護と❼思いやりのあるサービスを手ごろな❽掛け金で提供するよう力を尽くすという❹創業者の企業❺理念のおかげで、われわれは国際的に成長することができました。今晩、当社の⓫創立⓰記念日を❾祝うために著名なゲストを迎え、大変光栄に思います。今こちらにいらっしゃるのは、創立者のひ孫娘さんでいらっしゃるエリザベス・ジャクソン博士です。

☐ ❾ **commemorate** [kəmémərèit] 動 ~を（儀式・祭典で）祝う、~を記念する

☐ ⓰ **anniversary** [æ̀nɪvə́ːrsəri] 名 (~周年)記念日、記念祭

☐ ⓫ **founding** [fáʊndɪŋ] 名 (組織・施設などの)創立、設立

関連語句

☐ **co-founder** 名 共同創立者

☐ **memorable** [mémərəbl] 形 記憶すべき、記憶に残る

☐ **unforgettable** [ʌ̀nfərgétəbl] 形 忘れられない

講演・パーティー

7 基調講演

🎧 3-07

I would like at this point to introduce our **keynote speaker**, a **distinguished** **scholar** and **celebrated** **author**, who we're very much delighted and honored to have here tonight. This is the last and I might say most-**noted** speaker in our lecture series, and I look forward to hearing your comments during the **question-and-answer session** following Professor Yamamoto's **presentation**. So without further delay, I would like to bring to the **podium** and have you welcome Dr. Kenichi Yamamoto. Please extend a warm welcome to him.

重要語句を覚えよう!

- ❶ keynote speaker 基調講演者 ＊「基調演説」は keynote speech。
- ❷ distinguished [dɪstíŋgwɪʃt] 形 優れた, 有名な, 顕著な
- ❸ scholar [skɑ́(ː)lər] 名 学者 ＊主に人文系の学者を指す。
- ❹ celebrated [séləbrèɪt̬ɪd] 形 有名な
- ❺ author [ɔ́ːθər] 名 著者
- ❻ noted [nóʊt̬ɪd] 形 著名な
- ❼ question-and-answer session 質疑応答 (の時間)
- ❽ presentation [prèzəntéɪʃən] 名 口頭発表, プレゼンテーション, 授与

司会者が講演者を紹介するときによく使われるフレーズに慣れましょう。

ここで、❷<u>優れた</u>❸<u>学者</u>であり、❹<u>著名な</u>❺<u>作家</u>でもある❶<u>基調講演者</u>を紹介したいと思います。今夜、この方をここへお迎えすることを大変喜ばしく、光栄に思っております。今回は、この連続講演の最後の講演者であり、また一番❻<u>有名な</u>講演者と申し上げてよいかと思います。山本教授の❽<u>プレゼンテーション</u>後には❼<u>質疑応答の時間</u>がございますので、皆さまからのコメントを伺うのを楽しみにしております。では、これ以上お待たせすることなく、山本健一博士に❾<u>演壇</u>にご登場いただき、皆さまに迎えていただきたく思います。どうぞ、温かい歓迎をお願いいたします。

☐ ❾ **podium** [póʊdiəm] 名 演壇

関連語句

☐ **presenter** [prɪzéntər] 名 発表者

☐ **well-known** 形 よく知られている、有名な

☐ **renowned** [rɪnáʊnd] 形 有名な

☐ **notable** [nóʊṭəbl] 形 注目すべき、有名な

☐ **accomplished** [əká(ː)mplɪʃt] 形 その道に秀でた、熟達した

＊accomplished pianist 熟達したピアニスト

講演・パーティー

8 講習会

🎧 3-08

The purpose of the one-day intensive **①workshop** is to **②familiarize** participants with our software system. The **③on-site** training session will be conducted by our **④in-house** computer staff. This workshop is extremely **⑤informative** and attendance is **⑥mandatory** for all new **⑦recruits**. We encourage everyone in all departments to attend in order to stay up-to-date with the changes and improvements in **⑧data management**. By the end of this training, participants will be aware of all aspects of our service delivery and **⑨quality control**.

重要語句を覚えよう!

☐ ❶ workshop [wə́ːrkʃɑ(ː)p] 名 講習会

☐ ❷ familiarize [fəmíljəràɪz] 動 ～を慣れさせる,～を習熟させる

☐ ❸ on-site 形 現場での, 現地での

☐ ❹ in-house 形 社内の

☐ ❺ informative [ɪnfɔ́ːrmətɪv] 形 知識を与える, 有益な

☐ ❻ mandatory [mǽndətɔ̀ːri] 形 義務的な, 強制的な

　　＊ mandatory education　義務教育

☐ ❼ recruit [rɪkrúːt] 名 新入社員, 新会員

| 358 |

1日集中講習会のお知らせです。目的や対象者に注意して読みましょう。

この1日集中❶講習会の目的は，参加者に当社のソフトウエアシステムに❷慣れてもらうことです。❸実地訓練は❹社内のコンピュータースタッフによって行われます。講習会は大変❺有益で，❼新入社員全員に参加❻義務があります。❽データ管理の変更や改良について最新の状態にしておくために，事業部門を問わず全員の参加をお勧めします。講習会が終わるまでには，参加者は当社のサービス提供と❾品質管理のあらゆる面がわかるようになります。

☐ ❽ data management　データ管理
☐ ❾ quality control　品質管理 (=QC)

関連語句

☐ enlightening [ɪnláɪtənɪŋ] 形 啓発的な

☐ intern [íntə:rn] 名 インターン

＊在学中に企業で実務研修をする学生。

☐ apprentice [əpréntɪs] 名 見習い，実習生

☐ compulsory [kəmpʌ́lsəri] 形 強制的な，義務的な

会議・電話・ネット

9 会議の連絡

🎧 3-09

The monthly meeting has been rescheduled for June 3rd in **Conference** Room 2. The agenda will still include a discussion of the sales report **passed out** last week. The report contains several **charts** on our sales from last quarter. Please review it beforehand to allow you to make contributions in a **constructive** manner. Before the meeting, Susan will discuss the latest **market trends** using various **visual aids**. We apologize for this **last-minute** change. Please **keep in mind** that we cannot allow **latecomers**.

重要語句を覚えよう！

☐ ❶ conference [ká(:)nfərəns] 名 会議

☐ ❷ pass ... out …を配る

☐ ❸ chart [tʃɑːrt] 名 図表, 図, グラフ

☐ ❹ constructive [kənstrʌ́ktɪv] 形 建設的な

☐ ❺ market trend 市場動向

☐ ❻ visual aid 視覚資料

☐ ❼ last-minute 形 土壇場の, ぎりぎりの時間の

☐ ❽ keep ... in mind …を心に留めておく, …を覚えておく

会議の議題について事前に知らせて，会議への準備を求めます。

月例会は6月3日，第2❶会議室に変更となりました。協議事項には，先週❷配布された販売報告書についての話し合いが変わらず含まれています。報告書には前四半期の売り上げについて，いくつか❸図表が入っています。❹建設的な提案ができるように，前もって見ておいてください。会議の前に，スーザンが多くの❻視覚資料を使って最新の❻市場動向について話をします。変更が❼ぎりぎりになり申し訳ありません。❽遅刻者は是認されませんので❽留意してください。

会議・電話・ネット

9

☐ ❾ **latecomer** [léɪtkʌ̀mər] 图 遅刻者

関連語句

☐ **convention** [kənvénʃən] 图 (専門性のある) 大会議，大会

☐ **convene** [kənvíːn] 動 (会や人) を召集する

* convene a meeting　会議を開く [召集する]

☐ **unanimously** [junǽnɪməsli] 副 満場一致で

☐ **press conference**　記者会見 (=news conference)

☐ **conference call**　電話会議

会議・電話・ネット

10 留守電

🎧 3-10

Thank you for calling Winnamac. We're sorry, but our office is currently closed. Our regular ❶business hours are 9 to 8, Monday to Friday, and 10 to 6, Saturday and Sunday. If you are calling ❷with reference to a specific order, please visit our website at winnamac.com for further ❸assistance. ❹Alternatively, you may ❺leave a message when you hear the ❻beep at the end of this recording, and one of our representatives will ❼return your call on the next ❽business day. We appreciate your patronage at Winnamac.

重要語句を覚えよう！

☐ ❶ business hours 業務時間，営業時間

☐ ❷ with reference to ... …に関して

☐ ❸ assistance [əsístəns] 名 手伝うこと，援助

☐ ❹ alternatively [ɔːltə́ːrnətɪvli] 副 あるいは (=instead)

☐ ❺ leave a message 伝言を残す

☐ ❻ beep [biːp] 名 ビーッという音

☐ ❼ return one's call 〜に折り返し電話をする

☐ ❽ business day 営業日，業務日

休業中の留守電メッセージです。営業日や時間など，いつなら開いているのかに注意しましょう。

ウィナマック社にお電話いただきありがとうございます。申し訳ございませんが，当事務所は現在，閉まっています。通常の❶<u>業務時間</u>は，月曜日から金曜日が9時から8時まで，土曜日と日曜日は10時から6時までです。特定の注文❷<u>に関する</u>お問い合わせのお電話でしたら，当社のウェブサイトwinnamac.comをご覧いただければさらに❸<u>お役に立てる</u>と思います。❹<u>あるいは</u>，この音声の最後に❻<u>ピーッ</u>と鳴ったら❺<u>メッセージを残して</u>いただくこともできます。翌❽<u>営業日</u>に担当の者から❼<u>折り返しお電話いたします</u>。ウィナマック社をご愛顧いただき，誠にありがとうございます。

電話番号の読み方

電話番号の数字は一つ一つ読みますが，次の2点に注意が必要です。❶数字の0（ゼロ）には，zero [zíɑrou] とo(h) [ou] の2通りの読み方があります。❷同じ数字が二つ続く場合，〈double＋数字〉と読む場合があります。"55"なら"double five"とも読まれます。これは映画『007』が"double-oh-seven"と読まれるのと同じです。

会議・電話・ネット

11 インターネット

🎧 3-11

Our company supports a healthy online community for both our customers and employees. Our ❶**website** is carefully ❷**monitored** to encourage Internet sales and discourage ❸**cyber** ❹**criminals**. We maintain a sophisticated ❺**firewall** to prevent any ❻**malicious** attacks on our ❼**software** and ❽**hardware**. But we need your help too. Please do not open any unknown e-mail attachment unless you recognize the ❾**sender**. Doing so could ❿**infect** your computer with a ⓫**virus**, which could then ⓬**take over** your computer. Also, please be sure to ⓭**download** software from ⓮**trusted** websites only.

重要語句を覚えよう！

☐ ❶ **website** [wébsàit] 名 **(ネット上の) ウェブサイト**

☐ ❷ **monitor** [má(:)nəṭər] 動 **〜を監視する**

　　　　　　　　　　　　　名 **モニター，ディスプレー**

☐ ❸ **cyber** [sáibər] 形 **サイバースペースに関係した**

☐ ❹ **criminal** [krímɪnəl] 名 **犯人**

☐ ❺ **firewall** [fáɪərwɔ̀ːl] 名 **(ネット接続されたLANを不正アクセスから守る) ファイアウォール**

☐ ❻ **malicious** [məlíʃəs] 形 **悪意のある**

364

社内連絡でメールの利用に注意を促しています。やや専門的な用語もありますが，意味がわかるようにしておきましょう。

当社は，顧客と従業員両方の健全なオンライン・コミュニティーを支持します。インターネット販売を促進し❸サイバー❹犯罪者を阻むため，当社の❶ウェブサイトは注意深く❷監視されています。当社の❼ソフトウエアと❽ハードウエアへの❻悪意ある攻撃を防ぐため，高度な❺ファイアウォールを保持しています。しかし，皆さんの助力も必要です。❾送信者が誰だかわからない場合は，不明なメールの添付ファイルを開かないでください。開いてしまうと皆さんのコンピューターが⓫ウイルスに❿感染し，⓬乗っ取られる可能性があります。また，必ず⓮信頼できるウェブサイトからだけソフトウエアを⓭ダウンロードするようにしてください。

- ❼ **software** [sɔ́(ː)ftwèər] 名 ソフトウエア
- ❽ **hardware** [hάːrdwèər] 名 ハードウエア ＊コンピューターの機械装置。
- ❾ **sender** [séndər] 名 送信者，発送人
- ❿ **infect** [ɪnfékt] 動 〜に感染させる，〜に伝染する
- ⓫ **virus** [vάɪərəs] 名 ウイルス ＊発音注意。
- ⓬ **take ... over** …を乗っ取る
- ⓭ **download** [dáʊnlòʊd] 動 〜をダウンロードする
- ⓮ **trusted** [trʌ́stɪd] 形 信頼できる

発注・取引

12 問い合わせ

🎧 3-12

Dear Spicefield ❶**Wholesalers**,
I ❷**own** an online health-food store, selling a ❸**vast** range of goods for ❹**health-conscious** consumers. I saw your advertisement in the current issue of *Organics* magazine, and I am interested in becoming a ❺**distributor** of your products. Could you please send me a ❻**catalog**, a ❼**price list**, and some samples of your products? I'd also like to know the ❽**terms and conditions** on which you would supply my business. For example, do you have any ❾**minimum order** requirements?
I hope we can ❿**do business**.

重要語句を覚えよう！

☐ ❶ **wholesaler** [hóulsèlər] 名 卸売業者　＊「小売業者」はretailer。

☐ ❷ **own** [oun] 動 〜を所有する

☐ ❸ **vast** [væst] 形 広大な, 莫大な

☐ ❹ **health-conscious** 形 健康を意識した, 健康志向の

☐ ❺ **distributor** [dɪstríbjutər] 名 販売代理店, 販売者

☐ ❻ **catalog** [kǽtəlɔ̀(:)g] 名 カタログ

☐ ❼ **price list** 価格表

☐ ❽ **terms and conditions** 取引条件

資料請求と取引条件の問い合わせの手紙です。

スパイスフィールド❶卸売店さまへ

私はオンラインで健康食品店を❷営んでおり，❹健康志向の消費者のために❸幅広い商品を販売しています。『オーガニックス』誌の最新号で広告を拝見し，御社の商品の❺販売代理店になることに興味を抱きました。❻カタログと❼価格表，御社の商品サンプルをいくつか送っていただけますでしょうか。また，弊社への商品供給に関する❽取引条件も知らせてください。例えば，❾最低発注量を決めていらっしゃいますか。

❿お取引できることを願っております。

＊term, condition ともに「条件」という意味。

☑ ❾ **minimum order**　最低発注量

☑ ❿ **do business**　商売する，〈…と〉取引する〈with〉

> **「会社を経営する」の言い方**
>
> 「会社を経営する，運営する」をrun a companyと覚えている人が多いと思いますが，own a company やmanage a company, operate a companyのような言い方もあります。ビジネスシーンが中心のTOEIC，ぜひ，いろいろな言い方を知っておきましょう。

発注・取引

13 受注

🎧 3-13

Thank you for your order **①dated** July 15th, for one PA22 Printer and one LR-Scanner. The printer is **②in stock** and was shipped today by **③courier**. **④Unfortunately**, however, the scanner is currently **⑤out of stock**. This item will be **⑥restocked** by the end of the month. If you would like to **⑦cancel your order** for the scanner, please send us a **⑧note ⑨to that effect**. Otherwise, you can expect delivery in approximately two weeks. We apologize for the delay and appreciate your continued **⑩patronage**.

重要語句を覚えよう！

☐ ❶ dated [déɪṭɪd] 形 日付のある

☐ ❷ in stock 在庫の

☐ ❸ courier [kɔ́ːriər] 名 宅配業者

☐ ❹ unfortunately [ʌnfɔ́ːrtʃənətli] 副 あいにく, 不運にも

☐ ❺ out of stock 品切れで

☐ ❻ restock [rìːstɑ́(ː)k] 動 〜を再び仕入れる, 〜を補充する

☐ ❼ cancel an order 注文を取り消す

☐ ❽ note [noʊt] 名 短い手紙, 覚書, メモ

注文に対して，在庫がないのですぐに納入できないことを伝える文書です。

7月15日❶付けPA22プリンター1台，LRスキャナー1台のご注文をいただき，ありがとうございます。ご注文のプリンターは❷在庫があり，本日❸宅配便で発送しました。しかし，❹残念ながらスキャナーは現在❺品切れでございます。この商品は今月末までに❻再入荷されます。もしスキャナーの❼ご注文を取り消しされる場合は，❾その旨の❽短い手紙を送ってください。ご注文を取り消されない場合，配達は約2週間後と見込まれます。配達の遅れをおわびするとともに，変わらぬ❿ご愛顧を感謝いたします。

☑ ❾ to that effect　その趣旨の，その旨

☑ ❿ patronage [pǽtrənɪdʒ]　名 (店などへの) 愛顧，ひいき

give an order とは？

orderには「注文」以外に「命令」という意味があります。ですから，give an orderと言えば，「注文を出す」と「命令を出す」両方の意味が考えられます。このような場合は，文脈から判断する必要があります。ほかにも，名詞callには「電話の呼び出し」や「訪問」があり，get a callは「訪問を受ける」と「電話がある」両方の可能性があります。

発注・取引

14 催促状

🎧 3-14

This is a reminder that payment for invoice #890549 is currently overdue. Please remember that our ❶agreed-upon terms include ❷payment within 30 days of invoice date. If you do not wish to have your line of ❸credit affected, please ❹remit the total payment ❺upon receipt of this reminder by express mail. As your contract indicates, we will ❻charge a ❼late fee of $50 plus a ❽surcharge of 5% for any outstanding balance after 60 days. If your payment has already been sent to us, please ❾disregard this notice.

重要語句を覚えよう！

- ❶ agreed-upon 形 合意した，承諾済みの
- ❷ payment [péɪmənt] 名 支払い
- ❸ credit [krédət] 名 信用，信頼
  - * line of credit 信用枠，クレジットライン（融資限度枠のこと）
- ❹ remit [rɪmít] 動 〜を送金する
- ❺ upon receipt of ... …を受け取り次第
- ❻ charge [tʃɑːrdʒ] 動 (代金)を請求する 名 料金
- ❼ late fee 延滞料金

期限が過ぎた請求書の支払いを求める文書です。催促状は「思い出させる (remind) 文書」なので、reminder と言います。なお、1行目の#マークは「番、番号」です。

本状は、請求書890549番のお支払期限が現在、過ぎていることをお知らせするものです。❶合意条件には請求書の日付から30日以内に❷お支払いいただくことが含まれることをご確認願います。貴社の❸信用枠に影響がないようお望みでしたら、このお知らせ❺を受け取り次第、速達にて全額を❹送金してください。契約書にございますように、60日を過ぎると❼延滞料50ドルと未払い残金の5%に当たる❽追加料金を❻請求いたします。もしすでにお支払いいただいている場合は、この通知は❾無視してください。

☐ ❽ **surcharge** [sə́ːrtʃàːrdʒ] 名 追加料金

☐ ❾ **disregard** [dìsrɪɡáːrd] 動 〜を無視する、〜に注意を払わない

> **on receipt of ...**「…を受け取り次第」
>
> on [upon] ... には「…と同時に、…するとすぐ」の意味があり、〈on + 名詞〉や on [upon] doing の形でよく使われます。
> （例）On receiving the fax「ファックスを受け取り次第」
> これを使った TOEIC によく出てくるフレーズを紹介しましょう。
> ・on request「要求あり次第」
> ・on completion of ...「…が完成するとすぐ、…の完了次第」

発注・取引

15 クレーム

🎧 3-15

Dear Customer Service Representative: We received the merchandise today, which was sent to us **①via** courier. Upon **②unpacking** our shipment, we found that 7 of the 50 glass **③vases** were either **④broken** or **⑤cracked**. Attached are photos of the **⑥damaged** items **⑦for your reference**. We assume that they were damaged in **⑧transit** or due to insufficient **⑨packaging**. **⑩In addition**, a tablecloth (item number 255) was **⑪missing**. Please send the 7 vase replacements and the missing item **⑫no later than** May 10th.

重要語句を覚えよう！

- ☐ ❶ **via** [váiə] 前 〜の手段で，〜経由で
  - * via fax　ファクスで　　* via Paris　パリ経由で
- ☐ ❷ **unpack** [ʌnpǽk] 動 (包み・スーツケースなど) の中身を出す
- ☐ ❸ **vase** [veɪs] 名 花瓶
- ☐ ❹ **broken** [bróʊkən] 形 壊れた，割れた
- ☐ ❺ **cracked** [krækt] 形 ひびの入った
- ☐ ❻ **damaged** [dǽmɪdʒd] 形 損傷を受けた
- ☐ ❼ **for your reference** ご参考まで(に)　*省略形は FYR。

受け取った商品に欠陥があり，代替品を送ってくれるよう業者に連絡します。

カスタマー・サービス担当の方へ　本日，宅配業者❶を通して送られた商品を受け取りました。荷物を❷開けたところ，50個のガラス製❸花瓶のうち7個が❹壊れたり，❺ひびが入ったりしていました。❼ご参考に，❻破損品の写真を添付します。❽輸送中にまたは不十分な❾梱包のために破損したのだと思います。❿加えて，商品番号255番のテーブルクロスが⓫入っていませんでした。花瓶7個の代替品と不足品を5月10日⓬までに送ってください。

- ☐ ❽ **transit** [trǽnsət] 名 運送，通過
    - ＊in transit　輸送中に，（乗り物の）乗り継ぎで
- ☐ ❾ **packaging** [pǽkɪdʒɪŋ] 名 梱包，包装，荷造り
- ☐ ❿ **in addition** 加えて，さらに
- ☐ ⓫ **missing** [mísɪŋ] 形 あるべき所にない，紛失した
    - ＊missing item　不足品
- ☐ ⓬ **no later than ...** …よりも遅れることなく，…までに

発注・取引

16 保証書

🎧 3-16

BowenTec **①warrants** to the original **②purchaser** that this product, under normal use, will **③be free from ④defects** in material or **⑤workmanship** for one year from the **⑥date of purchase**. If the product becomes defective within the **⑦duration** of the **⑧warranty** period, BowenTec will repair the product at no charge using **⑨reconditioned** components or **⑩parts**, or offer a new replacement product. Items will also be shipped **⑪free of charge**. Terms and conditions of this warranty policy are subject to change without notice.

重要語句を覚えよう!

- ☐ ❶ **warrant** [wɔ́(ː)rənt] 動 ～を保証する 名 保証, 証明書
- ☐ ❷ **purchaser** [pə́ːrtʃəsər] 名 買い手, 購買者
- ☐ ❸ **be free from ...** …がない
- ☐ ❹ **defect** [díːfekt] 名 欠陥, 欠点
- ☐ ❺ **workmanship** [wə́ːrkmənʃip] 名 製作品, 出来栄え, (職人の) 手並み
- ☐ ❻ **date of purchase** 購入日
- ☐ ❼ **duration** [djuəréiʃən] 名 継続 (期間)

商品に付いている保証書を読みます。保証書は少々堅い文言が並びますが，内容を整理しながら読みましょう。

ボーエンテックは❻<u>購入日</u>より1年間，通常の使用のもと，この製品の材質や❸<u>仕上がり</u>に❹<u>欠陥</u>❸<u>がない</u>ことを❷<u>購入者</u>本人に対して❶<u>保証します</u>。もし，❽<u>保証</u>❼<u>期間</u>内に欠陥が出た場合，ボーエンテックは，❾<u>修理した</u>❿<u>部品</u>を使って製品を無料で修理する，または新しい代替製品を提供いたします。製品は⓫<u>無料で</u>発送されます。この保証書の条件は，予告なしに変更される場合があります。

- [ ] ❽ **warranty** [wɔ́(ː)rənţi] 名 **（品質の）保証（書）**
    - * under warranty 保証期間中で，保証付きで
    - * warranty policy 保証書，保証方針
- [ ] ❾ **reconditioned** [rìːkəndíʃənd] 形 **修理された**
- [ ] ❿ **part** [pɑːrt] 名 **（予備の）部品，パーツ**
- [ ] ⓫ **free of charge** 無料で

17 経費精算

財務・会計

🎧 3-17

In order to receive **reimbursement** for any **out-of-pocket** business travel expenses, an expense reimbursement form must be completed, submitted, and **verified** within one week of returning. All original **receipts**, requested copies, and travel **documentation** such as **proof** of **mileage**, if **applicable**, must be attached to your expense request form. (Meal receipts are not necessary. Meal **allowances** are not to exceed $40 per day.) Expenses submitted without receipts will be considered **invalid** and will not be paid. Thank you for your **cooperation**.

重要語句を覚えよう！

- ❶ **reimbursement** [rìːɪmbə́ːrsmənt] 名 (経費などの) 返済
- ❷ **out-of-pocket** 形 現金支払の，立て替えの
- ❸ **verify** [vérɪfàɪ] 動 〜が正しいかどうか確かめる
- ❹ **receipt** [rɪsíːt] 名 領収書，受領書
- ❺ **documentation** [dà(ː)kjuməntéɪʃən] 名 証拠による裏づけ，証拠書類提出
- ❻ **proof** [pruːf] 名 証拠

会社から出張経費の返済を受ける手続きについての通知です。申請に必要なものに注意しましょう。

出張経費のすべての**立て替え分の**^❷**返済**^❶を受けるには，戻ってから1週間以内に経費返済用紙の記入，提出，**確認がなされ**^❸なければなりません。すべての現物の**領収書**^❹，必要とされる写し，**総マイル数**^❼の**証明書**^❻など移動に関する**書類**^❺は，**該当する**^❽ものがあれば経費申請書に添付しなければなりません（食事の領収書は必要ありません。食事**手当**^❾は1日40ドルを超えないことになっています）。領収書が提出されていない経費は**無効**^❿と見なし，支払われません。**ご協力**^⓫をお願いします。

☐ ❼ **mileage** [máɪlɪdʒ] 名 総マイル数，マイル当たり料金，燃費
☐ ❽ **applicable** [əplíkəbl] 形 適用できる
☐ ❾ **allowance** [əláʊəns] 名 手当
　＊housing allowance　住宅手当
☐ ❿ **invalid** [ɪnvælɪd] 形 無効の
☐ ⓫ **cooperation** [koʊɑ̀(ː)pəréɪʃən] 名 協力
　＊in cooperation with ...　…と協力して

財務・会計

18 企業の収益報告

🎧 3-18

Luxtec Hotels has **posted** better-than-expected **earnings** in its annual report. Stock in the company had dropped to $8.16 before **recouping** the loss in the final quarter. The company also carried a deficit of more than $200 million from their previous fiscal year, causing some analysts to question Luxtec's **profitability**. But through **restructuring** and **aggressive** budget **trimming**, its share value **experienced** **double-digit** growth during the 12-month period. With Luxtec's $150 million annual **net profit**, the company is now in a relatively strong position.

重要語句を覚えよう！

- ❶ **post** [poust] 動 ～を発表する，～を掲示する
- ❷ **earnings** [ə́ːrnɪŋz] 名 (会社や個人の) 収益，所得
- ❸ **recoup** [rɪkúːp] 動 (お金，損失) を取り戻す
- ❹ **profitability** [prɑ̀(ː)fəṭəbíləṭi] 名 収益性，利益性
- ❺ **restructuring** [riːstrʌ́ktʃərɪŋ] 名 リストラ，再編成
- ❻ **aggressive** [əgrésɪv] 形 積極的な，攻撃的な
- ❼ **trimming** [trímɪŋ] 名 削減，刈り込むこと，整理すること
- ❽ **experience** [ɪkspíəriəns] 動 ～を経験する

収益報告では数字が多く出てきますが，細かい数値よりも大まかな増減を押さえながら読み進めましょう。

ラックステック・ホテルは，年次報告書で予想を上回る❷<u>収益</u>を❶<u>発表した</u>。同社の株価は，最終四半期に損失を❸<u>取り戻す</u>前，8ドル16セントまで下落した。また，前年度から2億ドルを超える繰越損失を抱え，ラックステックの❹<u>収益性</u>を疑問視するアナリストもいた。しかし，❺<u>リストラ</u>や❻<u>積極的な</u>経費❼<u>削減</u>により，株価はこの12か月で❾<u>2桁の</u>伸びを❽<u>見せた</u>。今年度の❿<u>純利益</u>は1億5,000万ドルとなり，今やラックステックは比較的優位な地位にいる。

☐ ❾ double-digit 形 2桁の

☐ ❿ net profit 純利益

the unemployedとは？

〈the＋形容詞〉の形で「～の人々」を表すことができます。例えばthe richは「金持ちの人々」(= rich people)，the youngは「若者たち」(= young people) です。unemployedは形容詞で「失業した」という意味ですから，the unemployedなら，「失業した人々，失業者」ですね。「人々」のことなので複数扱いとなります。

移転・閉鎖

19 移転通知

🎧 3-19

Wizzo Manufacturing will soon ①**relocate** its headquarters and ②**warehouse**. We'll be ③**moving to** the Augusta Building on Patton ④**Boulevard**; one right turn off of 67th ⑤**Avenue**. Our new ⑥**location** is a ten-minute ⑦**walk** from the ⑧**bustle** of the city center and very ⑨**convenient** to find. Our sales department will be on the first ⑩**floor**, making your visit simple and ⑪**casual**. Our new address is 6777 Patton, and our new ⑫**contact number** will be 555-3434. Please address all ⑬**correspondence** to our new address as of April 5th.

重要語句を覚えよう！

- ① relocate [rìːlóukeɪt] 動 〜を移転 [転勤] させる，移転する
- ② warehouse [wéərhàus] 名 倉庫
- ③ move to ... …に引っ越しする
- ④ boulevard [búləvàːrd] 名 大通り，広い並木道　＊省略形はBlvd.。
- ⑤ avenue [ǽvənjùː] 名 大通り，並木道　＊省略形はAve.。
- ⑥ location [loukéɪʃən] 名 場所，位置
- ⑦ walk [wɔːk] 名 歩行距離，道のり

移転する時期や新しい建物の場所の説明などに注意しましょう。

ウィゾー製造は，近々本社と❷倉庫を❶移転させることになっております。間もなくパットン❹大通りのオーガスタビル❸へと移ります。67番❺通りから1度右に曲がったところです。新しい❻場所は，❽騒がしい都会の中心部から❼徒歩10分で，大変わかり❾やすいところです。販売部門は1❿階になりますので，容易にそして⓫気軽に訪れていただけます。新住所はパットン6777で，新しい⓬連絡先は555-3434です。4月5日以降，⓭通信文書はすべて新住所へ送ってください。

- ☐ ❽ **bustle** [bʌ́sl] 名 慌ただしい動き
- ☐ ❾ **convenient** [kənvíːniənt] 形 都合のよい，便利な
- ☐ ❿ **floor** [flɔːr] 名 (建物の)階，床
- ☐ ⓫ **casual** [kǽʒuəl] 形 形式ばらない，何気ない
- ☐ ⓬ **contact number** 連絡先の電話番号
- ☐ ⓭ **correspondence** [kɔ̀(ː)rəspá(ː)ndəns] 名 通信文，ビジネスレター
    * 不可算名詞。

移転・閉鎖

20 改修の連絡

🎧 3-20

The ①**restoration** of City Hall is near completion, and the city employees who have been ②**temporarily** using other offices are eager to return to the 102-year-old structure. Soon, employees will be able to ③**cease** apologizing to visitors for the ④**inconvenience** caused by the closure. Last year a ⑤**panel** voted to begin ⑥**remodeling** the building and replacing ⑦**outdated** equipment. A new ⑧**heating** and ⑨**air conditioning** system was installed, and new ⑩**fiber-optic cables** run ⑪**alongside** the ⑫**retooled** electrical ⑬**wiring** and fire-safety systems. The work is scheduled for completion on October 10th.

重要語句を覚えよう！

☐ ❶ **restoration** [rèstəréɪʃən] 名 (美術品・建築物などの) 修復, 復旧

☐ ❷ **temporarily** [tèmpərérəli] 副 一時的に

☐ ❸ **cease** [siːs] 動 〜をやめる, 終わる

☐ ❹ **inconvenience** [ìnkənvíːniəns] 名 不便

☐ ❺ **panel** [pǽnəl] 名 委員会

☐ ❻ **remodel** [riːmɑ́(ː)dəl] 動 〜を改装する, 〜をリフォームする

☐ ❼ **outdated** [àʊtdéɪtɪd] 形 旧式の, 時代遅れの

市庁舎の改修工事に関する案内です。建物などの改修や増築に関する用語は頻出です。工事がいつ完了するかなどにも注意しましょう。

市庁舎の❶改修工事が完成間近となり、❷一時的にほかのオフィスを使用している市職員は、この築102年の建物に戻るのを切望しています。間もなく職員は、閉鎖で❹不便をかけていることを訪問者に謝ら❸ずに済むようになります。❺委員会は昨年、建物の❻改修と❼旧式設備の取り替えに着手することを投票により決定しました。新しい❾冷❽暖房システムの設置が終わり、⓬一新された電気⓭配線および防火システム⓫とともに新しい❿光ファイバーケーブルが敷設されています。工事は10月10日に完了する予定です。

- ❽ **heating** [híːtɪŋ] 名 暖房装置
- ❾ **air conditioning** 空調（設備），冷房装置
- ❿ **fiber-optic cable** 光ファイバーケーブル
- ⓫ **alongside** [əlɔ́ːŋsàɪd] 前 〜のそばに，〜と並んで
- ⓬ **retool** [rìːtúːl] 動（工場など）に機械設備を入れ替えて新しくする，〜を改善する
- ⓭ **wiring** [wáɪərɪŋ] 名（建物の）配線（工事）

移転・閉鎖

21 企業の合併

🎧 3-21

Firebrand Automotive's CEO announced that Firebrand has **❶finalized** a **❷merger** **❸agreement** with U.S.**❹-based** Lightning Engines. Firebrand, with three factories in Japan, is a manufacturer of **❺inexpensive** light-delivery vehicles. The **❻consolidation** of the two companies under the Firebrand name is an attempt to **❼draw on** Lightning's extensive experience in engine production to develop more fuel-efficient vehicles. Firebrand anticipates improving the two lines of manufacturing while bringing added value to shareholders. Firebrand hopes to expand their model of **❽growth** through additional **❾mergers and acquisitions**.

重要語句を覚えよう!

☐ ❶ **finalize** [fáɪnəlàɪz] 動 ~を終わらせる, ~を仕上げる

☐ ❷ **merger** [mə́ːrdʒər] 名 合併

☐ ❸ **agreement** [əgríːmənt] 名 協定, 契約

☐ ❹ **-based** [-beɪst] ~に本拠地がある

☐ ❺ **inexpensive** [ìnɪkspénsɪv] 形 費用のかからない, 安い

☐ ❻ **consolidation** [kənsà(ː)lɪdéɪʃən] 名 企業合併, (負債の)整理統合

☐ ❼ **draw on ...** (技術・経験など)を生かして使う

☐ ❽ **growth** [ɡroʊθ] 名 成長, 発展

合併や買収についての文章は，その理由や目的，合併後のことなどを読み取りましょう。

ファイアーブランド自動車のCEOは，アメリカ❹に拠点を置くライトニング・エンジンズ社との❷合併❸合意に❶至ったと発表した。ファイアーブランドは❺安価な軽運搬車両の製造業者で，日本に3つの工場を持つ。両社の❻合併は，ファイアーブランド名の下，エンジン製造におけるライトニングの幅広い経験❼を生かそうとするものであり，より低燃費の車を開発することを目的としている。ファイアーブランドは，株主にさらなる価値をもたらすと同時に，製造ライン2本の改良を見込んでいる。ファイアーブランドは，さらなる❾合併・買収を通じて自社の❽成長モデルを展開していきたい考えだ。

☐ ❾ mergers and acquisitions 合併・買収 ＊省略形はM&A。

関連語句

☐ merge [məːrdʒ] 動 〜を合併する，溶け込む

☐ acquisition [æ̀kwɪzíʃən] 名 取得，買収

☐ buyout [báɪàʊt] 名 買収，買い占め

☐ takeover [téɪkòʊvər] 名 企業買収，乗っ取り

☐ bid [bɪd] 名 入札

移転・閉鎖

22 工場の新設

🎧 3-22

To meet the **soaring** demand of the **booming** economy, computer manufacturer Neptune will open a factory in Eastwood City, **creating** 250 new **jobs**. **In association with** the launching of the factory, Neptune will **double** its production **capacity** to 50,000 units per year. The first product to **roll off** the new **assembly line** will be an updated model of their Neumann series, according to a **press release**. "We welcome the new factory as a way of **revitalizing** the city," said Mayor William Jacobs.

重要語句を覚えよう！

- ☐ ❶ soaring [sɔ́ːrɪŋ] 形 急上昇する
- ☐ ❷ booming [búːmɪŋ] 形 好景気の、成長著しい
- ☐ ❸ create jobs 雇用を創出する
- ☐ ❹ in association with ... …と関連して
- ☐ ❺ double [dʌ́bl] 動 ～を2倍にする
- ☐ ❻ capacity [kəpǽsəṭi] 名 (受容) 能力、容積
- ☐ ❼ roll off ... (生産ライン) から流れ出る
- ☐ ❽ assembly line 組立ライン

好況により工場が新設され，雇用が創出されたという内容です。CEOや地元市長などの声明内容が問われることもあります。

コンピューターメーカーであるネプチューン社は，❷好景気により❶急増する需要に対応するため，イーストウッド市に工場を開設し250人❸を新しく雇用する。ネプチューン社では，工場の稼動開始❹と連動して，生産❻能力を❺2倍に増やし年産5万台とする考えだ。❾報道機関への発表によると，新しい❽組立ライン❼から出荷される最初の製品は，ノイマンシリーズの最新モデル。ウィリアム・ジェイコブズ市長は「この市に❿新たな活力を与える手がかりとして新工場を歓迎します」と述べた。

- ❾ **press release** 報道発表，プレスリリース
- ❿ **revitalize** [riːváɪtəlàɪz] 動 ～に新たな活力を与える，～を生き返らせる

> 「～倍」を表す動詞
> 　動詞を使って「～倍」を言うのは簡単です。まず必須なのがdoubleで「～を2倍にする，2倍になる」です。続いて，triple「～を3倍にする，3倍になる」，quadruple「～を4倍にする，4倍になる」までは覚えておきましょう。なお，「半分」であればhalve（発音はhaveと同じ）「～を半分にする，～を半減させる」です。

移転・閉鎖

23 ストライキ

🎧 3-23

Kale Corporation's U.S. factory employees ❶walked out after the electronics maker failed to reach a new ❷labor agreement. The call for a ❸strike came five days after the ❹union extended the old contract past its expiration while the two sides ❺negotiated new terms and conditions. The latest round of ❻bargaining ran for more than 36 straight hours before the ❼walkout. The strike immediately idled more than 80 Kale manufacturing and parts operations in the U.S. and ❽threatens to ❾stop operations in Mexico and Canada.

重要語句を覚えよう！

☐ ❶ **walk out** ストライキをする

☐ ❷ **labor** [léɪbər] 名 労働，(集合的に)労働者
　　＊management and labor　労使，経営陣と労働者

☐ ❸ **strike** [straɪk] 名 ストライキ　＊call for a strike ストライキを要求する

☐ ❹ **union** [júːnjən] 名 同盟，(労働)組合　＊labor union　労働組合

☐ ❺ **negotiate** [nɪɡóʊʃièɪt] 動 (交渉で)〜を取り決める，交渉する

☐ ❻ **bargaining** [báːrɡɪnɪŋ] 名 交渉，取引

☐ ❼ **walkout** [wɔ́ːkàʊt] 名 ストライキ

経営者側と労働者側の交渉が決裂し、労働者が団結して労働を放棄するのがストライキです。状況や影響などに注意して読みましょう。

電子メーカーであるケール社のアメリカ工場の従業員は、同社と新❷労働協約で合意に至らず、❶ストライキを行った。両者が新しい諸条件を❺交渉している間に期限が切れた旧契約を❹組合側が延長した5日後に、❸ストライキを求める声が上がった。最後の❻交渉は、❼ストライキに入る前に36時間以上続いた。このストライキで、米国内で80を超えるケール社の製造および部品部門の操業がすぐに止まり、メキシコやカナダでも❾操業が停止する❽恐れがある。

☐ ❽ **threaten** [θrétən] 動 〈～する〉恐れがある〈to *do*〉

☐ ❾ **stop operations** 操業を止める

staffは複数形にはならない！

日本語にもなっているstaff「職員、スタッフ」は、「集合的にスタッフを指す」不可算名詞です。スタッフが何人いても、まとめてstaffなので決して複数形にはなりません。では、スタッフ個人を指すときはどうするのでしょうか。staff memberとmemberを付けます。TOEICでは、よくこの形で出ます。
(例) 300 staff members「300人のスタッフ」

移転・閉鎖

24 工場の閉鎖

🎧 3-24

RJ Steel Corp. announced the **❶shutdown** of its plant in Gary, Indiana, starting in August because of **❷weakened** consumer demand. While most of the **❸steelmaker's** 600 **❹hourly** workers will be **❺laid off**, salaried workers have been offered a **❻severance** package. RJ Steel and other supply-chain **❼operators** have suffered a **❽steep decline** in orders because of recent assembly line cuts at the major auto manufacturers, **❾amid** the recent economic downturn. It is said the plant will likely remain **❿idled** through next year.

重要語句を覚えよう！

- ☐ ❶ shutdown [ʃʌ́tdàun] 名 操業停止，閉鎖，一時休業
- ☐ ❷ weaken [wíːkən] 動 〜を弱める
- ☐ ❸ steelmaker [stíːlmèikər] 名 鉄鋼メーカー
- ☐ ❹ hourly [áuəri] 形 １時間ごとの
- ☐ ❺ lay ... off …を一時解雇する，…を首にする
- ☐ ❻ severance [sévərəns] 名 契約解除，切断，分離
- ☐ ❼ operator [ɑ́(ː)pərèitər] 名 経営者
- ☐ ❽ steep decline 急激な減少

経済不況による解雇に関する記事を読みます。解雇対象者やその背景に注意しましょう。

RJスチール社は，消費者の需要が**❷減少した**ため，インディアナ州ゲーリーにある工場の操業を8月から**❶停止**すると発表した。この**❸鉄鋼会社**の**❹時間**給労働者600人の多くが**❺解雇**される一方，定期給与所得者には**❻解雇**手当が支給される。最近の景気低迷**❾の中で**大手自動車メーカーが組立ラインを削減したため，RJスチール社やほかのサプライチェーンの**❼経営者たち**は注文**❽激減**の痛手を受けている。（ゲーリーの）工場は来年末まで**❿停止した**ままであろうと言われている。

☐ ❾ **amid** [əmíd] 前 **〜の中に〔で〕**

☐ ❿ **idle** [áɪdəl] 動 **（工場など）を閉鎖する，〜を暇にさせる**

---

layoff（レイオフ）は「『一時的な』解雇」？

かつて企業は「当社は一度もlayoffしたことがない」と，それが優良企業の証しであるかのように言っていました。layoffを辞書で引くと，多くが「一時解雇」という意味を載せています。しかし現在では，一時解雇しても結局業績が戻らず，そのまま解雇されてしまうケースが増えたため，「永久解雇」とほぼ同じように使われています。

環境

25 環境に優しい車

🎧 3-25

Peter Stevens, chairman of **①hybrid**-**②automobile** maker Lethos, gave a presentation at the World Green Technology Conference, where he said Lethos intends to produce 30,000 hybrid **③electric** vehicles this year. **④Advances** in **⑤battery** technology will allow Lethos' **⑥eco-friendly** cars to replace **⑦fleets** of **⑧carbon dioxide** **⑨emitting** **⑩gas guzzlers**, substantially reducing **⑪air pollution** and **⑫global warming**, while protecting the environment. Lethos automobiles offer equivalent power and speed as regular vehicles, with just a fraction of the **⑬greenhouse gas** **⑭emissions**. Stevens hopes to double production next year.

重要語句を覚えよう！

☐ ❶ **hybrid** [háɪbrɪd] 名 ハイブリッド 形 ハイブリッドの

☐ ❷ **automobile** [ɔ́:təmoʊbì:l] 名 自動車

☐ ❸ **electric** [ɪléktrɪk] 形 電気の

☐ ❹ **advance** [ədvǽns] 名 前進, 進歩

☐ ❺ **battery** [bǽṭəri] 名 電池, バッテリー

☐ ❻ **eco-friendly** 形 環境に優しい

☐ ❼ **fleet** [fli:t] 名 (車・飛行機の) 集団

> 自然環境が悪化する中,ハイブリッドなどCO₂排出量の少ない車が注目されています。

❶ハイブリッド❷車メーカーであるレソス社の会長ピーター・スティーブンズは,世界環境保護技術会議でプレゼンテーションを行い,今年レソス社は3万台のハイブリッド**❸電気**自動車を生産する意向であると述べた。**❺電池**技術の**❹進歩**により,レソス社の**❻エコ**カーは,**❽二酸化炭素**を**❾排出して❿ガソリンを大量に消費する自動車**の**❼一群**に取って代わり,環境を守りながら**⓫大気汚染**と**⓬地球温暖化**を大幅に抑制することになる。レソス社の自動車は従来の普通車と同等のパワーとスピードを持つが,**⓮排出**する**⓭温暖化ガス**はほんのわずかだ。スティーブンズは来年の生産台数を2倍にしたいと望んでいる。

☐ ❽ carbon dioxide 二酸化炭素

☐ ❾ emit [ɪmít] 動 ~を出す,~を発する

☐ ❿ gas guzzler (ガソリンを食う)燃費の悪い自動車

☐ ⓫ air pollution 大気汚染

☐ ⓬ global warming 地球温暖化

☐ ⓭ greenhouse gas 温室効果ガス

☐ ⓮ emission [ɪmíʃən] 名 放出(物),放射(物)

環境

26 クリーンエネルギー

🎧 3-26

A **❶renewable energy** system **❷combining** building-**❸integrated** **❹wind turbines** with **❺photovoltaics** will be the first such project in China, the Beijing Climate Bureau has claimed. A **❻wind farm** of twenty turbines will go on top of the Nobel Building, adding to its existing **❼rooftop** **❽solar panel** **❾array**. The **❿breakthrough** technological **⓫innovation** brings with it a series of **⓬advantages**. It eliminates the need for connection to an **⓭electrical grid**, or the use of any **⓮fossil fuels** for electricity, heating, or cooling in the offices.

重要語句を覚えよう!

- ❶ renewable energy　再生可能エネルギー
- ❷ combine [kəmbáin]　動　〜を結合させる，組み合わせる
    * combine A with B　AをBと結合させる
- ❸ integrated [íntəgrèitid]　形　結合した，統合した
- ❹ wind turbine　(発電用)風力タービン
- ❺ photovoltaics [fòutouvɑ(:)ltéiks]　名　太陽光発電，光起電装置
- ❻ wind farm　風力発電所
- ❼ rooftop [rú:ftɑ̀(:)p]　名　屋上，屋根

クリーンエネルギーは，環境を汚染しないエネルギー。ますます注目される当分野の用語は要チェックです。

環境

北京環境局によると，建物❸<u>一体型</u>❹<u>風力タービン</u>と❺<u>太陽光発電</u>を❷<u>合わせた</u>❶<u>再生可能エネルギー</u>システムという中国初の計画が行われる。20基のタービンからなる❻<u>風力発電基地</u>がノーベルビルの屋上に置かれ，既存の❼<u>屋上設置型</u>❽<u>太陽電池パネル</u>の❾<u>列</u>に加わる。❿<u>画期的な</u>技術⓫<u>革新</u>が一連の⓬<u>メリット</u>をもたらすことになる。オフィスの電気や冷暖房のために⓭<u>送電システム</u>に接続したり，⓮<u>化石燃料</u>を使ったりする必要がなくなるのだ。

- ☐ ❽ **solar panel** 太陽電池パネル
- ☐ ❾ **array** [əréɪ] 图 整列，配列，配置
- ☐ ❿ **breakthrough** [bréɪkθrùː] 形 画期的な 图 躍進，大発見
- ☐ ⓫ **innovation** [ìnəvéɪʃən] 图 技術革新，刷新
- ☐ ⓬ **advantage** [ədvǽntɪdʒ] 图 メリット，有利
- ☐ ⓭ **electrical grid** 送電システム，電力網
- ☐ ⓮ **fossil fuel** 化石燃料 ＊石油・石炭など。

放送・アナウンス

27 着陸に向けたアナウンス

🎧 3-27

Please place your seats and trays in the ❶**upright** position, and turn off all electronic devices. We are beginning our ❷**descent** and will be ❸**landing** in about fifteen minutes. Passengers are asked to remain seated with their seat belts ❹**fastened** until the plane stops. Items may have ❺**shifted** in the ❻**overhead compartments**, so please be careful when removing ❼**carry-on** luggage. For those with ❽**connecting flights**, staff at the gate will assist you. For those remaining in Chicago, we wish you a ❾**pleasant** stay. Thank you for flying with Westworld Airline.

重要語句を覚えよう！

☐ ❶ **upright** [ʌ́prὰɪt] 形 真っすぐな，直立した

☐ ❷ **descent** [dɪsént] 名 降下 反 ascent 上昇

☐ ❸ **land** [lǽnd] 動 着陸する，〜を着陸させる

☐ ❹ **fasten** [fǽsən] 動 〜を締める

　　＊ fasten one's seat belt　シートベルトを締める

☐ ❺ **shift** [ʃíft] 動 少し位置を変える，変わる

☐ ❻ **overhead compartment** 頭上の収納用スペース

☐ ❼ **carry-on** 形 機内持ち込みの 名 機内持ち込みの荷物

着陸に向けたアナウンスです。空港や機内でのアナウンスが出題されたときは、それが搭乗時なのか離陸時なのか、あるいは着陸時なのかなど、まず状況を見極めます。

座席とトレイを❶真っすぐの位置に戻し、すべての電子機器のスイッチをお切りください。当機は❷降下を開始し、約15分後に❸着陸いたします。飛行機が停止するまでは、シートベルトを❹締めたまま、座席を離れないでください。❺頭上の収納スペースにしまった荷物は❻位置がずれているかもしれませんので、❼機内持ち込み荷物を取り出すときにはご注意ください。❽乗り継ぎのお客さまはゲートで係員がご案内いたします。シカゴに滞在されるお客さまは、❾快適に過ごされますよう願っております。ウエストワールド航空をご利用いただき、ありがとうございます。

☐ ❽ **connecting flight** 乗り継ぎ便
☐ ❾ **pleasant** [plézənt] 形 楽しい、心地よい

---

in fifteen minutesは「15分後」に

多くの場合、inに時間の長さが続くと「(時間)後に」という意味になります(「〜以内に」ではないことに注意)。in an hourは「1時間後に」、in a few monthsは「2、3か月後に」です。なお、「15分以内に」と言う場合は**within** fifteen minutesとなります。

放送・アナウンス

28 ツアーガイドのあいさつ

🎧 3-28

Welcome to the **❶nature park ❷tour**. My name's Daisy, and I'll be your guide today. The park is home to a wide **❸variety** of plant and animal **❹life**, with some of it on the **❺verge** of **❻extinction**. Our primary purpose here is to **❼exhibit** the way humans and nature **❽interact**. Hopefully, our museum will be a helpful resource and maybe even an **❾inspiration** for those particularly interested in **❿wildlife** and nature. It is easy to lose your way, so please follow me and **⓫stay close to** the tour group.

重要語句を覚えよう！

☐ ❶ **nature park** 自然公園

☐ ❷ **tour** [tʊər] 图 見学, 旅行　＊factory tour　工場見学

☐ ❸ **variety** [vəráɪəti] 图 多様（性）, 種類
　　＊a wide variety of ...　さまざまな（種類の）…

☐ ❹ **life** [laɪf] 图 生物, 生命　＊これらの意味では不可算。

☐ ❺ **verge** [vɚːrdʒ] 图 ふち, 端, 瀬戸際
　　＊on the verge of extinction　絶滅に瀕して

自然公園の見学ツアーのガイドのあいさつです。

---

❶<u>自然公園</u>❷<u>見学ツアー</u>にようこそ。私はデイジー，本日の皆さんのガイドです。この公園にはさまざまな❸<u>種類</u>の❹<u>植物や動物</u>が生息しており，そのうちのいくつかは❻<u>絶滅</u>の❺<u>危機に瀕</u>しています。当園では，人間と自然が❽<u>相互に影響を与え合う</u>様子を❼<u>お見せする</u>ことを主な目的としています。当園の博物館が，特に❿<u>野生生物</u>と自然に興味がある方にとって有用な情報源となり，また❾<u>激励</u>とさえなることを望みます。道に迷いやすいので，私の後についてきてください。また，ツアーグループ⓫<u>から離れない</u>ようお願いします。

- ☐ ❻ **extinction** [ɪkstíŋkʃən] 名 絶滅
- ☐ ❼ **exhibit** [ɪɡzíbət] 動 ～を見せる，～を展示する
- ☐ ❽ **interact** [ìntərǽkt] 動 影響し合う，相互に作用する
- ☐ ❾ **inspiration** [ìnspəréɪʃən] 名 インスピレーション，鼓舞激励となるもの
- ☐ ❿ **wildlife** [wáɪldlàɪf] 名 野生生物
- ☐ ⓫ **stay close to ...** …から離れない，…の近くにいる

放送・アナウンス

29 天気予報

🎧 3-29

The remainder of the day should be sunny, with an ❶occasional light ❷breeze. Tonight will be mostly clear in the evening, then become partly cloudy due to a ❸low-pressure ❹front that will cause ❺intermittent ❻showers throughout most of the region. The storm will produce wind ❼gusts near 30 miles per hour with a ❽chilly low ❾temperature of 33 ❿degrees ⓫Fahrenheit. Skies will clear by the early morning, but a ⓬stationary front will keep that cold weather here. So expect ⓭freezing temperatures and ⓮snowy weather to continue through the weekend.

重要語句を覚えよう!

☐ ❶ occasional [əkéɪʒənəl] 形 時折の, 時々の

☐ ❷ breeze [briːz] 名 そよ風

☐ ❸ low-pressure 形 低気圧の

☐ ❹ front [frʌnt] 名 前線　＊cold front 寒冷前線

☐ ❺ intermittent [ìntərmítənt] 形 一時的にやむ, 断続的な

☐ ❻ shower [ʃáuər] 名 にわか雨

☐ ❼ gust [gʌst] 名 突風

天気予報はリスニングで出題されることが多いので，天気関係の語彙は聞いてすぐわかるようにしておきましょう。

日中はこれからは晴れで，❶時折弱い❷風が吹くでしょう。今晩，夕方はおおかた晴れですが，後に所々で曇りになり，❸低気圧に伴う❹前線がほとんどの地域に❺降ったりやんだりの❻にわか雨をもたらします。嵐が時速30マイル近い❼突風を引き起こし，❾気温は❽底冷えのする⓫カ氏33⓾度となるでしょう。早朝までに空は晴れますが，当地では⓬停滞している前線のため寒空のままでしょう。週末まで⓭凍えるような寒さと⓮雪模様の天気が続くと予想されます。

☐ ❽ **chilly** [tʃíli] 形 **ひんやりとした，（寒さで）ぞくぞくする**

☐ ❾ **temperature** [témpərətʃər] 名 **温度，気温**

☐ ⓾ **degree** [dɪgríː] 名 **（温度などの）度，程度**

☐ ⓫ **Fahrenheit** [færənhàɪt] 形 **カ氏の**

☐ ⓬ **stationary** [stéɪʃənèri] 形 **動かない，静止した**

☐ ⓭ **freezing** [fríːzɪŋ] 形 **凍えるような**

☐ ⓮ **snowy** [snóʊi] 形 **雪の多い**

放送・アナウンス

30 交通情報

🎧 3-30

Due to a serious car **❶crash**, all **❷southbound** **❸lanes** of Interstate 65 are closed. **❹Motorists** can expect delays of 1 to 2 hours. Traffic is very **❺congested** around the **❻collision** site, and the highway patrol recommends the following **❼detour** route. Traffic **❽traveling** south on 65 should **❾exit** at State Road 27 and continue south on 27 to the next entrance to 65, **❿bypassing** the trouble **⓫spot**. Police urge drivers in the area to **⓬slow down**. Those caught **⓭speeding** will be **⓮ticketed**. We'll have another traffic update shortly.

重要語句を覚えよう！

☐ ❶ crash [kræʃ] 名 (乗り物などの)衝突 (事故)

☐ ❷ southbound [sáuθbàund] 形 南行きの　＊-bound (乗物が)~行きの

☐ ❸ lane [lein] 名 小道, 車線　＊a four-lane highway　4車線の高速道路

☐ ❹ motorist [móuṭərist] 名 ドライバー

☐ ❺ congested [kəndʒéstid] 形 混雑した, 密集した

☐ ❻ collision [kəlíʒən] 名 衝突, 対立

☐ ❼ detour [díːtùər] 名 迂回路, 遠回り

402

リスニングでは、よく渋滞に関する交通情報が出題されます。「渋滞」のさまざまな言い方もチェックしましょう。

深刻な自動車❶衝突事故により、州間高速道路65号線は❷南に向かう全❸車線が閉鎖されています。❹ドライバーの方は、1〜2時間の遅れを見込んだほうがよいでしょう。❻衝突現場付近の交通は大変❺混雑しており、高速パトロールでは次にお伝えする❼迂回路を行うようすすめています。65号線を南へ❽通行する車両は、国道27号線まで来たら❾出口で降りて27号線をそのまま南に進み、次の65号線の入口まで行って事故❶❶現場を❿迂回してください。このエリアでは、警察により⓬速度を落とすよう求められています。⓭スピード違反者は⓮違反切符を切られます。間もなく次の最新の交通情報が入ります。

- [ ] ❽ **travel** [trǽvəl] 動 進む、旅行する
- [ ] ❾ **exit** [égzət] 動 出て行く 名 (高速道路などの) 出口
- [ ] ❿ **bypass** [báɪpæs] 動 〜を迂回する
- [ ] ⓫ **spot** [spɑ(ː)t] 名 地点、箇所
- [ ] ⓬ **slow down** スピードを落とす
- [ ] ⓭ **speed** [spiːd] 動 違反速度で走る、加速する〈up〉
- [ ] ⓮ **ticket** [tíkət] 動 〜に違反切符を切る

放送・アナウンス

31 停電

🎧 3-31

And in local news, Valley **①Power** crews are continuing to respond to electricity **②outages** **③throughout** the **④province**. Severe winds **⑤damaged** high-**⑥voltage** **⑦transmission** lines from the major electrical **⑧grids** in **⑨outlying** regions, leaving Valley Power unable to immediately restore power to some **⑩affected** districts. While in many other residential areas, the wind brought down **⑪power lines** and caused trees to **⑫tangle** with **⑬wires** and **⑭transformers**. Valley Power is hopeful power will be restored to all customers by the weekend. **⑮Stay tuned** for further updates.

重要語句を覚えよう！

- ❶ power [páuər] 名 電力，動力
- ❷ outage [áuṭɪdʒ] 名 停電(期間)
- ❸ throughout [θruːáut] 前 ～の至る所に
- ❹ province [prá(ː)vɪns] 名 州，省
- ❺ damage [dǽmɪdʒ] 動 ～に損害を与える
- ❻ voltage [vóultɪdʒ] 名 電圧，ボルト数
- ❼ transmission [trænsmíʃən] 名 伝達，通信，送信
- ❽ grid [grɪd] 名 配電網，格子[碁盤目]状のもの

停電のニュース放送です。原因や復旧時期について問われることがあります。

続いて地域のニュースです。バレー❶電力の作業員が，❹州❸全域で起きた❷停電への対応を続けています。激しい風が原因で域❾外にある主要❽電線網からの高❻圧❼送電線が❺損傷し，バレー電力ではこの❿影響を受けたいくつかの地域の電力をすぐに復旧させることができませんでした。一方，ほかの多くの居住地域では，風によって⓫電線が下がり，木が⓭電線と⓮変圧器に⓬絡まりました。バレー電力では，週末までにはすべての顧客の電力が回復すると見込んでいます。⓯引き続きお聞きのチャンネルで最新情報を確認してください。

☐ ❾ **outlying** [áutlàɪŋ] 形 外側にある

☐ ❿ **affected** [əféktɪd] 形 (災害などの) 影響を受けた

☐ ⓫ **power line** 送電線

☐ ⓬ **tangle** [tǽŋgl] 動 絡まる，もつれる

☐ ⓭ **wire** [wáɪər] 名 電線，電話線

☐ ⓮ **transformer** [trænsfɔ́ːrmər] 名 変圧器

☐ ⓯ **Stay tuned.** チャンネル [ダイヤル] はそのままで。

＊テレビ・ラジオなどで。

| 405

放送・アナウンス

32 住宅ローン

🎧 3-32

Many ❶**homeowners** are ❷**falling behind** on their monthly ❸**installments**. In most cases, the reason behind a late payment is unexpected unemployment or increasing medical expenses. Some ❹**mortgage** holders are forced to ❺**refinance** their loan to lower monthly payments, often extending their debt back an additional ten years. For ❻**lenders**, it is easier and cheaper to modify the ❼**loan** rather than take the home back. Many ❽**creditors** are offering ❾**forbearance**, which allows homeowners to temporarily skip payments now, by agreeing to pay a ❿**lump sum** at a later date.

重要語句を覚えよう！

☐ ❶ **homeowner** [hóumòunər] 名 住宅所有者

☐ ❷ **fall behind** 遅れる，滞納する

☐ ❸ **installment** [ɪnstɔ́ːlmənt] 名 (1回分の)分割払込金

　＊pay in [by] installments 分割で払う

☐ ❹ **mortgage** [mɔ́ːrgɪdʒ] 名 住宅ローン，抵当

☐ ❺ **refinance** [riːfənæns, -faɪ-] 動 (ローン)を借り換える

☐ ❻ **lender** [léndər] 名 貸し手

☐ ❼ **loan** [loun] 名 貸付金，ローン

ローン関係では、貸し手側と借り手側をきちんと区別して読みましょう。支払い方法や条件にも注意。

多くの❶<u>住宅所有者</u>は月々の❸<u>支払い</u>が❷<u>滞っている</u>。ほとんどの場合、支払いが遅れる理由は予期せぬ失業か増加する医療費だ。❹<u>住宅ローン</u>を抱える人の中には、毎月の支払額を下げるためローンの❺<u>借り換えをせ</u>ざるを得ない人もいて、多くの場合、借入期間をさらに10年後ろに伸ばすのだ。❻<u>貸し手</u>にとっては、住宅を引き取るより❼<u>ローン</u>を変更する方が簡単で安く済む。多くの❽<u>債権者</u>は❾<u>支払い猶予</u>を申し出ており、これにより住宅所有者は、後日❿<u>一括払い</u>する約束で、一時的に今の支払いをせずに済む。

- ☐ ❽ **creditor** [krédətər] 图 債権者、貸主
- ☐ ❾ **forbearance** [fɔːrbéərəns] 图 (債務の支払い)猶予、辛抱、寛容
- ☐ ❿ **lump sum** 一括払いの総額

> **installmentは「分割払込金」だけじゃない！**
>
> installmentには「分割払込金」のほかに、「数回に分かれたシリーズや連載の1回分」という意味があります。例えば、物語や映画などで「これは3部作シリーズの第1作目、1話目」と言う場合は、This is the first installment of a three-part series. となります。

案内・アンケート

33 口座開設の案内

🎧 3-33

Don't miss your chance to open a high-interest **❶savings account**! Ace Bank offers a special interest **❷rate** of 4.6% for the first year, which is more than 1% higher than the leading market rate. The **❸minimum** amount you need to **❹deposit** is $3,000. Please note that you must keep at least $3,000 in the account and that only four **❺withdrawals** are allowed each year. This special offer is available to **❻existing** customers of Ace Bank, and is **❼good** only from September 1st to 30th, inclusive.

重要語句を覚えよう！

☐ ❶ **savings account** 普通預金口座

☐ ❷ **rate** [reɪt] 名 率, 割合, 料金

☐ ❸ **minimum** [mínəməm] 形 最低限の, 最小限の 名 最低限, 最小限

☐ ❹ **deposit** [dɪpɑ́(:)zət] 動 〜を預金する 名 預金

☐ ❺ **withdrawal** [wɪðdrɔ́:əl] 名 預金の引き出し, 撤回, 脱退

　　＊withdrawal slip 払出伝票

☐ ❻ **existing** [ɪɡzístɪŋ] 形 現存する, 現在の, 既存の

☐ ❼ **good** [ɡʊd] 形 有効な

銀行口座には貯蓄を目的とした普通預金口座のほか，小切手などの支払いに使われる当座預金口座があります。

高金利の❶普通預金口座を開くチャンスを逃さないでください。エース銀行では，最初の1年間，市場トップの利率よりも1％以上高い特別金❷利4.6％を提供しています。❹預金に必要な❸最低額は3,000ドルです。口座には最低3,000ドルを常に置いておく必要があり，❺引き出しは年4回しかできませんのでご注意ください。この特別オファーは，エース銀行と❻現在お取引いただいているお客さまがご利用でき，9月1日から30日に限り（9月1日と30日を含む）❼有効です。

関連語句

☐ **checking account** 当座預金口座

☐ **bank teller** 銀行の窓口係, 出納係

☐ **ATM** 現金自動預払機 (=automated teller machine)

☐ **credit** [krédət] 動 ～を〈銀行口座に〉入金する〈to〉

☐ **debit** [débət] 動 ～を〈銀行口座から〉引き落とす〈from〉

☐ **statement** [stéitmənt] 名 明細書, 声明

　＊bank statement　銀行の取引明細書

案内・アンケート

34 保養地の案内

🎧 3-34

Want a weekend ❶**getaway** for your family that ❷**won't break the bank**? ❸**Take advantage of** this kids-friendly offer. Our Familytime package includes deluxe overnight accommodations in a two-room ❹**suite** with two queen-sized beds. ❺**Infants** under three stay free. Everyone in your family receives ❻**complimentary** ❼**vouchers** for the ❽**continental breakfast**. But you'll want an early ❾**wake-up call** so your children can enjoy unlimited use of the hotel's ❿**connected** pool and water park. Be sure to use ⓫**promotional** code JAM when making your online ⓬**reservation**.

重要語句を覚えよう！

☐ ❶ **getaway** [gétəwèɪ] 名 休暇, 保養地, 逃走

☐ ❷ **won't break the bank** （費用が）大した額にはならない

　　＊直訳は「銀行を破綻させることはない」。

☐ ❸ **take advantage of ...** …を利用する

☐ ❹ **suite** [swi:t] 名 （ホテルの）スイートルーム

☐ ❺ **infant** [ínfənt] 名 幼児, 赤ん坊

☐ ❻ **complimentary** [kà(:)mpləmént̮əri] 形 無料の

　　＊complimentary ticket 招待券, 無料券

家族向け保養地の案内です。ホテルのアメニティーに注意して読みましょう。

---

❷大金をかけずに家族と過ごす週末の❶休暇をお望みですか。子供に優しいこのオファー❸をご利用ください。当社のファミリータイム・パックには，2つのクイーンサイズベッドを備えた，2部屋ある❹スイートでの豪華なご宿泊が含まれます。3歳未満の❺幼児のお客さまは，無料でご宿泊いただけます。ご家族の皆さまに，❽コンチネンタル・ブレックファストの❻無料❼引換券を差し上げます。また，お子さまがホテル❿併設のプールやウォーターパークを好きなだけ楽しめるよう，朝早い❾モーニングコールを希望されることでしょう。オンラインで⓬ご予約いただく際は，必ず⓫販促コードJAMをご使用ください。

- ☐ ❼ **voucher** [váutʃər] 图 **引換券，クーポン券**
- ☐ ❽ **continental breakfast** **コンチネンタル式の朝食**
    ＊パンとコーヒーの軽い朝食。
- ☐ ❾ **wake-up call** **モーニングコール**
- ☐ ❿ **connected** [kənéktɪd] 形 **接続した，関連した**
- ☐ ⓫ **promotional** [prəmóuʃənəl] 形 **（販売）促進の，昇進の**
- ☐ ⓬ **reservation** [rèzərvéɪʃən] 图 **予約**

案内・アンケート

35 パンフレット

🎧 3-35

For a limited time only, Diamint Technology is offering **❶flawless** brilliant-cut diamonds in all sizes, for a **❷fraction** of real diamonds' market value. We create perfect **❸high-end** diamonds in our laboratory that are almost identical to real diamonds. This is a quality-guaranteed product. We have the **❹competitive edge**, so we are offering you a **❺competitive price**. We also have some **❻limited-production** diamonds, and we can even have diamonds **❼custom-made** to your order. Own high-technology **❽jewelry** at **❾bargain-basement** prices! Contact us today to receive our catalog.

重要語句を覚えよう！

☐ ❶ flawless [flɔ́:ləs] 形 傷のない，完全な

☐ ❷ fraction [frǽkʃən] 名 わずか，破片，断片

　　＊a fraction of ... わずかな…

☐ ❸ high-end 形 最高級［高性能］の，高所得者向けの

☐ ❹ competitive edge 競争力

☐ ❺ competitive price （他社に負けない）競争力のある価格

☐ ❻ limited-production 名 限定生産

☐ ❼ custom-made 形 オーダーメードの，注文製の

売り込む製品の強みは何なのかを読み取りましょう。

期間限定で，ダイアミント・テクノロジー社は，あらゆるサイズの❶<u>傷のない</u>ブリリアント・カットのダイヤモンドを，本物のダイヤモンドの市場価値のほんの❷<u>わずかな</u>価格で提供します。当社は本物のダイヤモンドとほぼ同じである完ぺきな❸<u>最高級</u>ダイヤモンドを研究所の中で作り上げます。これは品質が保証された製品です。弊社が持つこの❹<u>競争力</u>により，❺<u>他社に負けない価格</u>を打ち出せるのです。❻<u>限定生産</u>のダイヤモンドもありますし，さらに❼<u>オーダーメード</u>も承ります。❾<u>特売</u>価格で先端技術の❽<u>宝石</u>があなたのものに！　本日当社にご連絡いただき，カタログをお受け取りください。

- ☐ ❽ **jewelry** [dʒúːəlri] 名（集合的に）宝石類
- ☐ ❾ **bargain-basement** 形 特売の，格安の

bargain basementとは…

bargain basementは「デパートなどの特価品売り場，特売場」のことです。日本ではデパートの地階 (basement) は食品売り場となっていることが多いですが，欧米では一般に地階に特売所があるのでこのような意味になりました。ですからbargain-basement priceと言えば「特売価格」です。

案内・アンケート

36 セール

🎧 3-36

Don't **①miss** our **②Grand Opening Sale** this weekend at the downtown Home Club! Use our drive-through for quick stops, or **③browse** through the store to see the amazing bargains. For all **④foot traffic**, there will be free ice cream in the **⑤dairy food** **⑥section** and balloons for children in the shoe department. Home Club members will receive a **⑦coupon** for 10% off their total purchase. Half-price club memberships will be available at **⑧checkout counters**. Bring this flyer and enter our prize **⑨drawing**. Come see us at the Home Club!

重要語句を覚えよう！

- ☐ ❶ **miss** [mɪs] 動 (機会など)を逃す，〜をし損なう
- ☐ ❷ **grand opening sale** 開店大売り出し
- ☐ ❸ **browse** [braʊz] 動 見て回る，拾い読みする
- ☐ ❹ **foot traffic** 徒歩で出入りする人，客足，歩行者の交通
- ☐ ❺ **dairy food** 乳製品 ＊dairyは[déəri]と発音することに注意。
- ☐ ❻ **section** [sékʃən] 名 売り場
- ☐ ❼ **coupon** [kjúːpɑ(ː)n] 名 クーポン，優待券
- ☐ ❽ **checkout counter** レジ，精算台

> セールの案内では，どんな割引や特典が受けられるのかに注意して読みましょう。

今週末は中心街にあるホームクラブの❷開店大売り出しを❶見逃さないでください。ドライブスルーを利用してちょっと立ち寄ってください。あるいは，店内を❸見て回って驚くようなバーゲン品をご覧ください。❹徒歩でいらっしゃる方には，❺乳製品❻売り場で無料のアイスクリームを，靴売り場ではお子さまに風船を差し上げます。ホームクラブ会員のお客さまは，お買い物合計金額が10％引きになる❼クーポンをお受け取りになれます。❽レジでは，半額でクラブ会員になることができます。このちらしを持参して，賞品が当たる❾くじ引きに参加してください。ホームクラブでお会いしましょう！

☐ ❾ drawing [drɔ́ːɪŋ] 图 くじ引き，抽選

produce sectionとは？

スーパーなどのproduce sectionとは，何の売り場だかわかりますか。答えは「青果コーナー」です。produceには，動詞「〜を生産［製造］する」以外に，なんと名詞で「農産物，野菜や果物」の意味があり，この意味でもTOEICでしばしば出題されます。なお，「売り場」はsectionのほかにdepartmentとも言いますので，produce departmentも同じ意味です。

37 アンケート

🎧 3-37

This questionnaire is for consumers who have recently purchased our products. We are ❶**dedicated** to product quality and customer ❷**satisfaction**. ❸**Feedback** from you, our customers, is ❹**essential** to our ❺**pursuit** of continuous quality ❻**improvement**. Please ❼**rest assured that** all information you ❽**share** with us is kept strictly ❾**confidential** and ❿**anonymous** and is not ⓫**disclosed** to any ⓬**third parties**. We thank you for taking the time to complete this survey, and ⓭**request** your ⓮**candid** response to each question. Any comments and suggestions are also welcome.

重要語句を覚えよう！

☐ ❶ dedicated [dédɪkèɪtɪd] 形 〈～に〉打ち込んでいる〈to〉

☐ ❷ satisfaction [sæ̀tɪsfǽkʃən] 名 満足

☐ ❸ feedback [fíːdbæ̀k] 名 意見，フィードバック，反応

☐ ❹ essential [ɪsénʃəl] 形 極めて重要な，本質的な，不可欠の

☐ ❺ pursuit [pərsjúːt] 名 追求

☐ ❻ improvement [ɪmprúːvmənt] 名 改良，改善

☐ ❼ rest assured that ... …は確実であると安心する

商品をよりよいものにするためのアンケートです。

このアンケートは，最近当社の商品をご購入されたお客さまに向けたものです。当社は商品の質とお客さまに❷ご満足いただくことに❶尽力しています。お客さまである皆さま方からの❸ご意見は，当社が絶えず品質❻向上を❺追求していくのに❹極めて重要なのです。皆さまから私どもに❽ご提供いただく情報はすべて❾極秘で❿匿名扱いとなり，いかなる⓬第三者に対しても⓫開示されませんので❼ご安心ください。時間を取ってこの調査に記入してくださることに感謝するとともに，各質問に対して⓮率直なお答えを⓭お願いします。どんなコメントや提案も歓迎いたします。

- ☐ ❽ **share** [ʃeər] 動 ～を分かち合う，～を共有する
- ☐ ❾ **confidential** [kà(:)nfidénʃəl] 形 秘密の
- ☐ ❿ **anonymous** [əná(:)nɪməs] 形 匿名の
- ☐ ⓫ **disclose** [dɪsklóʊz] 動 ～を明らかにする，(秘密など)をあばく
- ☐ ⓬ **third party** 第三者
- ☐ ⓭ **request** [rɪkwést] 動 ～を頼む，～を要請する 名 依頼
- ☐ ⓮ **candid** [kǽndɪd] 形 率直な

38 フィットネスクラブの案内

案内・アンケート

🎧 3-38

Do you want to get **①fit** and stay **②in shape**? Then join Shapeup Fitness Club. We have a complete **③exercise** room equipped with the latest machines, including **④treadmills**, **⑤stationary bikes**, and **⑥free weights**. We offer a variety of fitness classes to create a **⑦workout** that will suit your individual needs. Our **⑧knowledgeable** and **⑨experienced** staff will help you design your own **⑩tailor-made** training course. **⑪Enroll** in a trial membership, and **⑫sign up for** a sample fitness program. Get in shape now and avoid the health risks associated with **⑬obesity**. Visit Shapeup today!

重要語句を覚えよう！

- ☐ ❶ fit [fɪt] 形 体調がよい, 健康で
- ☐ ❷ in shape 体調[体形]がよくて
- ☐ ❸ exercise [éksərsàɪz] 名 運動, 体操
- ☐ ❹ treadmill [trédmìl] 名 (運動用の) トレッドミル, ルームランナー
- ☐ ❺ stationary bike エアロバイク
- ☐ ❻ free weight フリーウェイト (バーベル, ダンベルなどの重り)
- ☐ ❼ workout [wə́ːrkàʊt] 名 練習, トレーニング
- ☐ ❽ knowledgeable [nɑ́(ː)lɪdʒəbl] 形 知識の豊富な, 精通している

健康関係の用語や，フィットネスクラブにある器具名も知っておきましょう。

①健康で②体形よくいたいですか。それならシェイプアップ・フィットネスクラブにご加入ください。④ルームランナーや⑤エアロバイク，⑥フリーウェイトトレーニング器具を含む最新の機器を完備した③エクササイズルームがございます。個人の必要性に合った⑦トレーニングのために，さまざまなフィットネスのクラスがございます。⑧知識が豊富で⑨経験豊かなスタッフが，あなたに⑩ぴったりの練習メニューを設計するお手伝いをいたします。体験会員として⑪入会して，お試しフィットネスプログラム⑫に申し込んでください。よい体形となって⑬肥満関連の健康上のリスクを避けましょう。シェイプアップへ本日お越しください！

案内・アンケート
38

□ ⑨ **experienced** [ɪkspíəriənst] 形 経験豊かな，ベテランの

□ ⑩ **tailor-made** 形 ぴったりの，注文仕立ての

□ ⑪ **enroll** [ɪnróʊl] 動〈～に〉入会[入学]する〈in〉

□ ⑫ **sign up for ...** （署名して）…に加わる

□ ⑬ **obesity** [oʊbíːsəti] 名 肥満

関連語句

□ **membership** [mémbərʃɪp] 名 会員の資格，会員総数

□ **gym** [dʒɪm] 名 ジム，体育館 (=gymnasium)

419

案内・アンケート

39 ボランティアの案内

🎧 3-39

It's time again for the annual Greenleaf ①clean-up ②drive picnic and ③charity auction! ④Hosted by local ⑤community ⑥organizations, and ⑦sponsored through area businesses, our goals are to clean the park, ⑧raise funds, and build community ⑨spirit. All ⑩donations will be used to support Greenleaf Park. Drinks and snacks will be provided to all participants, and lunch will be ⑪generously ⑫donated by Burger-Man. It's a great way to have fun and help your ⑬neighborhood. For more information, contact program director and ⑭long-time volunteer, Grace Hutton.

重要語句を覚えよう！

- ☑ ❶ **clean-up** 名 掃除
- ☑ ❷ **drive** [draɪv] 名（組織的な）運動　＊blood drive 献血運動
- ☑ ❸ **charity** [tʃǽrəti] 名 慈善（団体）
- ☑ ❹ **host** [hoʊst] 動 〜を主催する
- ☑ ❺ **community** [kəmjúːnəti] 名 地域社会
- ☑ ❻ **organization** [ɔ̀ːrɡənəzéɪʃən] 名 組織，団体，機関
- ☑ ❼ **sponsor** [spɑ́(ː)nsər] 動 〜の後援者［スポンサー］となる

公園の清掃運動や慈善活動の案内です。活動の目的や活動内容を読み取りましょう。

毎年恒例のグリーンリーフ❶清掃❷活動ピクニックと❸慈善オークションの時期になりました。地元❺コミュニティー❻団体が❹主催し，地域企業が❼後援するこの活動の目的は，公園を清掃し，❽基金を集め，地域社会の❾意識を築くことです。❿寄付はすべてグリーンリーフ公園を維持するために使われます。飲み物とスナックが参加者全員に用意され，昼食はバーガーマンから⓫寛大にも⓬提供されます。楽しんで⓭近隣の役に立つ素晴らしい方法です。詳しくはこの計画の運営者で⓮長年のボランティアでもあるグレース・ハットンにご連絡ください。

- ☐ ❽ **raise funds** 基金を集める
- ☐ ❾ **spirit** [spírət] 名 精神
- ☐ ❿ **donation** [dounéiʃən] 名 寄付（金）
- ☐ ⓫ **generously** [dʒénərəsli] 副 寛大に，気前よく
- ☐ ⓬ **donate** [dóuneit] 動 〜を寄付する
- ☐ ⓭ **neighborhood** [néibərhùd] 名 近所，近所の人々
- ☐ ⓮ **long-time** 形 長年の

案内・アンケート

40 雑誌の購読更新の案内

🎧 3-40

Please ❶**renew** your ❷**subscription** now for 12 issues for just $75—a ❸**savings** of 30% OFF the ❹**cover price**. Don't miss a single issue of *Inside World* magazine. Complete this ❺**renewal** ❻**form**, and then ❼**detach** along the ❽**perforated line** and return it using the enclosed ❾**postage-paid** envelope, or make your payment at any post office with the enclosed ❿**money transfer** ⓫**slip**. You will later receive a confirmation letter from us, which will verify your subscription status. Remember that each subscriber also receives our monthly e-mail ⓬**newsletter**.

重要語句を覚えよう！

☐ ❶ **renew** [rɪnjúː] 動 〜を更新する

☐ ❷ **subscription** [səbskrípʃən] 名 予約購読（料）

☐ ❸ **savings** [séɪvɪŋz] 名 節約したお金　＊単数扱い。
　　＊at a savings of X% off ...　…のX％引きで

☐ ❹ **cover price** カバープライス（表紙に表示されている価格）, 表示価格

☐ ❺ **renewal** [rɪnjúːəl] 名 更新, 再開

☐ ❻ **form** [fɔːrm] 名 申込用紙

雑誌の定期購読など契約期間の終了が迫ってくると，継続の案内が送られてきます。継続方法や特典などが出題されます。

12号分たったの75ドルで，すぐにあなたの❷予約購読を❶更新してください。❹表示価格の30%❸引きです。『インサイド・ワールド』誌を1号たりともお見逃しなく。この❺更新❻申込書に必要事項を記入の上，❽ミシン目で❼切り離し，同封されている❾郵便料金支払い済みの封筒で返送するか，同封の❿振込⓫用紙を使って郵便局でお支払いをしてください。その後，当社から，あなたが定期購読者であることを証明する確認書が送られます。各購読者には毎月メールで⓬ニュースレターが配信されることもお忘れなく。

- ❼ **detach** [dɪtǽtʃ] 動 ～を引き離す，～を切り取る
- ❽ **perforated line** ミシン目
- ❾ **postage-paid** 形 郵便料金支払い済みの
- ❿ **money transfer** 送金，振替
- ⓫ **slip** [slɪp] 名 細長い紙[土地]，伝票
- ⓬ **newsletter** [njúːzlètɚr] 名 ニュースレター，（定期的に発行する）会報

41 レストランのレビュー

批評

🎧 3-41

We arrived at El Restaurante ①**ahead of** our reservation but were ②**seated** immediately. The menu had a wide range of mains to choose from—seafood, beef, ③**poultry** and ④**vegetarian** dishes. Our waiter ⑤**greeted** us without delay, and gave us a ⑥**rundown** of the day's ⑦**specials**. After placing our orders, we enjoyed the ⑧**quiet** yet ⑨**cozy** atmosphere of the restaurant. Our dinners were promptly served, and our ⑩**entrée** of ⑪**roast** duck had a wonderful ⑫**tender** ⑬**texture** and spicy ⑭**flavor**. We will ⑮**definitely** return to El Restaurante again soon.

重要語句を覚えよう！

☐ ❶ ahead of ... …より先 [前] に

☐ ❷ seat [siːt] 動 (人) を座らせる ＊Please be seated. ご着席ください。

☐ ❸ poultry [póultri] 名 (鶏, 七面鳥など) 家禽 (の肉), 鶏肉

☐ ❹ vegetarian [vèdʒətéəriən] 形 菜食主義 (者) の 名 菜食主義者

☐ ❺ greet [griːt] 動 (人) にあいさつする

☐ ❻ rundown [rándàun] 名 概要 (の説明)

☐ ❼ special [spéʃəl] 名 (料理店自慢の) 特別料理, (店の) 特価品

☐ ❽ quiet [kwáiət] 形 静かな

レストランのレビューです。料理名や食材，出てきた料理についての描写などを注意して読みましょう。

予約時間**❶前に**エル・レストランテに着きましたが，すぐに**❷座れました**。メニューにはさまざまなメイン料理があり，魚介，牛肉，**❸鶏肉**や**❹ベジタリアン**料理から選べます。ウエーターはタイミングよく**❺あいさつする**と，その日の**❼特別料理**の**❻概要**を説明してくれました。注文をして待っている間は，レストランの**❽静か**ながらも**❾心地よい**雰囲気を楽しみました。ディナーはすぐに出され，**❿メイン料理**の鴨の**⓫ロースト**は見事な**⓬柔らかい⓭舌ざわり**で，**⓮香辛料**が効いていました。近いうちにまた**⓯ぜひ**，エル・レストランテに行きます。

批評

41

☐ ❾ **cozy** [kóuzi] 形 (場所などが) 居心地のよい

☐ ❿ **entrée** [á:ntrèi] 名 主菜

☐ ⓫ **roast** [roust] 形 ローストした，焼いた

☐ ⓬ **tender** [téndər] 形 柔らかい

☐ ⓭ **texture** [tékstʃər] 名 舌 [手] ざわり，きめ

☐ ⓮ **flavor** [fléivər] 名 味，風味，香味料

☐ ⓯ **definitely** [défənətli] 副 明確に，確かに

42 本の紹介

Tom Brown's award-winning and **best-selling** **biography** of John Gardner is now available in **paperback**. Since its **publication** one year ago, *Accountability* has sold over 100,000 copies and won many **prominent** awards. **Critics** call the book an **engrossing** **masterpiece**. When **actor-turned-politician** John Gardner was **governor** of North Cross, Tom Brown worked as his personal secretary. Based on notes Brown kept during that time, *Accountability* exposes the dark side of politics, and details the **controversial** **themes** of **bribery** and **corruption**.

重要語句を覚えよう！

- ❶ best-selling 形 (本・作家など)ベストセラーの
- ❷ biography [baiá(:)grəfi] 名 伝記
- ❸ paperback [péipərbæk] 名 ペーパーバック, 紙表紙本
- ❹ publication [pʌ̀blɪkéɪʃən] 名 出版(物), 発表
- ❺ prominent [prá(:)mɪnənt] 形 有名な, 卓越した, 目立った
- ❻ critic [krítɪk] 名 批評家
- ❼ engrossing [ɪŋgróʊsɪŋ] 形 夢中にさせる, 心を奪うような

本の内容についてどう言っているかに注意しましょう。政治関係の用語もチェック。

トム・ブラウンの受賞作で❶ベストセラー作品でもあるジョン・ガードナーの❷伝記が今度は❸ペーパーバックになった。1年前の❹出版以来『アカウンタビリティー』は10万部以上売れ，数多くの❺名高い賞を受賞した。❻批評家たちはこの本を，❼夢中にさせる❽傑作と呼ぶ。❾俳優から転身した政治家ジョン・ガードナーがノースクロスの❿知事だったとき，トム・ブラウンは彼の個人秘書として働いていた。ブラウンが当時つけていたメモを基にして，『アカウンタビリティー』は政治の闇の部分をさらけ出し，⓭わいろと⓮汚職という⓫論争の的となる⓬テーマを詳しく述べている。

- [ ] ❽ **masterpiece** [mǽstərpìːs] 名 傑作
- [ ] ❾ **actor-turned-politician** 名 俳優から転身した政治家
- [ ] ❿ **governor** [gʌ́vərnər] 名 知事
- [ ] ⓫ **controversial** [kà(ː)ntrəvə́ːrʃəl] 形 論議の的となる，論争を招く
- [ ] ⓬ **theme** [θiːm] 名 主題，テーマ
- [ ] ⓭ **bribery** [bráɪbəri] 名 わいろの授受
- [ ] ⓮ **corruption** [kərʌ́pʃən] 名 贈収賄，汚職，（政治的）腐敗

さくいん

A

A as well as B	272
a couple of ...	262
abide	116
ability	156
able	228
aboard	66
abreast	19
abruptly	250
abundant	200
accept	38
acceptable	38
acceptance	38
access	138
accessible	138
accommodate	182
accommodating	182
accommodation	182
accompany	82
accomplish	126
accomplished	357
accomplishment	164
according to ...	264
account	116, 337
accountability	116
accountable	116
accountant	303
accounting date	321
accounting department	285
accumulate	112
accumulation	112
accumulative	112
accurate	232
accurately	232
accuse	70
achieve	126
achievement	126
acknowledge	126
acquire	118
acquisition	385
actor-turned-politician	427
actual	244
actually	244
add	44
additional	44
address a meeting	288
address an audience	29
adequate	226
adhere	68
adjust	92
administration office	285
admire	128
admission	36
admit	36
adopt	126
advance	313, 392
advanced	238
advancement	313
advantage	395
adversary	218
adverse	218
adversely	218
adversity	218
advertisement	328
advertiser	329
advertising agency	329
advertising effect	329
advise	46
advocate	46
affect	84
affected	405
affiliated company	299
affirm	104
afflict	66
afford	56
affordability	56
affordable	56
after all	246
afterwards	260
agenda	282
aggressive	378
agree	38
agreed-upon	370
agreement	384
ahead of ...	424
ahead of schedule	287
aim	166
air conditioner	28
air conditioning	383
air pollution	393
aircraft	32
aisle	18
alarm	76
alert	76, 212
alleviate	56
allocate	100
allocation	100
allow	38
allowance	377
almost	248
along with ...	258
alongside	383
alter	158
alternate	158
alternative	158
alternatively	362
amazing	216
ambience	162

ambition	238	approximately	248	attend	92
ambitious	238	apron	32	attendance	92, 352
amend	92	architect	176	attendee	92
amid	391	architecture	176	attention	146
amount	142	area	142	attentive	228
analysis	94	argue	118	attentively	228
analyst	94	arise	58	attire	146
analyze	94	around	248	attitude	152
anniversary	355	arrange	27, 98	attract	84
annoyed	202	array	395	attraction	84
annual	220	article	160, 327	attractive	84
annual general meeting	323	articulate	52	attribute	70
		as for [to] ...	252	audience	29, 337
annual report	322	as of ...	268	auditor	295
annually	220	ask for ...	154	authenticate	104
anonymous	417	aspect	154	author	356
anticipate	130	assemble	104	authority	194
anticipation	130	assembly	104	authorization	194
anxious	210	assembly line	386	authorize	194
apart from ...	266	assert	118	automobile	392
apologize	90	assess	116	availability	198
apology	90	asset	180, 323	available	198
apparently	246	assign	192	avenue	380
appear	74	assignment	192	average	220
appearance	74	assistance	362	avert	36
applaud	132	associate	309	avid	210
applause	132	associated	230	avoid	36
appliance	160	associated company	299	award	124
applicable	377			aware	198
application	116	assume	94	awareness	198
apply	116	assumption	94	awesome	216
appoint	122	assure	106	awful	216
appointment	182	at last	246		
appraise	116	at once	242	**B**	
appreciate	128	ATM	409		
appreciation	128, 317	atmosphere	162	bachelor's degree	344
apprentice	359	attach	68	baggage	134
appropriate	230	attachment	68	balance	324
approval	38	attain	126	balance sheet	323
approve	38	attempt	62	ban	144
				bank teller	409

banquet	188	board	66	by oneself	260
bargain-basement	413	boardroom	295	bypass	403
bargaining	388	body	289		
-based	384	bond	297	**C**	
battery	392	book	60, 325	cabinet	148
be about to do	270	bookcase	28	calculate	44
be covered with ...	21	bookkeeper	325	calculation	44
be entitled to [to do] ...		bookkeeping	325	calculator	44
	230	booklet	331	call a meeting	283
be free from ...	374	booming	386	call for ...	154
be good through ...	114	boost	36	call ... off	283
be hard hit	276	borrow	42	caller	307
be in conversation	20	bother	88	cancel an order	368
be passed over for		bottom line	319	candid	417
promotion	313	boulevard	380	candidate	176, 345
be responsible for ...		branch	293	capability	228
	258, 344	break even	325	capable	228
be underway	262	break-even point	325	capacity	386
be up to ...	38	breakthrough	395	capital	180, 323
be yet to do	262	breeze	400	capture	118
beat	86	bribery	427	car dealership	291
because of ...	256	brick wall	30	carbon dioxide	393
beep	362	brief	98, 250	cardboard box	31, 134
behave	152	briefcase	134	cargo	186
behavior	152	briefly	250	caring	354
behind schedule	287	bring ... about	44	carrier	291
belonging	134	broad	212	carry	40
bend	48	brochure	330	carry a bag on one's	
benefactor	170	broken	372	back	23
beneficial	170	browse	18, 82, 414	carry a bag on one's	
benefit	170	budget	172	shoulder	23
benefits package	345	budget constraint	321	carry (...) on	182
besides	244	buffet	352	carry ... out	130
best-selling	426	bumper to bumper	25	carry-on	396
biannual	220	burden	186	carton	31, 134
bid	385	business day	362	cash flow statement	
bill	335	business hours	362		323
billboard	23, 329	bustle	381	casual	381
biography	426	busy street	23	catalog	366
blame	70	buyout	385	caterer	353

| 430 |

cause	44	
caution	76	
cease	382	
ceiling	148	
celebrate	124	
celebrated	356	
celebration	124	
celebrity	124	
cell phone	307	
CEO	295	
ceremony	353	
chair	283	
chairperson	283	
chairperson (of the board)	295	
challenging	348	
chance	158	
change	76	
charge	370	
charity	420	
chart	360	
chat	20	
check	164	
checking account	409	
checkout counter	414	
chest	27	
chief	214, 309	
chilly	401	
choice	158	
circular	331	
circumstance	158	
citizen	152	
claim	118	
clap	132	
clap one's hands	29	
clarify	50	
classified	216	
classify	216	
clean	26	
clean (...) up	50	
cleaner	303
clean-up	420
clerk	176
client	337
climate	158
climb down ...	30
climb (up) ...	30
close to ...	268
closet	148
cloth	26, 146
clothing	146
clutter	50
cockpit	32
co-founder	355
coherently	248
collapse	154
colleague	309
collect	74
collision	402
combine	394
come by ...	266
come into effect	274
come up with ...	258
comfort	200
comfortable	200
coming	220
commemorate	355
commend	46
commensurate	345
commerce	232
commercial	232
commission	190, 311
commitment	190
committed	190
committee	190
commodity	327
common	222
commonly	222
community	420
commute	110
commuter	110
company	82
company brochure	331
compare	60
comparison	60
compel	130
compensate	186
compensation	186
compete	222
competent	228
competition	222
competitive	222
competitive edge	412
competitive price	412
competitor	222
complain	154
complaint	154
complete	58
completely	58
completion	58
complex	180
compliance	116
complicated	210
complication	210
compliment	126
complimentary	410
comply	116
component	174
compose	174
composed	174
composer	174
compound	180
compound interest	317
comprehend	234
comprehensible	234
comprehensive	234
comprise	64
compulsory	359
computer screen [monitor]	28

431

conceal	130	consistently	248	correct	204
concentrate	82	consolidation	384	correction	204
concentration	82	conspicuous	228	corrective	204
concern	72	constant	208	correctly	204
concerning	72	constitution	156	correspondence	381
conclude	72	construct	174	corroborate	104
conclusion	72, 289	construction	174	corruption	427
condemn	70	construction site	30	count on ...	38
conduct	112	construction worker	30	coupon	414
conductor	112	constructive	360	courage	86
conference	360	consult	74	courier	368
conference call	361	consume	124	courteous	224
confidence	160	consumer	124	courtesy	224
confident	160	consumer goods	327	cover letter	345
confidential	216, 417	consumption	124	cover price	422
confirm	104	contact number	381	co-worker	309
confirmation	104	contain	58	cozy	425
conflict	122	container	58	cracked	372
confront	66	continental breakfast	411	crane	25
confuse	50	continual	208	crash	402
confused	50	continue	208	create jobs	386
confusion	50	continuous	208	credible	226
congested	402	contract	164	credit	370, 409
congratulate	350	contractor	301	creditor	407
connected	411	contractual	164	criminal	364
connecting flight	397	contribute	82	criterion	144
conscious	198	contribution	82, 350	critic	426
consecutive	236	controversial	427	critical	232
consecutively	236	convene	361	criticism	190
consent	38	convenient	381	criticize	190
consequence	190	convention	361	critique	190
consequently	244	convince	86	cross	46
conserve	88	COO	295	cross a street	23
consider	54	cooperate	128	cross one's arms	20
considerable	54	cooperation	128, 377	crossing	140
considerate	54	cooperative	128	crosswalk	24
consideration	54	coordinate	92	crucial	232
considering that ...	276	cordially	352	cupboard	148, 305
consist	64	corporation	291	curb	140
consistent	64			currency	208

| 432 |

current	208	delete	104	determined	84
currently	208	deliberate	54	detour	402
curtail	56	delight	202	develop	94
customer	337	delighted	202	developer	94
customer number	335	deliver	40, 333	development	94
customer service	285	deliver a speech	29, 289	device	174
custom-made	412	delivery date	335	devote	210
cut down on ...	56	demand	154	devoted	210
cyber	364	demanding	348	devotion	210
		demeanor	152	difficulty	186

D

		demonstrate	108	dig	50
dairy food	414	demonstration	108	diligence	226
damage	186, 404	demote	313	diligent	226
damaged	372	demotion	313	diminish	56
data management	359	dentist	303	diner	21, 337
date of purchase	374	deny	36	direct	184
dated	368	depart	42	direction	184
deadlock	192	department	284	director	295
deal	164	depend	38	directory	162
deal in ...	40	dependable	226	disappear	74
deal with ...	274	dependent	38	disappointed	202
debit	409	depict	64	disapprove	38
debt	174	deposit	408	disassemble	104
decade	156	depreciation	317	discipline	156
decide	84	depression	339	disclose	417
decline	56	deregulation	156	discourage	86
decrease	36	descent	396	discovery	194
dedicated	416	describe	64	disgusted	202
dedication	349	description	64, 335	disinclined	200
deduct	311	design	90	dismay	72
defeat	86	designate	100	disposal	341
defect	218, 374	designation	100	dispose of ...	98
defective	218	designer	90	dispute	192
defend	40	despite	250	disregard	371
deficit	174	detach	68, 423	disrupt	86
deficit-ridden company	319	detail	52	disruption	86
definitely	425	detailed	52	dissatisfied	200
degree	401	deteriorate	64	distinguished	356
delay	156	determination	84	distract	84
		determine	84	distress	72

| 433 |

Term	Page
distribute	100
distribution	100
distributor	100, 366
district	142
disturb	88
disturbance	88
diverse	198
dividend	297
division	348
do business	367
do extra work	287
dock	22
documentation	376
domestic	222
domestic sales department	285
donate	421
donation	421
double	386
double-decker (bus)	23
double-digit	379
doubt	150
doubtful	150
down the street	264
download	365
downstairs	240
downtown	142
downturn	339
downward spiral	339
doze off	270
draft	184
draw on ...	384
drawer	27
drawing	415
drive	136, 420
driveway	136
drop by ...	266
due	220
due to ...	256
dump truck	24
durable goods	327
duration	374
dust off ...	26

E

Term	Page
eager	210
earn	110
earnings	110, 378
ease	164
easily	272
eco-friendly	392
effect	84
effective	222
effectiveness	222
efficiency	226
efficient	226
efficiently	226
either *A* or *B*	272
elaborate	124
electric	392
electrical grid	395
electrician	303
electricity	341
element	174
eligibility	230
eligible	230
eliminate	98
elimination	98
embark	122
emerge	74
emergent	214
emission	393
emit	393
emphasis	160
emphasize	160
employ	100
Employee of the Year Award	350
empty	208
enable	38
enclose	102
enclosure	102
encounter	66
encourage	86
encouragement	86
end	166
endanger	40
endorse	38
endure	84
enforce	130
engage	112
engagement	112
engine	32
engrossing	426
enhance	128
enhancement	128
enlarge	114
enlightening	359
enormous	348
enough	226
enroll	419
ensure	106
enter	66
enterprise	291
entertainment	352
enthusiastic	210
entire	206
entirely	206
entrance	66
entrée	425
entry	66
envelope	305
environment	158
equip	174
equipment	174
equivalent	344
eradicate	98
erase	104
especially	242
essential	416

establish	102	expire	114	farther	212
establishment	102	explain	50	fashion	144
estimate	110	exploit	132	fasten	396
evade	36	exploration	78	faulty	218
evaluate	116	explore	78	favor	150
eventually	246	explorer	78	favorable	150
exact	232	exporter	301	favorite	150
examination	118	expose	84	fear	150
examine	33, 118	exposure	84	feasible	234
excavate	50	express	52	feature	154
exceed	122	extend	114	fee	140
excel	122	extension	306	feedback	416
excellent	216	extensive	232	fiber-optic cable	383
except	252	external	224	figure	170
except for ...	266	extinction	399	figure ... out	264
exception	252	extinguish	98	file cabinet	28
exceptional	252, 346	extreme	246	filing cabinet	305
excess	122	extremely	246	fill ... in	258
exchange	76			fill ... out	258
exchange rate	317	**F**		finalize	384
exclude	218	fabric	146	finally	246
excluding	252	fabulous	216	finance	222, 299
exclusive	218	face	66	financial	222
exclusively	218	face each other	20	financial crisis	339
executive	295	facilitate	180	financial statement	323
exercise	418	facility	180	financially	222
exhausted	204	factor	154	fine	166
exhibit	399	factory	293	firefighter	303
existing	408	Fahrenheit	401	firewall	364
exit	403	fail	70	firm	214, 290
expand	114	failure	154	fiscal	321
expansion	114	fall	74	fit	418
expect	94	fall asleep	270	fix	54
expense	172	fall behind	406	fixed	54
expensive	172	fame	162	fixed interest rate	317
experience	88, 378	familiar	206	fixture	54
experienced	419	familiarize	358	flatter	126
experiment	118	fare	140	flavor	425
expertise	196	farewell party	350	flawless	412
expiration	114	farmer	354	fleet	392

floating interest rate	317	frustrated	202	glimpse	82
floor	381	fuel	138	global warming	393
fluctuate	196	fulfill	72	go ahead	182
fluctuation	196	fund	299	go bankrupt	254
flyer	331	fundamental	214	go into the red [black]	319
focus	82	furnished	146	go out of business	254
follow	44	furnishing	146	go out to sea	22
following	44	furniture	146	go public	297
foot traffic	414	further	212	go through ...	88
for your reference	372	furthermore	244	good	408
forbearance	407			goods	326
forbid	80	**G**		governor	427
force	130	gadget	174	grab	40
forecast	182	gain	106, 319	gradual	250
foreign	222	gala	188	gradually	250
foreman	309	garage	136	grand opening sale	414
foresee	120	garbage	148	grant	36, 299
forget	42	garment	146	grasp	40
forgive	38	garner	74	gratitude	350
forklift	31	gas guzzler	393	greenhouse gas	393
form	422	gather	74	greet	424
former	206	gathering	74	grid	404
forthcoming	220	general affairs	285	grocery	148
fortunate	246	generally speaking	276	gross	319
fortunately	246	generate	44	growth	384
fortune	246	generous	226	guarantee	102
fossil fuel	395	generously	421	guess	94
found	102	get a promotion	313	guest	337
foundation	102	get off ...	254	gust	400
founder	102, 354	get on ...	254	gym	419
founding	355	get rid of ...	104		
fraction	412	get sick leave	254	**H**	
free of charge	375	get together	74	halt	192
free weight	418	getaway	410	hand ... out	100
freezing	401	giant	291	handle	100
frequency	246	give a signal (to ...)	32	handlebar	100
frequent	246	give a speech	289	handling	100
frequently	246	given that ...	276	handout	170
front	400	glad	202	handset	307
		glance	82		

hang	46	household	222	in addition to ...	258	
happen	262	household goods	327	in advance	260	
harbor	22	however	244	in association with ...		
hard hat	30	huge	214		386	
hardly	240	human resources		in case of ...	270	
hardly ever ...	240	department	285	in charge of ...	258	
hardship	186	humble	224	in effect	274	
hardware	365	hybrid	392	in fact	244	
hardworking	226			in person	260	
harm	40	**I**		in place of ...	266	
have yet to *do*	262	identical	86	in shape	418	
head	348	identification	168	in stock	368	
head office	293	identify	86	in terms of ...	268	
headquarters	292	idle	391	in the event of ...	270	
health-conscious	366	ignorance	90	in the foreseeable		
heating	383	ignorant	90	future	339	
hesitant	68	ignore	90	in the long run	264	
hesitate	68	illustrate	64	in the meantime	276	
hesitation	68	immediate	242	in the wake of ...	272	
hide	130	immediately	242	in writing	260	
high-end	412	immerse	74	inability	156	
highlight	128	impatient	224	inaccurate	232	
high-profile	228	imperative	214	inappropriate	230	
high-tech	238	implement	130	inattentive	228	
hinder	70	implementation	130	inauguration speech		
hint	62	implication	62		289	
hire	100	imply	62	incapable	228	
hold	40	importer	301	inclined	204	
hold a meeting	283	impose	132	include	252	
Hold on, please.	307	impress	202	including	252	
holding company	299	impressed	202	inclusion	252	
homeowner	406	impressive	202	inclusive	218	
honor	186	impromptu speech	289	income	172	
hook	46	improperly	248	income tax	311	
hook up *A* to *B*	33	improve	64	incoming call	307	
hospitality	188	improvement	416	incompetent	228	
hospitalize	188	in a row	268	inconvenience	382	
host	420	in accordance with ...		incorrect	204	
hostile	204		266	increase	36	
hourly	390	in addition	373	indeed	244	

| 437 |

in-depth	218	instead of ...	258	invitation	353
indicate	62	instruct	184	invoice	334
indication	62	instruction	184	involve	230
individual	178	instructor	184	involved	230
individually	178	instrument	176	irrelevant	232
induce	86	instrumental	176	irresponsibility	158
inefficient	226	insufficient	226	irritated	202
inexpensive	384	insurance	354	issue	78
infant	410	insure	354	item	327
infect	365	integrate	74	item number	335
infer	62	integrated	394	itemized budget	321
inferior	216	intend	70	itinerary	184
influence	84	intense	234	IV	33
inform	96	intensive	234		
informative	358	intent	70	**J**	
in-house	358	intention	70		
inherit	70	intentional	70	jewelry	413
initial	122	interact	399	job description	345
initial public offering		interest rate	316	job placement	315
	297	interim	236	joint venture	
initially	122	intermediate	347	[company]	299
initiate	122	intermittent	400	judge	116, 303
initiative	122	intern	359	junction	24, 140
ink cartridge	305	internal	224		
innovate	236	international sales		**K**	
innovation	236, 395	department	285	keen	200
innovative	236	interpersonal	346	keep ... in mind	360
inquire	192	interrupt	88	keyboard	28
inquiry	192	intersection	24, 140	keynote speaker	356
insert	102	introduce	42	knee	80
insist	52	introduction	42, 289	kneel	80
inspect	114	invalid	377	knowledge	156
inspection	114	invent	194	knowledgeable	418
inspector	114	invention	194		
inspiration	399	inventory	188	**L**	
inspire	86	invest	108	label	68
install	112	investigate	168	labor	388
installation	112	investigation	168	laboratory	293
installment	406	investment	108	lack	174
instantly	242	investor	108	ladder	30
				lamp	27

| 438 |

Term	Page
land	396
landfill	341
land-line phone	307
lane	402
large-scale	232
last	72
last-minute	360
late	208
late fee	370
latecomer	361
lately	208
latest	208
latter	206
launch	120
law	156
lawyer	303
lay	46
lay ... off	390
lay ... out	98
lead	44
lead by example	346
leading	44
leaflet	331
lean	48
lean on a table	20
leave	42
leave a message	362
lectern	29
lecture	29
ledger	325
lend	42
lender	406
lengthen	78
letter of resignation	315
letterhead paper	305
liability	196, 323
liaison	293
lid	20
lie on one's back	33
life	398
light fixture	28
likely	204
limited-production	412
line	352
listed company	297
listener	29
literature	331
live up to ...	72
load	31, 102
loan	406
locate	68
location	380
long-term	234
long-time	234, 421
look for ...	80
look forward to ...	270
look over ...	256
loss	319
lot	142
lower	56
low-pressure	400
luckily	246
lucrative	236
luggage	134
lump sum	407
luxury goods	327

M

Term	Page
machinery	174
magnificent	216
maintain	56
maintenance	56
make a profit	318
make a reservation	60
make a speech	289
make certain	106
make it to ...	266
make sure	106
make up one's mind	84
malicious	364
manage	96
management	321
managerial	349
mandatory	358
manner	144
manufacture	108
manufacturer	300
margin	319
mark	124
market trend	360
marketing	329
marvelous	216
mass transit	136
massive	214
masterpiece	427
material	170
matter	168
mean	220
meaningful	204
means	144
meanwhile	276
measure	144
measure up to ...	72
media	329
median	220
medical	152
medication	152
medicine	152
medium	220
meet	72
membership	419
memorable	355
mention	52
merchandise	327
merge	385
merger	384
mergers and acquisitions	385
method	144
microwave oven	26

| 439

mileage	377	net	319	office supplies	304
minimum	408	net profit	379	officer	295
minimum order	367	nevertheless	244	offset	325
minute	283	newsletter	423	old-fashioned	238
miscalculate	44	next to ...	268	omit	98
miscellaneous	198	no later than ...	373	on behalf of ...	266
misgiving	150	nonetheless	244	on one's own	260
mishandle	100	notable	357	on schedule	287
mislead	44	note	104, 368	on the contrary	274
misplace	104	noted	356	on time	260
miss	414	notepad	305	on top of ...	268
missing	373	notice	96	ongoing	208
moderate	224	notify	96	on-site	358
modest	224	now that ...	274	opening address	289
modestly	224	numerous	200	opening remark	289
modification	94			operate	31, 98
modify	94	**O**		operation	98
money transfer	423	obesity	419	operator	98, 390
monitor	364	obey	116	opponent	204
mop	26	object	38	opportunity	158
moreover	244	objective	166	oppose	204
mortgage	406	obligation	196	opposed	204
motorist	402	oblige	196	opposite	204
mouse	28	observe	124	opposition	204
move to ...	380	obstruct	70	option	158
move (...) up	313	obtain	106	order date	335
mutual	234	obvious	246	ordinary	222
		obviously	246	organization	98, 420
N		occasion	188	organize	98
name	122	occasional	400	organizer	98
narrow	212	occasionally	188	otherwise	244
natural gas	341	occupancy	68	out of stock	368
nature park	398	occupation	178	outage	404
nearly	248	occupied	208	outcome	190
neglect	90	occupy	68	outdated	382
negligence	90	occur	58	outfit	146
negligible	90	occurrence	58	outgoing call	307
negotiate	388	offer	52	outlaw	80
neighborhood	196, 421	office clerk	303	outlet	293
nervous	210	office furniture	28	outline	98

outlook	339	part	174, 375	pier	22
outlying	405	partial	234	pile	48
out-of-pocket	376	participant	178	pillow	27
outplacement	315	participate	92	place	104
outpost	293	participation	178	place an ad in the paper	329
output	182	particular	212	place an order	332
outside line	307	particularly	212	plant	150, 293
outskirts	142	pass	22	plate	148
outstanding	228	pass ... out	360	play a major role	350
outstanding balance	325	passenger	138	pleasant	202, 397
overall	206	path	19	please	202
overboard	66	patience	224	pleased	202
overbook	60	patient	33, 224	pledge	102
overcome	88	patron	336	plentiful	200
overdue	220	patronage	369	plot	142
overestimate	110	pay ... back	166	plug ... in	254
overhaul	130	paycheck	310	plumber	303
overhead compartment	396	payday	311	plummet	339
overload	102	payment	370	plunge	339
overlook	48	payroll	311	podium	29, 357
overseas	222	payslip	311	point	46
overseas sales department	285	pedestrian	23	polish	26
overwhelm	88	penalty	166	polite	224
overwhelming	88	pension	315	poll	168
owe	64	perforated line	423	popularity	162
owing to ...	256	perform	164	port	22
own	366	performance	164	portfolio	134
		period	152	position	348
P		periodic	152	possess	110
		permission	178	possession	110
package	134	permit	178	possibility	158
packaging	373	persist	52	possible	158
painting	27	personnel department	285	post	378
pamphlet	331	persuade	86	postage-paid	423
panel	382	pertinent	232	postpone	68
paperback	426	pharmacist	303	potted plant	28
parcel	134	philosophy	354	poultry	424
parent company	299	photocopier	305	power	404
		photovoltaics	394	power line	405

| 441 |

Word	Page
practical	212
practically	212
practice	144
praise	126
precede	44
preceding	206
precise	232
predecessor	194
predict	120
prediction	120
prefer	80
preferable	80
preferred	344
preliminary	238
premise	180
premium	354
preparation	56
preparatory	238
prepare	56
prerequisite	112
prescribe	82
prescription	82
present	206
presentation	356
presenter	357
presently	206
preserve	88
press	329
press conference	361
press release	387
presume	94
prevent	70
prevention	70
preventive	70
previous	206
price list	366
priceless	210
primarily	214
primary	214
printer	303
prior	206
prior to ...	270
priority	162
private company	291
privilege	348
probability	240
probable	204
probably	240
probe	118
procedure	146
proceed	146
process	106
produce	182
product	327
product recall	327
production	182
productive	182
productivity	182
profession	178
professionally	348
profit	172
profitability	172, 378
profitable	172
profit-and-loss statement	323
progress	182
prohibit	80
project	116
project proposal	283
projection	116
prominent	426
promise	102
promising	228
promote	313, 349
promotion	312
promotional	411
prompt	130, 242
promptly	242
prone	204
proof	76, 376
proofread	118
proper	248
properly	248
property	180
proposal	166, 283
propose	166
prospect	194
prospective	194
protect	88
protection	354
prove	76
provide	92
provider	92, 301
province	404
provision	92
provisional	236
proximity	196
public relations	285
publication	426
publish	110
publishing house	291
punishment	166
purchase	90
purchaser	374
purpose	166
pursue	80
pursuit	416
put an ad in the paper	329
put ... off	68
put ... on	50
put ... together	104
put up with ...	84
puzzle	50

Q

Word	Page
qualification	344
qualified	230
qualify	230
quality control	359

quantity	142, 335	recovery	184	reliable	226
quarter	320	recruit	358	relief	164
question-and-answer session	356	rectify	92	relieve	164
		red ink	319	relocate	380
questionnaire	162	reduce	56	reluctant	200
quickly	242	reduction	56	rely	38
quiet	424	refer	98	remain	60
quit	315	reference	98	remainder	60
quite a few	262	refinance	406	remark	190
quota	192	reflect	70	remarkable	190
quote	110	reflection	70	remedy	152
		refreshment	188	remember	60
R		refrigerator	26	remind	60
railroad	136	refund	166	reminder	60
railway	136	refundable	166	remit	370
raise	36	refuse	58	remodel	382
raise funds	421	regard	76	removal	104
rapid	242	regarding	252	remove	104
rapidly	242	region	142	renew	422
rare	200	regional	142	renewable energy	394
rarely	240	regional office	293	renewal	422
rate	408	register	78	renovate	192
reach for ...	18	registration	78	renovation	192
real estate agency	291	registry	78	renowned	357
realization	40	regret	40	rent	42
realize	40	regulate	156	reorganize	98
recall	60	regulation	156	repair	54
receipt	376	reimburse	120	replace	104
receive a promotion	313	reimbursement	376	replacement	104
		reject	58	reply	96
reception	352	rejection	58	report to ...	344
receptionist	303	relate	230	reputation	162
recession	338	related	230	repute	162
recognition	64	relation	150	request	417
recognize	64	relationship	150	require	112
recognized	64	relative	230	required	345
recommend	46	relatively	230	requirement	112, 344
recommendation	46	release	110	requisite	112
reconditioned	375	relevant	232	reschedule	114
recoup	378	reliability	38	rescue	40

| 443 |

research and development department	285	revenue	172	scarcely	240
reservation	346, 411	review	108	scatter	114
reserve	60	revise	92	schedule	114
residence	152	revision	92	scheme	166
resident	152	revitalize	387	scholar	356
residential	152	reward	186	screen	29
resign	194, 314	ride	138	scrub	26
resignation	194	right away	242	seat	424
resist	84	rise	36	seat in the front row	29
resolve	132	roast	425	seating area	29
resource	190	roll off ...	386	secretary	303
resourceful	346	rooftop	394	section	414
respect	154	rough	248	secure	106
respective	250	roughly	248	security	297
respectively	250	rout	86	seek	80
respond	96	RSVP	353	seeker	80
response	96	rubbish	148	seem	74
responsibility	158	rule ... out	98	seize	40
responsible	158	rundown	424	seldom	240
rest assured that ...	416	rung	30	semiannual	220
rest one's chin on one's hand	20	runway	32	send ... in	333
		rural	220	sender	365
restock	368	**S**		senior	347
restoration	382	safety vest	30	serve	62
restore	128	salary	311	set ... up	102
restraint	156	sales representative	302	setting	158
restriction	156			settle	92
restructuring	378	salesclerk	303	settlement	92
result	190	satellite office	293	several	198
résumé	345	satisfaction	416	severance	390
retail	176, 301	satisfactory	200	severance pay	315
retailer	176	satisfied	200	sewage	341
retire	315	satisfy	200	sewer	341
retirement	350	save	40	shade	21
retool	383	savings	422	share	297, 417
return one's call	362	savings account	408	shelf	18, 146
revamp	64	scaffold	30	shift	396
reveal	130	scan	82	ship	102, 333
		scarce	200	shipment	333

shipping and handling (charge)	335	
shipping date	333	
shopper	18	
shopping basket	18	
shopping cart	18	
shorten	78	
shortly	242	
short-term	234	
showcase	352	
shower	400	
shrink	56	
shutdown	390	
shy	224	
(side) rail	30	
sidewalk	24	
sign	140	
sign up for ...	419	
signal	140	
signature	140	
significance	204	
significant	204	
signify	204	
sink	74	
sit face to face	21	
sit side by side	21	
site	142	
situate	68	
situated	158	
situation	158	
sizeable	236	
skill	156	
skillful	228	
skip	104	
skyscraper	25	
slight	240	
slightly	240	
slip	423	
slow down	403	
small and medium-sized company	291	
snack	353	
snooze	270	
snowy	401	
soaring	386	
software	365	
solar panel	395	
solution-oriented	346	
solve	132	
some	248	
soon	242	
sophisticated	238	
source	190	
southbound	402	
speaker	29	
special	424	
specialize	122	
specific	124	
specifically	124	
specification	124	
specify	124	
spectator	337	
speech	29	
speed	403	
spirit	421	
splendid	216	
sponsor	420	
spot	403	
spread	114	
square	142	
stability	214	
stabilize	214	
stable	214	
stack	31, 48	
stair	134	
standstill	192	
stapler	305	
start-up (company)	291	
state	120	
statement	120, 409
state-of-the-art	238
stationary	401
stationary bike	418
stationery	305
statistics	168
stay	60
stay close to ...	399
Stay tuned.	405
steadily	250
steady	250
steelmaker	390
steep decline	390
step down	315
stethoscope	33
stimulate	126
stimulus	126
stock	297
stock exchange	297
stockbroker	297
stockholder	296
stool	27
stop by ...	266
stop operations	389
storage	74
store	74
store sign	23
storefront	23
storeroom	74
strategy	166
street sign	24
strength	78
strengthen	78
stress	128
stretch the budget	321
strict	214
strictly	214
strike	388
stringent	214
strive	62

| 445 |

stroller	19	superb	216	take ... into account	276
structural	180	superior	216, 309	take ... on	256
structure	180	supervision	346	take one's place	349
study	168	supervisor	308	take ... over	349, 365
subcontractor	301	supplier	301	take part in ...	92
subject	224	supply	178	take place	262
submerge	74	supply room	305	takeover	385
submission	108	support	46	talent	156
submit	108	suppose	94	talk over tea	20
subordinate	309	surcharge	371	talk to an audience	29
subscribe	66	surface	74	tangle	405
subscriber	66	surge	36	target audience	329
subscription	66, 422	surpass	122	task	192
subside	74	surplus	172	tax	335
subsidiary	298	surround	62	taxi	32
subsidize	299	surrounding	62	teapot	20
subsidy	299	survey	168	telecommunications	341
substance	236	suspect	54	telecommuting	287
substantial	236	suspend	68	temperature	401
substitute	158	suspicion	150	temporarily	382
subtotal	335	suspicious	54	tempt	62
subtract	44	sustain	56	tenant	152
suburb	142	sweep	26, 48	tender	315, 425
succeed	70	sweeping	48	tentative	236
succeeding	70	swiftly	242	tentatively	236
successful	70	symmetrically	28	term	234
successive	236	symptom	152	terms and conditions	366
successor	349			terrible	216
suddenly	250	**T**		terrific	216
suffer	66	table	170	textile product	327
sufficient	226	tactic	166	texture	425
suggest	60	tail	32	thanks to ...	256
suggestion	60	tailor-made	419	the board of directors	294
suit	208	take a day off	254		
suitable	208	take a leave of absence	254	the person in charge	307
suite	410	take a nap	270		
sum	120	take a walk	19	theme	427
summarize	120	take advantage of ...	410		
summary	120				
sunglasses	19				

| 446 |

therefore	244	truckload	102	upset	72
third party	417	truly	349	upstairs	240
thorough	218	trusted	365	up-to-date	238
thoroughly	218	trustworthy	226	urban	220
threaten	389	tube	33	urge	130
throughout	404	turn around ...	278	urgent	214
ticket	403	turn ... down	56	urgently	214
tidy	50	turn ... off	254	utility bill	340
tight	214	turn ... on	254	utility pole	24
tight budget	321	turn out	264	utilize	132, 341
time-line	287	turn to ...	38	utter	120
tired	204	turn ... up	254		
tireless	226			**V**	
to that effect	369	**U**		vacancy	208
to the effect that ...	272	ultimately	246	vacant	208
To Whom It May Concern	346	unanimously	361	valid	218
together with ...	252	unavailable	198	validate	218
tolerate	38	uncover	130	valuable	134, 210
tool	30, 176	underestimate	110	value	116
tour	398	undergo	88	valued	116
track	42	underline	128	variety	398
traffic	25, 136	underscore	128	various	198
traffic jam	25	undertake	88	vary	198
(traffic) lane	25	uneasy	210	vase	372
traffic light	24	unemployment rate	339	vast	366
traffic sign	24	unforgettable	355	vegetarian	424
transfer	106	unfortunately	368	vehicle	138
transformer	405	union	388	vendor	301
transit	373	unit	174, 335	venue	353
transmission	404	unlikely	204	verge	398
transport	136	unload	31, 102	verify	376
transportation	136	unpack	372	via	372
trash	148	unveil	130	viable	234
trash can	23	unwilling	200	vicinity	196
travel	403	upcoming	220	vigorous	210
travel agency	291	update	160	virtually	248
treadmill	418	uphold	46	virus	365
trimming	378	upon receipt of ...	370	visitor	337
truck	31	upright	396	visual aid	360
		ups and downs	196	vital	232

| 447 |

voice	120	
voltage	404	
voluntary resignation	315	
vote	76	
voter	76	
voucher	411	

W

wage	311
wait on ...	62
waiter	21
waitress	21
wake-up call	411
walk	380
walk out	388
walkout	388
warehouse	31, 380
warn	76
warning	76
warrant	374
warranty	375
waste	40, 148
wastewater	341
water	150
watercolor	150
weaken	78, 390
wear	50
weather	88
website	364
well-known	357
well-mannered	224
wheel	140
whole	206
wholesale	301
wholesaler	366
wide	212
widespread	232
wildlife	399
willing	200
wind farm	394
wind turbine	394
wing	32
wipe	26
wire	24, 405
wiring	383
with ease	272
with reference to ...	362
withdraw	80
withdrawal	408
withstand	84
wonder	54
won't break the bank	410
work a night [day / morning] shift	287
work from home	287
work late	287
work on ...	256
work overtime	286
workmanship	374
workout	418
workshop	30, 358
worn-out	204
worried	210
worry	72
worsen	64
worth	216
worthwhile	216
worthy	216
wrong	204

X

X-ray	33

Y

years of service	350
yield	317